西方古典学研究
编辑委员会

主　编：黄　洋　（复旦大学）
　　　　高峰枫　（北京大学）

编　委：陈　恒　（上海师范大学）
　　　　李　猛　（北京大学）
　　　　刘津瑜　（美国德堡大学）
　　　　刘　玮　（中国人民大学）
　　　　穆启乐　（Fritz-Heiner Mutschler，德国德累斯顿大学；北京大学）
　　　　彭小瑜　（北京大学）
　　　　吴　飞　（北京大学）
　　　　吴天岳　（北京大学）
　　　　徐向东　（浙江大学）
　　　　薛　军　（北京大学）
　　　　晏绍祥　（首都师范大学）
　　　　岳秀坤　（首都师范大学）
　　　　张　强　（东北师范大学）
　　　　张　巍　（复旦大学）

国家出版基金项目

西方古典学研究

Hellenistic
Philosophy
Stoics,
Epicureans,
Sceptics

希腊化哲学
斯多亚学派、伊壁鸠鲁学派和怀疑派

Anthony A. Long
[英] 安东尼·朗 著
刘玮 王芷若 译

北京大学出版社
PEKING UNIVERSITY PRESS

著作权合同登记号 图字：01-2012-8752
图书在版编目（CIP）数据

希腊化哲学：斯多亚学派、伊壁鸠鲁学派和怀疑派 /（英）安东尼·朗著；刘玮，王芷若译. —北京：北京大学出版社，2021.10
（西方古典学研究）
ISBN 978-7-301-32491-2

Ⅰ. ①希⋯ Ⅱ. ①安⋯ ②刘⋯ ③王⋯ Ⅲ. ①古希腊罗马哲学–研究 Ⅳ. ①B502.1

中国版本图书馆 CIP 数据核字（2021）第 210040 号

© 1974, 1986 by A. A. Long
Originally published by Duckworth, this translation is published by arrangement with Bloomsbury Publishing Plc

书　　　名	希腊化哲学：斯多亚学派、伊壁鸠鲁学派和怀疑派 XILAHUA ZHEXUE: SIDUOYA XUEPAI、YIBIJIULU XUEPAI HE HUAIYIPAI
著作责任者	[英] 安东尼·朗（Anthony A. Long）著　刘　玮　王芷若 译
责任编辑	吴　敏
标准书号	ISBN 978-7-301-32491-2
出版发行	北京大学出版社
地　　址	北京市海淀区成府路 205 号　100871
网　　址	http://www.pup.cn　新浪微博：@北京大学出版社
电子信箱	pkuwsz@126.com
电　　话	邮购部 010-62752015　发行部 010-62750672　编辑部 010-62752025
印　刷　者	北京中科印刷有限公司
经　销　者	新华书店
	730 毫米 × 1020 毫米　16 开本　25.25 印张　270 千字 2021 年 10 月第 1 版　2022 年 10 月第 2 次印刷
定　　价	69.00 元

未经许可，不得以任何方式复制或抄袭本书之部分或全部内容。
版权所有，侵权必究
举报电话：010-62752024　电子信箱：fd@pup.pku.edu.cn
图书如有印装质量问题，请与出版部联系，电话：010-62756370

"西方古典学研究"总序

古典学是西方一门具有悠久传统的学问，初时是以学习和通晓古希腊文和拉丁文为基础，研读和整理古代希腊拉丁文献，阐发其大意。18世纪中后期以来，古典教育成为西方人文教育的核心，古典学逐渐发展成为以多学科的视野和方法全面而深入研究希腊罗马文明的一个现代学科，也是西方知识体系中必不可少的基础人文学科。

在我国，明末即有士人与来华传教士陆续译介希腊拉丁文献，传播西方古典知识。进入20世纪，梁启超、周作人等不遗余力地介绍希腊文明，希冀以希腊之精神改造我们的国民性。鲁迅亦曾撰《斯巴达之魂》，以此呼唤中国的武士精神。20世纪40年代，陈康开创了我国的希腊哲学研究，发出欲使欧美学者以不通汉语为憾的豪言壮语。晚年周作人专事希腊文学译介，罗念生一生献身希腊文学翻译。更晚近，张竹明和王焕生亦致力于希腊和拉丁文学译介。就国内学科分化来看，古典知识基本被分割在文学、历史、哲学这些传统学科之中。20世纪80年代初，我国世界古代史学科的开创者日知（林志纯）先生始倡建立古典学学科。时至今日，古典学作为一门学问已渐为学界所识，其在西学和人文研究中的地位日益凸显。在此背景之下，我们编辑出版这套"西方古典学研究"丛书，希冀它成为古典学学习者和研究者的一个知识与精神的园地。"古典学"一词在西文中固无歧义,但在中文中可包含多重意思。丛书取"西方古典学"之名,是为避免中文语境中的歧义。

收入本丛书的著述大体包括以下几类:一是我国学者的研究成果。近年来国内开始出现一批严肃的西方古典学研究者,尤其是立志于从事西方古典学研究的青年学子。他们具有国际学术视野,其研究往往大胆而独具见解,代表了我国西方古典学研究的前沿水平和发展方向。二是国外学者的研究论著。我们选择翻译出版在一些重要领域或是重要问题上反映国外最新研究取向的论著,希望为国内研究者和学习者提供一定的指引。三是西方古典学研习者亟需的书籍,包括一些工具书和部分不常见的英译西方古典文献汇编。对这类书,我们采取影印原著的方式予以出版。四是关系到西方古典学学科基础建设的著述,尤其是西方古典文献的汉文译注。收入这类的著述要求直接从古希腊文和拉丁文原文译出,且译者要有研究基础,在翻译的同时做研究性评注。这是一项长远的事业,非经几代人的努力不能见成效,但又是亟需的学术积累。我们希望能从细小处着手,为这一项事业添砖加瓦。无论哪一类著述,我们在收入时都将以学术品质为要,倡导严谨、踏实、审慎的学风。

我们希望,这套丛书能够引领读者走进古希腊罗马文明的世界,也盼望西方古典学研习者共同关心、浇灌这片精神的园地,使之呈现常绿的景色。

"西方古典学研究"编委会

2013 年 7 月

目 录

中译本序言 1
第一版序言 I
第二版序言 IV
缩写对照表 VI

第一章　导　论 1

第二章　伊壁鸠鲁与伊壁鸠鲁学派 18
　　一、生平与著作 19
　　二、伊壁鸠鲁哲学的范围 26
　　三、知识论 28
　　四、事物的结构 40
　　五、原子的运动和复合物的组成 46
　　六、伊壁鸠鲁的诸神 54
　　七、灵魂与心灵进程 64
　　八、行动的自由 74
　　九、快乐与幸福 81
　　十、正义与友爱 91

第三章 怀疑派 99
一、皮浪与提蒙：早期皮浪主义 99
二、学园怀疑派：阿凯西劳斯 117
三、学园怀疑派：卡内阿德斯 125

第四章 斯多亚学派 144
一、斯多亚、人物与资料 146
二、斯多亚哲学：范围与呈现 159
三、斯多亚学派的逻辑学 163
四、斯多亚学派的自然哲学 198
五、斯多亚学派的伦理学 241

第五章 希腊化哲学的晚期发展 281
一、帕奈提乌斯 282
二、波西多尼乌斯 290
三、安提奥库 299
四、西塞罗 307

第六章 希腊化哲学与古典传统 311

参考文献 335

参考文献后记 344

索　引 359

译后记 377

中译本序言

正如我在最初的序言中解释的，当我在1972年撰写本书第一版时，我们所说的希腊化哲学，也就是斯多亚学派、伊壁鸠鲁学派和怀疑派，还少有人研究。我当时还是大学里的年轻教师，这样的情况对我来讲是一个金子般的机会。与欧美大多数古典学者和哲学家不同，我认为让人们重新关注这些哲学家的时机已经成熟了。写一本书帮助实现这一复兴，毫无疑问是一个很大胆的想法，但是年轻就是有大胆的资本，所以我踏上了"征程"。

我很幸运，有一些和我年龄相仿的学者也很热切地想要将他们的研究领域扩大到希腊化时代；同时我还有才华横溢的学生，特别是大卫·赛德利（David Sedley）。还有一些学者独立地走上了深入研究希腊化哲学不同方面的道路。感谢他们的作品，还有学界对我这本书的正面接纳，希腊化哲学的热度远远超出了我之前敢于希望的程度。

这个优秀的中译本可以说是"时代的标记"，我很高兴如今在英语、西班牙语、意大利语、希腊语、捷克语、匈牙利语、日语、韩语的读者之外，这本书终于拥有了中文读者。在世纪之交，剑桥大学出版社出版了一千页的《剑桥希腊化哲学史》（*Cambridge History of Hellenistic Philosophy*, eds., K. Algra, J. Barnes, J. Mansfeld, M. Schofield）。这是我在1985年写完第二版的"参考文献后记"之后出现的诸多重要著作中体量最大的一部。

你可能会问,希腊化哲学为什么会在19—20世纪的大部分时间被人忽略,它在近年来的复兴又是什么原因?这是很复杂的问题,但是我有信心给出一些回答。

第一个值得注意的要点是,这个兴趣和影响的潮流之前就有过。从最开始,斯多亚学派和伊壁鸠鲁学派就从之前的哲学传统中吸收了很多理论、方法和概念;他们理论中主要的创新和魅力都是在截然不同的生活哲学之间进行极端的选择。正如我在大约30年前说的:"在斯多亚学派和伊壁鸠鲁学派之间的选择意味着一个人在整体取向上的根本性选择,包括了他的神学、宇宙论和日常实践。这两种哲学承诺的不是对个人自主性的简单药方,而是两种截然不同的理解人在世界中处于何种位置的方式。"①

要理解**选择一种人生哲学**的吸引力,我们需要认识到,希腊化和罗马社会在思想上和神学上都是高度多元化的,而且多元化的程度在人类历史上都相当罕见。虽然这一点对大多数人,也就是奴隶和生活在接近赤贫状态的人来讲并不意味着什么,但是哲学家极少受制于政治权威的压力,公民们只要不破坏政治运作和官方的宗教实践,就可以按照自己选择的方式进行讨论、思考、研究,以及安排自己的生活。相比后来经常控制着社会的宗教和意识形态,希腊化和罗马文化给了公民很大的自由,这样也就给哲学(而不是政治和宗教)以机会

---

① A. A. Long, "Hellenistic Ethics and Philosophical Power," in P. Green, ed. *Hellenistic History and Culture*, Berkeley: University of California Press, 1993, p. 154.

去提供很多价值、理想和世界观。我们还要记住，虽然只有很少人能够深入研究哲学，但是希腊化的哲学学派并没有将男性、较高的社会地位和财富看作好生活的必要条件。

在古代，希腊化哲学在基督教和诺斯替主义兴盛之后逐渐衰落。这些宗教，连同它们的末世承诺，与斯多亚学派、伊壁鸠鲁学派和怀疑派的理性主义大相径庭。柏拉图主义和亚里士多德主义以不同的方式经历了强势的复兴。后来基督教成为了罗马帝国的官方宗教，罗马帝国的首都也从罗马转到了拜占庭，异教哲学持续了一段时间，但是后来基督教和伊斯兰教的权威越来越强，导致哲学不再可能作为独立的实践继续存在下去。这两种宗教认为亚里士多德大体上与它们的宗教信条相容（柏拉图在这方面的相容度低一些），但是虽然它们受到了斯多亚学派的影响，在官方教义上却拒斥斯多亚学说，同时彻底排斥伊壁鸠鲁学派和怀疑派。

1750年以来，世俗主义和多元主义在西方逐渐成为主导，我们可能会认为对希腊化哲学的兴趣会不受干扰地持续至今，但是这样的情况并未出现。正如我在本书中提到的，学者的关注再次转回到柏拉图和亚里士多德身上。这与黑格尔的影响密切相关，他的观念论对希腊化哲学中的经验主义和唯物主义缺乏同情。除此之外，阶级和高等教育中男性主导的倾向在柏拉图的《理想国》、亚里士多德的《伦理学》和《政治学》中得到了强有力的确证。但是马克思却是伊壁鸠鲁主义的仰慕者，伊壁鸠鲁主义连同德谟克利特也是苏联学界研究的主要古代哲学流派。

对于希腊化哲学如今正焕发的第三次生命的文化和思想基础，我们应该说些什么呢？在很多方面，现代哲学与希腊化哲学的联系都超过了古代哲学传统的其他部分。从笛卡尔和康德的时代开始,认识论就是哲学中的首要问题。斯多亚学派和伊壁鸠鲁学派都以一种近乎现代哲学的方式关注着认识论问题。他们(特别是斯多亚学派)受到的来自怀疑派的挑战在今天依然是哲学讨论的很好主题。此外,斯多亚学派的逻辑和语言哲学也预见了现代哲学对这些领域的兴趣,特别是弗雷格的作品引发的兴趣。

斯多亚学派和伊壁鸠鲁学派也在心灵哲学和行动理论方面做出了创新性的贡献,这其中就包括了伊壁鸠鲁学派的原子"偏转"理论,这个理论让心灵原子可以逃离因果决定论;另一方面斯多亚学派的决定论可以与道德责任兼容。这两种哲学都尝试对心灵做出单纯物理性的论述。斯多亚学派和伊壁鸠鲁学派的物理主义与现代的科学预设有着很大的相似性;相比之下,柏拉图和亚里士多德主义的宇宙论看起来则是完全陈旧过时的。

斯多亚学派的伦理学在现代哲学中产生了最强的回响。一个理由是它对康德"好意"(good will,也译为"善良意志")概念的强烈影响。此外,斯多亚学派的伦理学还是世界主义的和性别中立的。因此它比任何其他古代伦理学都更能够刺激人们思考应该如何过好他们的生活。

在学院哲学之外,如今很多人都在寻找一个价值体系,适合世界各处的人们共同的尊严和需要。罗马斯多亚学派的主要作品,比如塞涅卡的《书信》、爱比克泰德的《手册》和《论说集》以及马可·奥勒留的《沉思录》,在微博和播客上都有很多读者和听众。这种偏通俗的作品包括:

G. Hays, *Marcus Aurelius: The Meditations* (New York, 2003).

R. Hard, *Epictetus: Discourses, Fragments, Handbook* (Oxford, 2004).

R. Holliday and S. Hanselman, *The Daily Stoic* (London, 2016).

A. A. Long, *Epictetus: How to be Free* (Princeton, 2018).

M. Graver and A. A. Long, *Seneca: Fifty Letters of a Roman Stoic* (Chicago, 2021).

M. Pigliucci, *How to be a Stoic: Using Ancient Philosophy to Live a Modern Life* (New York, 2017).

为了方便中文读者,我在下面选列了在我完成第二版的"参考文献后记"之后出版的关于希腊化哲学的重要著作。

文本、翻译和注疏:

A. A. Long, and D. N. Sedley, *The Hellenistic Philosophers*. vol. 1 *Translations of the Principal Sources with Philosophical Commentary*; vol. 2 *Greek and Latin Texts with Notes and Bibliography* (Cambridge, 1987).

B. Inwood and L. P. Gerson, *Hellenistic Philosophy: Introductory Readings* (Indianapolis, 1988; 2nd ed. 1997).

R. Dobbin, *Epictetus. Discourses, Book I* (Oxford, 1998).

I. G. Kidd, *Posidonius. The Commentary*, 2 vols. (Cambridge, 1988).

T. Tieleman, *Chrysippus' On Affections* (Leiden, 2003).

C. Gill, *Marcus Aurelius, Meditations Book 1-6* (Oxford, 2013).

M. Graver and A. A. Long, *Seneca Letters on Ethics* (Chicago, 2015).

整体性研究：

K. Algra, J. Barnes, J. Mansfeld, M. Schofleld eds., *The Cambridge History of Hellenistic Philosophy* (Cambridge, 1999).

R. W. Sharples, *Stoics, Epicureans and Sceptics. An Introduction to Hellenistic Philosophy* (London, 1996).

J. Sellars, *Hellenistic Philosophy* (Oxford, 2018).

关于多个希腊化哲学学派的研究：

M. Frede, *Essays in Ancient Philosophy* (Minnesota,1987).

J. Barnes and M. Mignucci eds. *Matter and Metaphysics* (Naples, 1988).

J. Annas, *Hellenistic Philosophy of Mind* (Berkeley, 1992).

J. Annas, *The Morality of Happiness* (New York,1993).

J. Brunschwig and M. C. Nussbaum, eds. *Passions and Perceptions: Studies in Hellenistic Philosophy of Mind* (Cambridge,1993).

J. Brunschwig, *Papers in Hellenistic Philosophy* (Cambridge,1994).

H. Flashar ed., *Die Philosophie der Antike. Die Hellenistische Philosophie*, 2 vols. (Basel,1994).

M. C. Nussbaum, *The Therapy of Desire: Theory and Practice in Hellenistic Ethics* (Princeton, 1994).

A. Laks and M. Schofield, eds. *Justice and Generosity: Studies in Hellenistic Social and Political Philosophy* (Cambridge,1995).

J. Powell, *Cicero the Philosopher* (Oxford, 1995).

G. Striker, *Essays on Hellenistic Epistemology and Ethics* (Cambridge,1996).

R. Sorabji ed., *Aristotle and After* (London,1997).

J. Annas and R. Wool eds. *Cicero on Moral Ends* (Cambridge, 2001).

D. Frede and A. Laks eds., *Traditions of Theology: Studies in Hellenistic Theology, Its Background and Aftermath* (Leiden, 2002).

D. Frede and B. Inwood eds., *Language and Learning: Philosophy of Language in the Hellenistic Age* (Cambridge, 2005).

A. A. Long, *From Epicurus to Epictetus* (Oxford, 2006).

关于斯多亚学派的研究:

B. Inwood, *Ethics and Human Action in Early Stoicism* (Oxford, 1985).

K. Atherton, *The Stoics on Ambiguity* (Cambridge,1993).

M. Schofleld, *The Stoic Idea of the City* (Cambridge, 1991).

A. A. Long, *Stoic Studie*s (Cambridge, 1996; reprinted, Berkeley, 2001).

J. Barnes, *Logic & the Imperial Stoa* (Leiden,1997).

S. Bobzien, *Determinism and Freedom in Stoic Philosophy* (Oxford,1998).

K. Ierodiakonou, ed. *Topics in Stoic Philosophy* (Oxford, 1999).

R. Sorabji, *Emotion and Peace of Mind: From Stoic Agitation to Christian Temptation* (Oxford, 2000).

A. A. Long, *Epictetus. A Stoic and Socratic Guide to Life* (Oxford, 2002).

B. Inwood, ed., *The Cambridge Companion to the Stoics* (Cambridge, 2003).

T. Brennan, *The Stoic Life: Emotions, Duties, Fate* (Oxford, 2005).

G. Reydams-Schils, *The Roman Stoics* (Chicago, 2005).

M. Graver, *Stoicism and Emotion* (Chicago, 2007).

R. Salles, ed. *God and Cosmos in Stoicism* (Oxford, 2009).

M. Frede, *A Free Will: Origins of the Notion in Ancient Thought*, ed., A. A. Long (Berkeley, 2011).

R. Sellars, ed. *The Routledge Handbook of the Stoic Tradition* (Abingdon, 2016).

关于犬儒派的研究:

R. Branham and M.-O. Goulet-Cazé, eds. *The Cynics* (Berkeley, 1996).

关于伊壁鸠鲁学派的研究:

P. Mitsis, *Epicurus' Ethical Theory* (Ithaca,1988).

K. Algra, M. H. Koenen, P. H. Schrijvers eds. *Lucretius and his Intellectual Background* (Amsterdam, 1997).

D. Sedley, *Lucretius and the Transformation of Greek Wisdom* (Cambridge,1997).

V. Tsouna, *The Ethics of Philodemus* (Oxford, 2007).

J. Warren ed., *The Cambridge Companion to Epicureanism* (Cambridge, 2009).

P. Mitsis, ed. *The Oxford Handbook of Epicurus and Epicureanism* (Oxford, 2020).

关于怀疑派的研究:

J. Annas and J. Barnes, *The Modes of Scepticism* (Cambridge, 1985).

R. J. Hankinson, *The Sceptics* (London,1995).

M. Burnyeat and M. Frede, *The Original Sceptics. A Controversy* (Indianapolis, 1997).

B. Inwood and J. Mansfeld eds. *Assent & Argument*: *Studies in Cicero's Academic Books* (Leiden,1997)

R. Bett, *Pyrrho, His Antecedents and Legacy* (Oxford, 2000).

R. Bett, ed. *The Cambridge Companion to Ancient Scepticism* (Cambridge, 2010).

安东尼·朗
2021 年 9 月
于伯克利

第一版序言

本书的目的在于追索从亚历山大大帝去世（前323）到罗马共和国终结（前31）这段时间希腊哲学的主要发展。这三个世纪被我们称为希腊化时代，它见证了希腊文明随着亚历山大的征服大规模地向东扩张，之后又随着罗马人对希腊的政治征服深深地渗透到地中海西部世界。但是在这个时代，哲学依然主要是一项希腊人的活动。希腊化世界最有影响力的思想家是斯多亚主义者、伊壁鸠鲁主义者和怀疑论者。在本书中我试图对他们的观念和思想方法给出简洁的批判性分析。

就我所知，英语世界上一本覆盖这一范围的著作写于六十年前。在这期间，这个主题得到了推进，尤其是在第二次世界大战之后有了飞速的发展，但是大多数最优秀的作品都非常专门化。我们显然需要一部对希腊化哲学做出整体性评价的著作，为那些非专家提供对这一主题更加前沿的论述。人们经常认为希腊化哲学是二流思想家的乏味产品，完全无法与柏拉图、亚里士多德相提并论。我希望这本书能帮助人们去除这些误解，引发人们对这个在历史上和思想上都非常精彩的领域更加广泛的兴趣。

希腊化哲学遭受误解的一个原因是原始证据的匮乏。早期斯多

II　希腊化哲学

亚学派的几乎全部著作都已逸失,我们只能从后代作家对他们的引用和总结中重构他们的理论。证据的局限性在讨论伊壁鸠鲁学派和怀疑派的时候也是一个大问题。我在本书中几乎没有评价资料的问题,而这个问题对于讨论希腊化哲学的专门著作来讲是必要的。但是鉴于证据非常分散,质量也参差不齐,在文中我给出了归于特定哲学家的大多数理论的出处。很多讨论到的主题可以用不同的方式阐释。我只是给出了几种不同的观点,我自己的一些结论也肯定是有争议的。纵观全书,我的目的是对现有证据给出最有哲学意义的分析,同时指出哪些理论最容易受到批判。我给出了很多引文,对细节的讨论尽可能基于我所翻译的文本。

我在斯多亚学派上花费了最多的笔墨,这是基于两个考虑:首先,在我看来,他们是希腊化时代最重要的哲学家,而且如今他们的思想不如伊壁鸠鲁学派和怀疑派那么为普通读者所知晓。在本书的大部分篇幅里,我都试图呈现思想而非历史问题,但是第一章的主题是历史背景,最后一章简短地讨论了希腊化哲学对后世产生的广泛影响。我也讨论了此前希腊思想的一些特征,它们帮助我们解释了那些希腊化哲学家接受或拒斥的概念。

对于任何研究希腊化哲学的人来说,乌塞纳(Usener)、冯·阿尼姆(von Arnim)、布罗夏(Brochard)、贝利(Bailey)、波伦兹(Pohlenz)的著作都是不可或缺的,我也从当代学者那里学到了很多。我还要感谢我的学生、同事和那些给了我很多机会在英国和其他国家报告有关这一主题的论文的学者。我尤其受益于我在伦敦大学学院的教职,本书的撰写就是在那里完成的。我要特别感谢乔治·科福德(George Kerferd)评论了本书的第二章和第三章,阿兰·格里菲斯（Alan Griffiths）仔细审阅了全部手稿。最后，我要感谢我的夫人凯（Kay），她给了我很多无法用任何致谢表达的帮助。

A. A. L.

1973年，于利物浦

第二版序言

本书初版于1974年。正如我在初版的序言里说到的，希腊化哲学在那时似乎不仅需要整体性的评价，而且需要实质性的复兴。虽然有少数非常热忱的专家，但是整体而言，相比人们对柏拉图、亚里士多德及其前人的巨大兴趣，希腊化时期遭到了贬低和忽视。十年之后，希腊化哲学的命运有了戏剧性的转变。通过出版物、研讨课和国际会议，斯多亚学派、怀疑派和伊壁鸠鲁学派得以和更广大和更敏锐的听众对话，自从古代以来就没有过这样的情况。这些年最优秀的希腊哲学著作中有很多都是在批判性地考察希腊化哲学的概念、论证和论辩策略。正像我在"参考文献后记"中指出的，各种迹象都表明这个恢复和发现的过程将会以更加热烈的方式继续下去。传统的偏见似乎已经被一劳永逸地移除，新的视域已经显现，很显然它们正在改变古代哲学的视野，并且在普遍意义上刺激着哲学家的思考。

在这样一本篇幅不大、目的有限的著作中，我不可能照顾到所有这些发展。我本来将它构思成一部导论，现在依然这样看。既然专门的文献如今变得如此众多，那么我希望这本书同时可以成为那些想要更深入地研究这个主题的读者的合适指引。与其尝试进行修订和扩充,不如让本书维持原样。在这里我所能提供的最有用的修正和扩充就是"参考文献后记"。

A. A. L.

1985年,于加州伯克利

缩写对照表

缩写	原称	中译名
Acad.	Cicero, *Academica*	西塞罗:《论学园派》
Adv. math.	Sextus Empiricus, *Adversus mathematicos* (Against the Dogmatic Philosophers)	塞克斯都·恩皮里科:《驳学问家》
Comm. not.	Plutarch, *De communibus notitiis contra stoicos* (On Universal Conceptions against the Stoics)	普鲁塔克:《驳斯多亚学派的普遍观念》
DK	*Die Fragmente der Vorsokratiker*, ed. H. Diels and W. Kranz	蒂尔斯与克兰茨编:《前苏格拉底哲学残篇》
D.L.	Diogenes Laertius	第欧根尼·拉尔修:《名哲言行录》
De an.	Aristotle, *De anima* (On the Soul)	亚里士多德:《论灵魂》
De div.	Cicero, *De divinatioine* (On Divination)	西塞罗:《论占卜》
De nat.	Epicurus, *De natura* (On Nature)	伊壁鸠鲁:《论自然》
De off.	Cicero, *De officiis* (On Duties)	西塞罗:《论义务》
E.N.	Aristotle, *Nicomachean Ethics*	亚里士多德:《尼各马可伦理学》
Ep.	Seneca, *Epistulae morales* (Moral Letters)	塞涅卡:《道德书信》
Ep.Hdt.	Epicurus, *Letter to Herodotus*	伊壁鸠鲁:《致希罗多德的信》
Ep. Men.	Epicurus, *Letter to Menoeceus*	伊壁鸠鲁:《致梅诺凯乌斯的信》

（续表）

缩写	原称	中译名
Ep. Pyth.	Epicurus, *Letter to Pythocles*	伊壁鸠鲁：《致皮托克勒斯的信》
Fin.	Cicero, *De finibus bonorum et malorum* (On the Chief Things which are Good and Bad)	西塞罗：《论至善与至恶》
K.D.	Epicurus, *Kuriai doxai* (Principal Doctrines)	伊壁鸠鲁：《基本要道》
Met.	Aristotle, *Metaphysics*	亚里士多德：《形而上学》
N.D.	Cicero, *De natura deorum* (On the Nature of the Gods)	西塞罗：《论神性》
P.H.	Sextus Empiricus, *Pyrrhoneioi hypotyposeis* (Outlines of Pyrrhonism)	塞克斯都·恩皮里科：《皮浪主义纲要》
Plac.	Galen, *De placitis Hippocratis et Platonis* (On the Opinions of Hippocrates and Plato)	盖伦：《论希波克拉底与柏拉图的学说》
R.E.	Pauly-Wissowa, *Real-Enzyklopädie der klassischen Altertumswissenschaft*	泡利－维索瓦：《古代研究大百科全书》
Rep.	Cicero, *De republica* (On the State)	西塞罗：《论共和国》
Sent. Vat.	Epicurus, *Sententiae Vaticanae* (Epicurean Aphorisms from a Vatican Manuscript)	伊壁鸠鲁：《梵蒂冈箴言》
Stoic. rep.	Plutarch, *De Stoicorum repugnantiis* (On the Contradictions of the Stoics)	普鲁塔克：《论斯多亚学派的矛盾》
SVF	*Stoicorum Veterum Fragmenta* (Fragments of the Early Stoics, ed. H. von Arnim)	冯·阿尼姆主编：《早期斯多亚残篇》
Tusc.	Cicero, *Tusculan disputations*	西塞罗：《图斯库兰论辩集》
Us.	*Epicurea*, ed. H. Usener	乌塞纳主编：《伊壁鸠鲁学派》

第一章　导　论

哲学史上的重要阶段很少能像政治事件一样精确地界定，但是我们有很多理由将希腊世界在公元前4世纪末发生的新思想运动置于同一个描述之下。"希腊化"指的是一段时期内的希腊文化，进而是希腊—罗马文化，这段时期始于亚历山大大帝（Alexander the Great）去世（前323），根据传统终于屋大维（Octavian）在公元前31年的阿克提姆（Actium）战役战胜马可·安东尼（Mark Antony）。在这三个世纪里，占据着古代哲学的核心位置的，既不是柏拉图主义也不是亚里士多德建立的漫步学派，而是斯多亚学派、怀疑派和伊壁鸠鲁学派，它们都是在亚里士多德之后发展起来的。这些思想运动界定了希腊化世界主要的哲学脉络，"希腊化哲学"这个词用来从整体上指称它们。这三个学派的影响持续到罗马帝国和之后的时代，但是在公元前1世纪，柏拉图主义开始了漫长的复兴，对亚里士多德理论著作的兴趣也被再次唤醒。本书关于希腊化哲学的详细讨论以这些发展告终。它们既是希腊罗马思想中"折中主义"阶段（eclectic stage）出现的原因，也是其表现，这时希腊化哲学的体系对于哲学史家来说就变成了次要的主题。

本章的导论主要关注希腊化哲学的开端，我们需要看一下为这一阶段的思想活动提供了背景框架的社会和政治环境。亚历山大的东部帝国在他死后发生的战争和王朝斗争中解体了。但是这个帝国为希腊文化史无前例的扩张做好了准备。埃及的亚历山大里亚（Alexandria）和叙利亚的安条克（Antioch）分别是托勒密王国（Ptolemaic kingdom）和塞琉古王国（Seleucid kingdom）的首都，由亚历山大手下的两个将领保卫，它们是希腊文化的基础。在埃及和叙利亚定居的士兵、官员和商人将希腊土地上的社会制度移植到这里。虽然在不同的地方因为不同的影响有所修正，但是共同的文化和共同的语言给了他们某种统一的感觉。在托勒密王朝治下，亚历山大里亚成为了新的艺术和科学中心，吸引了很多杰出的文人学者，在文化多元方面锋芒甚至超过了雅典。雅典在哲学领域依然有着超群的地位。但是安条克、帕加马（Pergamum）和士麦那（Smyrna）也是繁荣的城市，它们的统治者赞助诗人、哲学家、历史学家和科学家，并且为此相互竞争。

在大约一百年的时间里，人们在思想上取得了卓越的成就。人们对诸如历史和地理等方面的兴趣大为扩展，同时伴随着古典希腊社会和政治视域的扩大。语文学、天文学、生理学等方面取得了长足的进步。这些研究也影响了文学，那个时代大多数引人瞩目的文人都是学者。这场学术运动的结果之一就是学科界线收窄了。亚里士多德和他的后学，将范围很大的主题都置于"哲学"之内，包括那些我们如今会归于科学、文学或历史的学科。希腊化哲学的范围整体而言要有限得多。兰普萨库斯的斯特拉托（Strabo of Lampsachus, 卒于前 270/268），是亚里士多德的一个继任者，他虽然是哲学家，但是主要的兴趣或许应该被称为科学。很晚之后，斯多亚哲学家波西多尼乌斯（Posidonius，卒于前51/50）竭尽全力将哲学与历史、地理、天文和数学结合起来。但这些人是例外情况。专门的科学在这个时代得到了蓬勃的研究，但都不是由希腊化哲学学派的主要成员进行的。在他们手中，哲学或多或少获得了现代的含义，逻辑学、伦理学以及对"自然"的普遍研究得到了区分。在哲学和科学之间的这个区分不仅被空间而且被时间进一步强化。早期希腊化哲学的主要人物，伊壁鸠鲁、芝诺（Zeno）、阿凯西劳斯（Arcesilaus）和克吕西普斯（Chrysippus），都是从别处移居雅典的；而那些取得最为斐然的科学成就的人，比如阿基米德（Archimedes）、天文学家阿里斯塔库斯（Aristarchus）和医学家希罗斐鲁斯（Herophilus）和埃拉西斯特拉图斯（Erasistratus），据我们所知都和雅典没有很强的联系。

如果没有亚历山大就不会有亚历山大里亚。希腊化世界的很多特征毫无疑问都可以追溯到他的帝国野心及其后果。历史悠久的哲学回应各个希腊化王国造成的动荡时代的方式是，将原本没有利害关系的思辨转向思考如何为个人提供安全。斯多亚主义被描述成"一个仓促和激烈地拼凑起来的系统，去应对一个混乱的世界"[①]。试图将斯多亚主义和伊壁鸠鲁主义孤立于它们的时代

---

① E. Bevan, *Stoics and Sceptics*, Oxford, 1913, p. 32. 与这种解释相对，埃德尔斯坦提到了一种"产生于公元前4世纪的对人的力量的新意识，以及将人神化的信念"，他认为这些观念对斯多亚学派和伊壁鸠鲁学派都有影响，参见 L. Edelstein, *The Meaning of Stoicism*, Cambridge, Mass., 1966, p. 13。

背景显然是错误的。伊壁鸠鲁贬斥公民生活，斯多亚学派将世界看作城邦，可以被看作是用两种不同的方式去应对变化的社会和政治环境。但是希腊化哲学的很多特征都是从亚历山大大帝去世以前活跃的思想家那里继承来的。希腊化世界的人们对认同感和道德指导的需要可以帮助我们解释为什么斯多亚主义和伊壁鸠鲁主义很快就在雅典和其他地方获得了大量信徒。但是比亚历山大及其后继者，一百年前的伯罗奔尼撒战争很可能给希腊造成了更大的痛苦。从经济上讲，雅典依然是公元前4世纪末的一个繁荣城邦，新的公共工程吸收着资本和能量。在早期希腊化哲学中很难找到什么东西是在明确回应一种**新的**混乱感。

亚历山大确实削弱了走向衰落的希腊城邦曾经非常骄傲的一些价值。亚里士多德的伦理学预设的是像雅典这样的城邦社会语境。但是犬儒学派的第欧根尼（Diogenes the Cynic）在亚历山大去世前很多年就已经在挑战古典希腊公民生活的基本习俗了。亚历山大、第欧根尼和亚里士多德这三个人的去世前后相隔不过一两年（前325—322）。这一点值得提及，因为它强调了在阐释希腊化哲学时既需要考虑连续性又需要考虑变化。亚里士多德曾在马其顿教导过年轻的亚历山大，而亚历山大认识说话大胆的第欧根尼，还说过一句很有名的话："假如我不是亚历山大，我想当第欧根尼。"（D.L. VI.32）亚历山大要征服永恒的世界，而第欧根尼则要向人们表明如何征服他们的恐惧和欲求。亚里士多德与第欧根尼除了是同时代人之外几乎没有任何共同之处。道德主义者、反传统主义者、说教者，这些是描述第欧根尼的关键词。他完全没有亚里士多德对逻辑学或形而上学的兴趣，并且通过倡导一种基于"人类自然"的素朴生活攻击城邦制度，这种生活与希腊社会的实践格格不入。这种对既有习俗的断然拒绝以所谓的原始人和动物的习性为依据。

在第欧根尼的大肆表演和有意对抗习俗的做法背后，是对道德价值的深深关切，这种关切可以追溯到苏格拉底。斯多亚学派对第欧根尼的观点做了提炼，同时在希腊化世界和罗马帝国也有很多人自称犬儒主义者，模仿毫不妥协的第欧根尼去进行自己的说教和生活。但是第欧根尼与苏格拉底大不相同的地方在于，他拒绝忠诚于任何城邦，不管是他的出生地黑海边的西诺普（Sinope），还是他度过余生的雅典。他的伦理价值完全不考虑社会地位和城邦，而这也强化了第欧根尼批判传统的激进特征。研究亚里士多德在《政治学》第一卷中对奴隶制的辩护就可以显明这一点。对于第欧根尼来讲，重要的仅仅是个人，以及个人完全依靠自己的自然禀赋就可以实现的福祉。强调个人以及个人从普遍人性那里分享的"自然"是希腊化哲学的特征之一。这一点在斯多亚学派那里表现得最为突出，特别是在罗马公元前2世纪以后的扩张时期。但是早期斯多亚学派、怀疑派和伊壁鸠鲁学派都对人的内在资源，也就是理性，极其自信，相信它可以给幸福和平静的生活提供唯一的坚实基础。城邦退居到背景的位置上，而这是这个时代的一个标志。但是第欧根尼在希腊化时代的黎明之前就指出了这个方向。

当公元前4世纪最后几年，斯多亚学派的创始人芝诺和伊壁鸠鲁开始在雅典讲学的时候，这个城邦里已经有了两个非常显赫的哲学学派。在公元前369年之前几年，柏拉图建立了阿卡德米学园（Academy），这个社团与"阿卡德米"这个词在以后作为"研究中心"的用法并没有多少共同之处。① 学园中资深的成员研究范围很广，但正式的教学可能只局限于数学，并且很可能不会超出《理想国》第七卷描绘的课程（其中包括了给三十岁以上的学生教授辩证法）。我们不知道学园的人数有多少。学园成立之初，年轻的成员肯定是数量不大的贵族青年，不一定仅限于雅典人，因为公元前367—前347年来自马其顿的亚里士多德是学园中的学生和老师。在建立学园之时，柏拉图的目的之一很可能是教育那些日后有可能成为公共生活中显赫人物的青年。那些出版的对话是他达至更广受众的方法。

在柏拉图去世之后（前347），学园的领袖位置首先传给了他的外甥斯彪西波（Speusippus），之后是色诺克拉底（Xenocrates），再下面就是波勒莫（Polemo），他与伊壁鸠鲁和芝诺是同时代人。亚里士多德在他的余生依然在名义上是学园的成员，但是他在斯彪西波被任命为学园领袖之后离开了雅典（个中原因我们只能猜测）。接下来的十二年，他在小亚细亚和马其顿的不同城邦待过，公元前335年回到了雅典。在离开雅典的这段时间，亚里士多德很可能花了大部分时间在生物学研究上，那些成果在他的著作中占有重要位置。在亚历山大继承了马其顿王位之后，亚里士多德开始了在雅典的第二段长居，这一次不是在学园教书，而是在吕克昂（Lyceum），雅典城外不远的一片小树林。当亚里士多德在公元前322年去世之后，特奥弗拉斯托斯（Theophrastus）建

---

① 参见 Harold Cherniss, *The Riddle of the Early Academy*, Berkeley, 1945, pp. 61-72。

立了吕克昂学园（经常被称为"漫步学派"）。他在那里指导研究直到去世（前288/284）。

关于柏拉图之后学园的活动我们没有多少资料。亚里士多德经常将斯彪西波与"毕达哥拉斯学派"相提并论（比如 *Met.* 1072b30；*E.N.* 1096b5）。所谓的"毕达哥拉斯学派"的传播是一个复杂和争议很多的问题。简而言之，斯彪西波和色诺克拉底很可能发展出了某些形而上学和数学原理，而柏拉图并不将它们称为毕达哥拉斯主义。在他们手中，柏拉图的理念论（theory of Forms）经历了相当大的变化。① 他们也写了很多伦理学著作，但是我们不知道什么细节，可以确定的是他们也接受了一些柏拉图的基本观念，比如在德性与人类幸福之间的必然联系。斯彪西波提出了一种极端的立场，认为任何意义或形式的快乐都不可能是好的（*E.N.* VII.14），他写了两卷著作攻击快乐主义哲学家阿里斯提普（Aristippus）。一些归于色诺克拉底的学说在斯多亚学派那里得到重现，有一个文本格外有趣："发现哲学的原因是缓解在人生中导致动荡的东西。"（fr. 4, Heinze）在这段来自盖伦（Galen）的话中，色诺克拉底的名字来自对"伊索克拉底"（Isocrates）名字的校改。但是这个说法与希腊化哲学的普遍目标非常一致，尤其是伊壁鸠鲁主义和皮浪主义。

色诺克拉底很可能将自己主要看作柏拉图哲学的说明者。在他的领导下，学园表明了自己的柏拉图主义，不管柏拉图多么确定地主张这些观点，他可能从来都没有想过要让这个系统成为一

---

① 参见 Cherniss, *The Riddle of the Early Academy*, p. 33。

个坚实的学说。

在古代的传记传统中，色诺克拉底被描述成一个很严肃的人，他对波勒莫也产生了这样的影响，让他从放荡的生活转向哲学，并最终成为色诺克拉底之后的学园领袖。那是公元前314年，就在芝诺到达雅典的四年前。在第四任领袖治下，学园似乎从对数学、形而上学和辩证法的关注转向了伦理学。据说波勒莫说"人应该在实践中，而不仅仅在辩证法的练习中，训练自己"（D.L. IV.18）。柏拉图将辩证法视为最好的道德训练，理由在于它让实践者可以洞见善的本质（nature of goodness）。但是希腊化哲学努力让自己比柏拉图或亚里士多德影响更广泛的社会群体。在我看来，活跃在公元前4世纪末的那些相互对抗的哲学家的数量就足以令人信服地表明这一点，他们都用自己的方式解决柏拉图和亚里士多德早已提出并给出答案的问题："什么是幸福，人如何实现幸福？"第一个怀疑论者皮浪（Pyrrho）给出的答案是平和（equanimity），拒绝做出任何确定的判断，但是伊壁鸠鲁学派和斯多亚学派是新哲学家里处理这个问题最为成功的。他们之所以成功，并不是因为放弃理论转向实践，而是因为他们提出了关于世界和人类自然的观念，这个观念得到了经验观察、理性和承认人们有共同需要的支持。我这样说的意思并不是他们将哲学的范围仅仅限定在伦理学上。这是关于希腊化哲学的一个常见的误解。伊壁鸠鲁撰写了三十七卷的《论自然》（*On Nature*）。斯多亚学派对逻辑学、语言理论和自然哲学都做出了重要的贡献。这两个系统都接受了一个重要的假设，即幸福依赖于对宇宙和人是什么的理解。

在希腊化早期还有一系列相对次要的哲学运动，它们都宣称来自苏格拉底。我们从柏拉图那里很好地了解或者认为我们很好地了解了苏格拉底，因此很容易忘掉其他的苏格拉底分子（Socratics），他们在公元前4世纪前半叶走出了自己的道路。他们都是一些模糊的人物，他们的观点只出现在当时作家的偶然提及，以及古代晚期编辑的枯燥摘要之中。但是他们建立了一些传统，这些传统预示了希腊化哲学的某些方面，也影响了新的学派，甚至和它们短暂地交锋过。①

我已经对犬儒主义者第欧根尼做了一些讨论，还会在第四章回来谈他。古代的哲学史家喜欢"整齐"的师生关系，他们说第欧根尼是安提斯提尼（Antisthenes）的学生，而安提斯提尼是苏格拉底在雅典的同伴。我们很难说第欧根尼在多大程度上受到了安提斯提尼的影响。安提斯提尼或许比柏拉图年长二十岁，亚里士多德就曾因为他的幼稚攻击过他（*Met.* 1024b23），并且批评他的追随者（"安提斯提尼主义者"）没有文化（*Met.* 1043b23）。阻击传统教育正是第欧根尼的部分事业，如果我们可以信赖第欧根尼·拉尔修的话，安提斯提尼本人宣称德性（*aretê*）是实践性的，既不需要卷帙浩繁的著作，也不需要学习（D. L. VI.11）。事实上，安提斯提尼是一个著述颇丰的作者，而且很多古代的批评家都对他的风格给予很高的评价。他作品的题目表明他的兴趣在于文学、知识和信念的问题，尤其是辩证法（D.L. VI.15ff.）。后

---

① 关于"小苏格拉底学派"的详细论述，参见 W. K. G. Guthrie, *A History of Greek Philosophy*, vol. III, Cambridge, 1969。

来的犬儒主义传统给第欧根尼·拉尔修的传记增添了色彩。但是我们有理由认为安提斯提尼既用教学和写作，也用自己作为例证倡导苏格拉底式的灵魂力量。就我们所知甚少的逻辑学和语言理论而言，他与柏拉图的差别极大。但是安提斯提尼并非因为对理论哲学的贡献而著名。在本书中，他的重要性表现在，他的一些道德命题明显预示了，甚至有可能直接影响了斯多亚学派。尤其是下面这些残篇：德性可以被教导，一旦获得就不会丧失（fr. 69, 71, Caizzi）；德性是人生的目标（fr. 22）；圣人是自足的（因为拥有智慧），他拥有所有人的财富（fr. 80）。安提斯提尼就像第欧根尼一样，摒弃了任何可能支持这些论点的详细理论。而只能靠斯多亚学派将它们构建成伦理学的系统讨论。

另一位苏格拉底的门人是居勒尼的阿里斯提普（Aristippus of Cyrene, 约前435—前355），他的弟子在希腊化早期活跃过一段时间。色诺芬（Xenophon）记录了在苏格拉底和阿里斯提普之间的一些对话（比如 Mem. III.8.1-7; 2.1），亚里士多德也提到过他（Met. 996a32）。阿里斯提普的重要性在于他提出快乐是人生的目标。他在伊壁鸠鲁之前很久发展了这个学说，伊壁鸠鲁的快乐主义，虽然有可能受到了居勒尼学派观点的影响，但是在重要的方面与它们不同。阿里斯提普所说的快乐是身体欲望的满足，他将这种满足称为"平顺的运动"（smooth movement），而"粗糙的运动"（rough movement）则产生痛苦（D.L. II.86）。与伊壁鸠鲁主义者不同，居勒尼学派否认痛苦的缺失就是快乐——那不过是一种中间的状态，他们还认为身体感官的快乐高于精神的快乐（D.L. II.89-90）。我们的资料没有在阿里斯提普的理论和他弟子的理论之间做出明确的区分,他有两个弟子特奥多罗斯(Theodorus)和赫吉希阿斯(Hegesias)的鼎盛年在公元前4世纪末。从亚里士多德那里我们得知,阿里斯提普指责数学,因为它不考虑善与恶(*Met.* 996a32),从这里我们可以推断他的学说主要关乎伦理问题。在此能够看到苏格拉底的影响,这种影响也体现在阿里斯提普完全排斥对物理世界的思辨(D.L. II.92),他或许将这一点发展成对外部实在知识的怀疑论态度。

麦加拉的欧几里得(Eucleides of Megara)是第三位在希腊化早期依然有着重要影响的苏格拉底分子。但是非常遗憾,我们对他的了解非常匮乏,而他似乎是一个比安提斯提尼和阿里斯提普更重要的哲学家。麦加拉学派尤其关注公元前5世纪巴门尼德(Parmenides)和爱利亚的芝诺(Zeno of Elea)首先提出的那种论证。欧几里得采纳了巴门尼德式的一元论,主张"好是一个事物,被不同的名字称呼"(D.L. II.106)。在同一个语境中,第欧根尼·拉尔修还注意到,欧几里得否认那些与好相反的事物存在。他将所有的事物都还原为一个事物(即好)很可能受到了苏格拉底和巴门尼德的双重影响。(柏拉图在《斐多》97c表明苏格拉底对于用目的论方式解释事物很有兴趣。)但是我们说不清欧几里得如何看待这个命题的种种推论。麦加拉学派的后学主要因为他们的辩证法技巧而声名卓著,他们对斯多亚学派的逻辑学有重要影响。斯多亚学派的芝诺曾经跟随两位著名的麦加拉学派哲学家学习,他们是斯蒂尔波(Stilpo)和迪奥多鲁斯·克洛诺斯(Diodorus Cronus)。

对于之后的古代传统来讲,这些"小苏格拉底学派"只有边缘意义，但是如果认为在那个时代他们也不甚重要则是错误的。我们倾向于认为柏拉图和亚里士多德的光芒完全盖过了与之竞争的同时代哲学家，因为这些人的作品没有流传下来，也没有被证明影响很大。但是公元前4世纪末有教养的希腊人却不一定会有同样的判断。据说斯蒂尔波曾经从亚里士多德、特奥弗拉斯托斯和很多其他人那里赢得过弟子（D.L. II.113f.）。柏拉图主义者和漫步学派的成员从来没有垄断过希腊哲学，而且在影响力方面很快就被新兴的斯多亚学派和伊壁鸠鲁学派超过了。

这些新学派建立的时候，柏拉图学园在数学和理论哲学方面已经不那么出色了。它在思想上的活力在公元前265年前后以一种截然不同的方式被阿凯西劳斯恢复，他将学园从教条主义转变为怀疑主义。但是吕克昂学园直到斯特拉托去世（前270/268）一直保持着活跃。特奥弗拉斯托斯是一个极其全面的学者，他保持了亚里士多德开创的研究传统。他完善和解释亚里士多德的学说，但是也会反对亚里士多德，比如据我们所知的题为《形而上学》的那部作品中。特奥弗拉斯托斯讨论了很多亚里士多德形而上学之外的难题，他在逻辑学方面做出了重要的发展，尤其对收集和分析自然历史和地理学的资料有兴趣。经验研究的重要性在他的两部流传下来的作品（《植物研究》[Inquiry into Plants]和《植物的原因》[On the Causes of Plants]）中经常得到强调。他的伦理理论似乎非常紧密地建基于亚里士多德之上。特奥弗拉斯托斯从来不走极端，他大概也不会认为伊壁鸠鲁学派和斯多亚学派关于人和社会的观念与自己意气相投。伊壁鸠鲁写过一部题为《反特奥弗拉斯托斯》的著作，我们不知道它的内容，但是通过特奥弗拉斯托斯和其他漫步学派成员的著作我们可以知道，亚里士多德的学术著作必然广为人知，虽然他自己并没有准备让这些著作广泛传播。

  最后这一点非常重要。有些学者主张伊壁鸠鲁和芝诺只可能读过亚里士多德"公开发表的"文学著作，而没有读过那些构成了如今亚里士多德著作主体部分的学术著作。罗马帝国早期的斯特拉波（Strabo）曾说，在特奥弗拉斯托斯去世后，亚里士多德手稿被交给一个叫内雷乌斯（Neleus）的人，他生活在斯凯普西斯（Skepsis），一个临近帕加马的小亚细亚城市（XIII.1.54）。内雷乌斯去世之后，出于安全原因这些书被藏在一个地窖之中，直到公元前 1 世纪早期才得到重新发现和编辑。我们的太多判断都建立在这个有趣的故事之上。有人据此认为亚里士多德的学术著作在大约两个世纪之中完全不为人所知。但是这个结论不能成立。我们很难相信在特奥弗拉斯托斯的时代，雅典只有这些著作的一个版本。伊壁鸠鲁和早期斯多亚学派了解亚里士多德的主要学说，这在我看来是既合理又必要的假设。这也并不仅仅是个假设。我们有一个证据将伊壁鸠鲁的名字与亚里士多德的《分析篇》（*Analytics*）以及一部论自然的著作联系起来（参见本书 p.29*）。但是吕克昂学园从公元前 4 世纪中期开始衰落，这使得亚里士多德学术著作不大可能在接下来的 150 年里广为人知。①

  自从策勒（Zeller）一百多年前撰写了不朽名作《希腊哲学史》

---

* 文中提到本书页码的地方均指原书页码，即页边码。——译者注

① 我们对这个时代的漫步学派哲学家所知甚少。他们的活动似乎主要集中在修辞学、传记和通俗的道德著作。特奥弗拉斯托斯本人就写过关于婚姻、怜悯和醉酒的作品。对此的古代证据，参见 F. Wehrli, *Die Schule des Aristoteles*, Basel, 1944-，这是关于单个漫步学派哲学家的一系列著作。

(*Philosophie der Grieschen*)以来,很多学者都用不那么友好的方式将希腊化哲学与柏拉图和亚里士多德相对照。不管用什么标准衡量,柏拉图和亚里士多德的成就在西方思想史上都难以匹敌。在评价希腊化哲学的时候,我们需要记住,伊壁鸠鲁只有很少的作品传世,而早期斯多亚学派也没有任何完整的作品传世。此外,我们关于卡内阿德斯(Carneades)的怀疑主义方法论的了解也来自二手资料。关于早期斯多亚主义和伊壁鸠鲁主义,我们只知道一个梗概,细节和那些论证大多缺失了。就我们可以读到的作品数量而言,柏拉图和亚里士多德已经遥遥领先于希腊化时代的哲学家们了。

我们的证据大多来自比早期斯多亚学派、伊壁鸠鲁学派和怀疑派晚上几个世纪的手册。缺少很多一手证据使得对这些哲学家的研究与对柏拉图和亚里士多德的研究迥然不同。研究者需要在比较和评价不同的资料来源方面花很大精力,而这项准备性的工作,如果在呈现和分析主题的时候占据太多篇幅,就很容易让希腊化哲学看上去乏味难解,缺少思想上的吸引力——但这个印象是错误的。我们现在可以看到,伊壁鸠鲁和芝诺的观念都是作为对公元前4世纪末和更早的流行理论的回应逐渐演化出来的。他们对自己理论的真理性及其对人类幸福的意义深信不疑。柏拉图很可能也是这样。但是哲学是通过批判前进的,伊壁鸠鲁和芝诺对当时有关物理世界的结构、知识的来源、人的自然以及人类幸福的基础这些教条都提出了批评。怀疑派挑战一切客观陈述的基础,卡内阿德斯对斯多亚学派的批评充分证明了他的敏锐思想。我们可以争论斯多亚学派和伊壁鸠鲁学派这两种替代性的理论的高下，但是我们没有证据认为他们代表了希腊哲学突然走向衰落。

但是斯多亚学派和伊壁鸠鲁学派确实用比亚里士多德更狭窄、更教条化的方式理解哲学的范围。从公元前1世纪中期以后，也就是我们最早的二手资料出现的时期，这两个学派都采取了顽固的立场。但是250年是一段很长的时间，我们几乎没有任何关于这个时期的哲学著作。人们经常说，伊壁鸠鲁的追随者很可能从很早的时候就对这个学派奠基者的教导感到基本满意。他们显然将他奉为人类的救赎者，但是我们知道，很可能在伊壁鸠鲁去世很久之后，这个学派在逻辑学方面确实有所发展，而这只是一个例子。斯多亚学派（他们与柏拉图和亚里士多德有更多相似之处）比伊壁鸠鲁学派更愿意自我批判，斯多亚学派的领军人物，像克吕西普斯和巴比伦的第欧根尼（Diogenes of Babylon）都极其详尽地发展了逻辑学和其他学科，将斯多亚主义变成一种非常技术化的哲学。斯多亚学派与伊壁鸠鲁学派互相批评，同时他们又遭到来自学园怀疑派的批评。但是直到帕奈提乌斯（Panaetius）和波西多尼乌斯的时代，斯多亚学派的学说都没有经历过重大的修改，他们两个人对斯多亚学派的修正也比人们通常认为的要小。或许新的希腊化哲学系统在赢得大众支持方面太过成功，这也导致他们难以将哲学引向新的发展方向。学园怀疑派虽然没有什么"系统"要去捍卫，却是非常强悍的批判哲学家，但是很自然，他们的影响相当有限，而且通常是负面的。几乎任何人都可以初步理解斯多亚主义和伊壁鸠鲁主义，它们也能给不满足于此的人们提供更多理智上的满足。早期学园和吕克昂学园在吸引力方面则远没有这么灵活。他们并没有让这个世界对不同层次的人都显得可以理解。

伊壁鸠鲁学派和斯多亚学派都准备好让自己的教导通俗化。伊壁鸠鲁在《致希罗多德的信》（这里的希罗多德不是公元前5世纪的历史学家，而是一个朋友）中，一开篇就说自己为那些不能研究他的学术著作的人准备了一份纲要（D.L. X.35）。他还编辑了一系列伦理原则来阐明他的主要学说，供人们背诵。但是在伊壁鸠鲁学派内部，也有很多像伊壁鸠鲁这样的人，将主要的精力致力于哲学研究。斯多亚学派则对他们称为"劝告和劝阻"的事情给予特殊地位，这些活动的目的就是道德指导。而更严肃的学生则要超越这个阶段，就像塞涅卡的《道德书信》中的卢西利乌斯（Lucilius）那样，要从伦理学的基础知识达到有关"好"的含义的难题。而在克吕西普斯的领导下，斯多亚学派的课程必然包括很多逻辑学和自然哲学。

我们不该认为职业化的斯多亚学派和伊壁鸠鲁学派成员是一些思想僵化、失去自由的人。但是他们确实是很多学说的传承者，这些学说给希腊化世界的人们提供了一系列看法，宗教和政治意识形态可能也会支持这些看法。希腊城邦的衰落加速了奥利匹亚诸神的衰落。斯多亚学派想要容纳奥林匹亚诸神，他们采取的方式就是将他们阐释成自然现象的比喻。伊壁鸠鲁学派否认神对这个世界有任何影响。东方宗教的观念渗入了地中海世界，有些人接受它们，也有些人转而选择斯多亚主义或者伊壁鸠鲁主义。斯多亚学派和伊壁鸠鲁学派的哲学家，尤其是后者，视赢得支持者为己任，但是这个市场是开放的，有待发展。他们成功进入市场的代价就是教条主义——至少对外是这样,以及将哲学与科学研究分离。伊壁鸠鲁对科学的态度是幼稚和反动的。斯多亚学派也捍卫过时的天文学和生理学理论,反对阿里斯塔库斯和埃拉西斯特拉图斯的新发现。怀疑派对科学也毫无同情,只有波西多尼乌斯在晚期希腊化时代做出了严肃的努力想要将哲学与数学和其他科学研究重新结合起来。

但是伊壁鸠鲁学派,特别是斯多亚学派,明显对很多问题本身有兴趣。他们哲学的人文关切是最有趣的特征之一,并且在这两个系统里导致了非常不同的结果。这两个学派都不是褊狭的道德主义,因为他们的伦理价值都与两个虽然大不相同但非常发达的宇宙观念密切联系。

在本书讨论的时代,哲学变得完全制度化,并且几乎成了高等教育的同义词。伊壁鸠鲁主义是一个例外,因为在卢克莱修(Lucretius)和恺撒(Julius Caesar)的短暂时期,它在罗马很流行,并且影响很大。但是它从来没有达到斯多亚学派在大众中赢得的尊敬。哲学家们属于共同体中最显赫的成员,本书中提到的一些人曾经作为他们城邦的使节。从公元前2世纪中期开始,罗马出现了哲学家,但是并没有建立固定的学校。这个时期有些罗马人学习了希腊化哲学,但是并没有做出什么原创性的贡献。大多数动力和观念都来自很多希腊化哲学家的出生地雅典和地中海东部城邦。

第二章　伊壁鸠鲁与伊壁鸠鲁学派

> 我们不能假装是在从事哲学，而是要真正从事哲学，因为我们需要的不是与健康相似，而是真正的健康。（Us. 220）

人们经常说伊壁鸠鲁是个道德主义者（moralist），如果这么说的意思是一个人竭尽全力用理论和实践去倡导某种特定的生活方式，那么这个描述就是恰当的。伊壁鸠鲁认为他可以将人类不幸的原因追溯到他那个社会的错误信念上，比如关于诸神的信念，关于灵魂命运的信念，以及关于什么才是人生中真正有价值的东西的信念。说到底，他全部学说的目标都是要清除这些错误的信念，然后用他认为正确的信念代替它们。在伊壁鸠鲁的追随者看来，他是"救世主"（saviour），是带来"光明"的人，看到这些词我们会很自然地联想到犹太教和基督教。但是伊壁鸠鲁并不是一个布道者，即便他有时候确实也会布道。他热切地希望能够说服他人，将他看作一个纯粹的学院派哲学家就大错特错了。不过不管怎样他确实是一个哲学家。他的工具是论证和证据，他希望以此说服那些可能会聆听的人，我这里关注的也是伊壁鸠鲁主义的理论而非实践的方面。在一些导论性的说明之后，我会从伊壁鸠鲁的知识论开始，按照既前后一致又能够体现他的方法论特征的顺序考察伊壁鸠鲁哲学系统的细节。我会在最后讨论严格意义上的伦理学，因为其他论题也有伦理意义，我们可以顺带提及，而道德结论则是伊壁鸠鲁哲学的最终目标。

一、生平与著作

公元前 341 年，伊壁鸠鲁出生在萨摩斯岛（Samos）上（D.L. X.14）。他的父亲是雅典公民，大约在十年前来到萨摩斯。伊壁鸠鲁最早受到的哲学影响可能来自萨摩斯的柏拉图主义者潘菲鲁斯（Pamphilus）（N.D. I.72; D.L. X.14）。但是伊壁鸠鲁本人的哲学却和柏拉图主义大相径庭，或许从十几岁开始他就开始跟随附近的特奥斯岛（Teos）上的瑙希法内斯（Nausiphanes）学习（赫库兰尼姆莎草纸［Herculaneum papyrus］1005）。瑙希法内斯是一个德谟克利特主义者（D.L. I.15; N.D. I.73），他消除了伊壁鸠鲁对柏拉图的好感，并且让伊壁鸠鲁第一次熟悉了原子论的基本原理。后来伊壁鸠鲁用非常恶毒的语言攻击瑙希法内斯（D.L. X.7-8）。我们并不清楚伊壁鸠鲁出于什么原因攻击他，但那是伊壁鸠鲁很典型的对待其他哲学家的态度。

在 18 岁的时候，伊壁鸠鲁来到雅典，与喜剧诗人米南德（Menander）一起完成了两年的军事和公民服务（Strabo XIV.638）。我们对他接下来十五年的经历了解甚少。他可能在克罗丰（Colophon）这个萨摩斯西北的波斯小城教过书，他的家人这个时候也住在那里（D.L. X.1.4）。之后他先是在莱斯博斯岛

（Lesbos）上的密提林（Mytilene），随后又在特洛伊古城附近的港口兰普萨库斯（Lampsacus）建立了自己的哲学圈子（D.L. X.15）。在公元前307/306年，也就是大约三十四岁的时候伊壁鸠鲁回到雅典，并在这里过完余生。回到雅典意味着伊壁鸠鲁已经非常自信，可以在这个哲学中心吸引追随者。在雅典和比雷乌斯港（Piraeus）之间，伊壁鸠鲁买了一处房产，这里的"花园"就成了伊壁鸠鲁学园的名字。

伊壁鸠鲁建立的这个共同体与柏拉图学园和亚里士多德的吕克昂学园在很多方面都不一样。如果用现代的方式理解，它不是一个大学或者研究机构，而是一群朋友从城邦的公共生活中隐退，在共同的原则之下组成一个社团。在伊壁鸠鲁主义里，友爱有着特别的伦理意义，而伊壁鸠鲁的"花园"则提供了实现它的场所。女性和奴隶也被允许加入其中，一些私人信件的残篇流传至今，在里面可以看到伊壁鸠鲁对他的朋友和弟子有着深厚的感情。我们怀疑"花园"里面是否为将来的伊壁鸠鲁主义者提供任何可以被称为"正式训练"的东西。那些追随伊壁鸠鲁的人并不是来"上课"的，而是投身于某种生活方式。塞涅卡引用了一句箴言："要总是像伊壁鸠鲁看着你那样行动。"（*Ep.* 25.5）这让我们很容易想起乔治·奥威尔（George Orwell）说的"老大哥在看着你"。伊壁鸠鲁的追随者显然对他充满敬意，伊壁鸠鲁也成了他的哲学中倡导的那些价值的人格化身。但是如果"花园"没有柏拉图学园的那种正式课程，那么我们可以猜测，它的成员们会花大量时间去阅读和讨论伊壁鸠鲁本人的著作。他的《基本要道》很可能是弟子要牢记在心的。一些成员肯定从事着准备和抄写伊壁鸠鲁著作的工作，既是为了"花园"内部的成员，也是为了在雅典之外的伊壁鸠鲁主义者中间传播。伊壁鸠鲁的主要追随者，比如美特罗多鲁斯（Metrodorus）则可以跟随伊壁鸠鲁本人进行更高级的学习。① 伊壁鸠鲁《论自然》的第28卷用第二人称提到了美特罗多鲁斯，现存的残篇中记载了这两位哲学家就语言和知识论中的一些问题进行的讨论。伊壁鸠鲁通过书信与雅典之外的追随者保持联系，《致皮托克勒斯的信》的开头值得我们引用，从中可以看到伊壁鸠鲁对弟子的态度：

> 克里昂（Cleon）带给我一封你的信，在里面你对我一直表达着善意，就像我对你的爱一样。你不想尝试徒劳无功地背诵引导人们过上至高幸福的论证，请求我对关于天体现象的论证做一个简要的概括，从而帮助你更好地记忆。因为你认为我的其他作品也很难记住，虽然你总是会运用它们。我很高兴收到你的请求，它让我产生了愉快的期待。②

与这些原则相一致，伊壁鸠鲁更喜欢和少量亲密的朋友在一起，而不喜欢众人的簇拥（*Ep.* 7.11）。但是他也并没有完全从公共生活中退隐。在菲洛德慕斯（Philodemus）引用的一封书信中，伊壁鸠鲁说他参加了所有的城邦节庆活动（Us. 169）。他的口号

---

① 伊壁鸠鲁可能在兰普萨库斯遇到美特罗多鲁斯，他比伊壁鸠鲁小大约十岁，兰普萨库斯是他的故乡。

② 这封书信的真实性受到了人们的质疑，但是我们没有理由质疑它反映了伊壁鸠鲁的态度和学说。

"不引人注目地生活"并不是对当时社会的革命性谴责,而是让人们获得平静的药方。伊壁鸠鲁主义的反对者诋毁伊壁鸠鲁放荡不羁、寻求享乐,但是这些指控与他关于快乐的学说以及他日常的态度非常不一致。他说自己可以从非常基本的饮食中获得巨大的快乐,在他的饮食中奶酪都算是盛宴了(Us. 181f.)。在公元前271年去世的时候,伊壁鸠鲁为了整个共同体的利益,将他的房产和"花园"交给了他的弟子赫马库斯(Hermarchus),之后的学园领袖很可能都是提名自己的继任者。每个月的20日,在"花园"里会举行纪念伊壁鸠鲁和美特罗多鲁斯的庆典。这一点和伊壁鸠鲁遗嘱(D.L. X.16-21)中提到的其他安排,可以让我们更多了解他的性格特征。

伊壁鸠鲁主义被人们正确地称为"希腊人创造的唯一有传教精神的哲学"①。来雅典定居之前,伊壁鸠鲁已经在兰普萨库斯和密提林聚集了一些追随者,他的弟子们把伊壁鸠鲁的"福音"传播到整个地中海世界。安条克和亚历山大里亚是伊壁鸠鲁主义很早就扎根的两个主要城市。随后,伊壁鸠鲁主义又广泛传播到意大利和高卢。在公元前1世纪中期,西塞罗带着悲哀的口吻写道:"[罗马的]伊壁鸠鲁主义者用他们的作品占领了整个意大利。"(*Tusc.* IV.6-7)这个时候一些非常显赫的罗马人,比如卡尔普尼乌斯·皮索(Calpurnius Piso)和卡西乌斯(Cassius)都投入了伊壁鸠鲁主义的怀抱。尤里乌斯·恺撒对伊壁鸠鲁主义有好感,而西

---

① N. W. De Witt, *Epicurus and his Philosophy*, Minneapolis, 1954, p. 329。这本书的最后一章提供了伊壁鸠鲁主义后续发展的出色概览。

塞罗的朋友阿提库斯（Atticus）就是一个伊壁鸠鲁主义者。但是这个哲学运动的命运起起伏伏，并非没有政治上的反对者，但主要的反对者是与他们竞争的哲学家，特别是斯多亚主义者，再往后就是基督教。

在罗马世界里，伊壁鸠鲁主义最强盛的时候是在共和国覆灭之前，但是共和国的覆灭并没有让伊壁鸠鲁主义立刻衰落。塞涅卡带着赞许引用了很多伊壁鸠鲁的道德格言，卢西安（Lucian）的《亚历山大传》写于公元2世纪，很有趣地记载了伊壁鸠鲁主义者和基督徒对发生在黑海南部地区的迫害做何反应。最令人惊叹的是，在大约公元200年的时候，在如今土耳其内陆的一个古代叫奥伊诺安达（Oenoanda）的地方，一位叫第欧根尼的老人在一面巨大的石头墙上镌刻了很多哲学铭文。从1884年开始直到今天，人们发现了很多残存的文字，第欧根尼为了他的同胞以及全人类的幸福，概述了伊壁鸠鲁的学说。除了给我们对伊壁鸠鲁主义的知识增加了很有价值的信息之外，第欧根尼的铭文也证明了伊壁鸠鲁的"福音"在"花园"建立五百年之后依然富有活力。

伊壁鸠鲁本人是一个多产的作家。第欧根尼·拉尔修记载了41部伊壁鸠鲁写得"最好的著作"，说伊壁鸠鲁的作品有300卷之多（D.L. X.26），在"著作的数量上"超过了所有之前的作家。这些作品中的很多都是很短的通俗文章和书信。伊壁鸠鲁的主要作品是长达37卷的《论自然》《论标准》（*Kanôn*），一些伦理作品，比如《论生活》（*On Lives*）《论目的》（*On the Goal*）、《论选择与避免》（*On Choice and Avoidance*）。他也写论战性的作品，比如

《驳自然哲学家》(*Against the Physicists*)、《驳麦加拉学派》(*Against the Megarians*)、《驳特奥弗拉斯托斯》(*Against Theophrastus*)。就我们所知的,伊壁鸠鲁的很多书信都概述了他学说的要点,或者更详细地讨论了他的学说。所有这些作品中只有很少的一部分保存下来。其中三封书信被第欧根尼·拉尔修保存在他的《伊壁鸠鲁传》中。最长的和最重要的一封是《致希罗多德的信》,这封信用一种非常浓缩和难以理解的方式总结了原子论的主要原则。《致皮托克勒斯的信》讨论了天文现象;《致梅诺凯乌斯的信》给出了伊壁鸠鲁主义道德理论的清晰论述——不过有点过于简化。除了这些书信之外,第欧根尼·拉尔修还保存了40条《基本要道》,即"主要学说",此外还有一组箴言保存在梵蒂冈的抄本中(我们称它们为《梵蒂冈箴言》)。18世纪在赫库兰尼姆进行的考古发掘发现了很多碳化的莎草纸书卷,它们曾是一个罗马富人的藏书。这个人很可能是伊壁鸠鲁主义的信徒,因为人们发现的大多数莎草纸书卷都是加达拉(Gadara)的菲洛德慕斯的作品,菲洛德慕斯是西塞罗同时代的伊壁鸠鲁主义哲学家和诗人。这些卷轴中也包括了伊壁鸠鲁《论自然》的一些残篇。这些碳化的莎草纸卷轴极难解读和重构,但是给我们之前关于伊壁鸠鲁主义的知识带来了难以估量的补充。关于这些文献还有很多工作要做。

  对于伊壁鸠鲁的学说,我们高度依赖二手文献。最重要的是罗马诗人卢克莱修,他写作的年代大约是伊壁鸠鲁去世200年后。说卢克莱修是二手资料或许有些误导,因为他的长诗《物性论》(*De rerum natura*)是一部天才之作,它早于《埃涅阿斯纪》

(*Aeneid*),并且对后者的文学经典地位构成了挑战。我们对卢克莱修的生平和性格几乎一无所知,他是一个非常热切的伊壁鸠鲁主义者,认为伊壁鸠鲁是人类拯救的唯一源泉。但是卢克莱修绝不仅仅是一个歌颂者。他写的六卷诗作详细记载了伊壁鸠鲁主义的很多论证,这些论证关于事物的基本构成、原子运动、身体和灵魂结构、感觉和思想的原因和本质、人类文明的发展以及各种自然现象。与此同时,我们没有理由认为卢克莱修是一个具有原创性的思想家。他的作品扩展和解释了我们在伊壁鸠鲁本人的作品里看到的学说。即便在卢克莱修记录理论的时候,也很可能是参考了我们无法读到的原作,比如关于原子偏转(swerve)的部分(II.216-293)我们就没有伊壁鸠鲁本人的任何著作可以比对。伊壁鸠鲁的继承者也没有因为任何创新而为人所知。他们肯定做了一些微调,比如菲洛德慕斯的《论符号》(*On Signs*,在莎草纸文献中保存下来一部分)就吸收了西顿的芝诺(Zeno of Sidon,约前150—前70)的逻辑学著作,这些内容很可能超出了伊壁鸠鲁本人的作品。但是在绝大多数情况下,伊壁鸠鲁本人的著作在这个学派的历史中一直被奉为正典。

在卢克莱修之后,最重要的二手资料是第欧根尼·拉尔修、西塞罗、塞涅卡和普鲁塔克(Plutarch)。西塞罗和普鲁塔克非常不喜欢伊壁鸠鲁主义,他们对伊壁鸠鲁主义的批判对于我们理解这个学派遇到的负面挑战很有帮助。虽然严格说来塞涅卡是一个斯多亚主义者,但是在他的第一组《道德书信》最后,却通常以引用伊壁鸠鲁的格言来鼓励与他通信的卢西利乌斯。塞克斯都·恩皮里柯(Sextus Empiricus)认为伊壁鸠鲁主义是那些教条主义的哲学流派中最令人愉快的,他给我们关于伊壁鸠鲁的经验主义提供了有益的补充。最后,我们还有奥伊诺安达的第欧根尼铭文中的相当一部分。

二、伊壁鸠鲁哲学的范围

伊壁鸠鲁的哲学是坚定的经验主义、思辨的形而上学,以及实现平静生活的一系列规则的奇怪混合体。在他思想的这些方面之间存在联系,有些联系清楚一些,有些模糊一些。但是有一件事非常确定地将它们统一起来,那就是伊壁鸠鲁将来自直接感觉的证据,与柏拉图和亚里士多德的方法论中看重的逻辑分析对立起来。伊壁鸠鲁拒斥柏拉图和亚里士多德描述这个世界时使用的很多基本原理。但是比这些分歧更重要的是,他否认一些对柏拉图和亚里士多德来讲非常基本的逻辑和形而上学概念。伊壁鸠鲁承认普遍与个别之间的区别,但是他不像柏拉图那样认为普遍物可以独立存在;他看起来也不像亚里士多德那样把事物分成属和种。他不像柏拉图那样把"同"和"异",或者像亚里士多德那样把"实体"和"形式"当作原理来分析对象及其属性。在他看来,这样做的哲学家不过是在做文字游戏,确立一些空洞的假设和任意的规则。他并不否认哲学用语言和逻辑做工具(Us. 219)。但是他严厉地反对仅凭语言分析就能告诉我们关于这个世界的真相,或者告诉我们如何实现幸福生活。语言的价值在于表达那些显然来自感觉的概念。后者才是事实的唯一来源,以及语言的可靠基础。

有人可能据此认为，伊壁鸠鲁会彻底抛弃形而上学。事实上，他并不是只承认我们通过直接的感觉认识到的东西。我们的感觉告诉我们有羊群、青草、猫这些东西，但是在伊壁鸠鲁看来，所有这些都是由原子和虚空构成的，而我们不能感觉到原子或者虚空。当他说原子和虚空是构成世界的基本存在时，伊壁鸠鲁是在做一个形而上学论断，而不是可以通过实验用感觉直接证明或验证的。他必须要确立一些公理，并且假设一些推理方法的有效性。

用原子论的方式解释事物的最早尝试大约在伊壁鸠鲁开始自己的哲学生涯100年前。伊壁鸠鲁显然认为自己可以为这个理论提供新的和经过改善的论证。除了可以很好和很经济地回答诸如"物理对象的结构是什么？""物体如何运动？"这些问题之外，原子论吸引伊壁鸠鲁还出于一些纯理论的原因。如果所有的事件和所有的实体，都要诉诸在虚空中运动的原子来解释，那么不管是人们通常认为的神圣原因，还是更精细复杂的原因，比如柏拉图的理念、工匠神（Demiurge）、世界灵魂，或者亚里士多德的第一推动者和天上的理智，就都变得多余了。伊壁鸠鲁认为，相信有神灵支配着宇宙和人类的命运，是人们无法过上平静生活的一个主要原因。原子论对世界的分析，也会很自然地带来关于人在世界中居于何种位置的不同信念。

伊壁鸠鲁经常说，除非能够帮助人们实现幸福，否则哲学就毫无价值。这对于他的道德理论来讲尤其适用，但是在原子论和快乐主义之间却没有必然的联系。快乐是唯一好的目的，这一点与任何形而上学假设都可以相容。伊壁鸠鲁有各种不同的方式确立他的快乐主义,但是没有任何一种方式直接来自原子和虚空。在这方面,他与斯多亚学派截然相反,后者的道德理论与形而上学紧密相连。伊壁鸠鲁认为,他可以通过诉诸直接经验来表明快乐主义的合理性,而直接经验对于原子论的支持就小得多。如果要用某些标签来概括哲学家的话,我们应该给伊壁鸠鲁贴上经验主义者的标签。至少这是他希望被人们记住的,而且经验主义也给他的不同观念提供了最清晰的内在联系。

三、知识论

> 如果你与所有的感觉做斗争,你就失去了参照去判断那些你认为带有欺骗性的东西。(*K.D.* 23)

伊壁鸠鲁知识论的基础是感觉。他的起点是一个简单的事实:所有人都有各种感觉(*aisthêseis*),并且不加证明地主张这些感觉必然由某些不同于感觉本身的东西导致(D.L. X.31)。从这个主张当然不能得出感觉是由外在于感觉者的事物导致的,伊壁鸠鲁也会承认,像饥饿这样的感觉(在他的术语中被称为 *pathos*[受动])具有内在的原因。但是他认为对颜色、声音、气味等对象的感觉必然是由拥有这些属性的实际对象导致的,这一点不言自明。"我们必然认为,某些外在于我们的事物进入我们之后,我们感觉到了……它们的形状。"(*Ep. Hdt.* 49)这个说法立刻就会带来问题,怀疑主义者毫不犹豫地会问海市蜃楼、幻觉以及诸如此类的东西是如何产生的。但是我们会看到,伊壁鸠鲁对此有所准备。

假设我们接受这一点：感觉就它们的原因而言不会说谎；换句话说，如果我听到了什么，那么必然有某些发出声音的东西导致了这个感觉。那么这是否支持进一步的命题，即有摩托车的喇叭，或者火车汽笛这样的对象与我感觉的内容完全对应呢？对伊壁鸠鲁来说，这个推理可能成立也可能不成立。感觉不能欺骗我们的并不是摩托车的喇叭，而是感觉印象（sense-impression, phantasia）。从外在事物进入我的并不是摩托车的喇叭，即便那就是我确实听到的东西，而是从这些对象表面发出的原子束（eidôla）。因为这些"流射"（effluences）在进入感官的时候没有发生任何结构上的变化，它们在我们身上产生的印象就是对象的准确形象。① 如果它们的结构在传播过程中受到干扰，流射就会导致我们感觉到某些并非对象本身实际特征的东西，而是与它们被改变的结构相应的东西。

因此感觉必然只是流射的良好证据。这导致了一个问题：我们如何区分那些向我们准确汇报对象信息的感觉和没有准确汇报信息的感觉。因为如果没有流射我们就不可能触及对象。伊壁鸠鲁用一种有趣的方式处理这个问题。他截然区分了感觉印象本身和我们的判断，或者说感觉印象与对象的等同（*Ep. Hdt.* 50-51）。我们的感觉印象不是判断，它们也不依赖理性。我们不是说这个这个感觉印象可靠，那个不可靠，因为这样做就意味着预设了一

---

① 伊壁鸠鲁并没有发明感觉的"流射"理论。这个理论可以追溯到德谟克利特，以及更早的恩培多克勒，他们的理论在形式上和伊壁鸠鲁有所不同。

个对象可以去检验感觉的有效性,而我们关于对象的全部知识都来自感觉。就印象是可以影响我们感觉的信息而言,每个印象都是同样有效的(D.L. X.31-32)。

即便如此,感觉印象还是可以通过清晰性或生动性彼此区分。声音可以尖锐或低沉,视觉印象可以清晰或模糊。伊壁鸠鲁也意识到,当我们远离很多感觉的来源,我们的印象就会变化,清晰度会下降。把这些加在一起,伊壁鸠鲁得出结论说,当且仅当有清晰和分明的印象时感觉可以提供关于对象的可靠证据(*Ep. Hdt.* 52;另参见 *K.D.* 24)。其他印象"等待"由那些清晰的印象"确认"。伊壁鸠鲁关于产生感觉的物理过程的解释也可以支持这个结论。我们越靠近感觉的最终来源,影响我们的流射就越不容易受到干扰。只有从远处看,方形的塔才会显得是圆形的(Us. 247)。

伊壁鸠鲁没有具体讨论确立某个感觉印象清晰性的条件。他可能认为这会导致无穷倒退。他可能只是简单接受了我们的日常经验,我们确实可以在一定范围内区分清晰和模糊的东西。但是清晰性也并不能充分保证我们看到的事物就是它们真实的样子。当他论证太阳与它看起来的大小一样时,伊壁鸠鲁被"清晰的视觉"严重误导了(*Ep. Pyth.* 91)。

密切关注清晰的印象是获得知识的第一步。但是伊壁鸠鲁并不认为这就足够了。不管我们的感觉印象多么清晰,它们都不能构成知识。它们并不能告诉我们某个东西是什么。在做出关于对象的判断之前,我们必须要对感觉印象进行分类、贴上标签,将它们彼此区分开来。伊壁鸠鲁用他所谓的 *prolêpseis*(前观念,

preconceptions）来满足这个条件。① 这些是普遍性的概念和心灵中的图像，它们由反复出现的清晰的、种类相似的感觉印象产生。它们在具体的感觉消失之后继续存在，构成了我们对世界经验的记录。我们通过反复经验到和记住具体的人，获得"人"这个概念或者前观念。这样我们就能通过将新的感觉与前观念进行比较，从而解释新的感觉，我们所有关于对象的判断都是在这些记录下来的经验的基础上做出的，而这些记录下来的经验由我们的语言进行分类（D.L. X.33）。伊壁鸠鲁大体上同意亚里士多德的看法："很多来自经验的观念产生了一个关乎相似东西的普遍概念，这样科学就产生了。"（*Met.* A.981a5ff.）对于伊壁鸠鲁来说，前观念是判断和语言的基础。"我们不应该命名任何东西，除非我们之前就从前观念里学到了它。"（D.L. X.33）语言是一种意指（signifying）那些看起来与当前的经验对象相吻合的前观念的方法。因为前观念本身被认为具有"明晰性"，它们和恰当的新感觉印象一起，确定了我们看到、听到的东西是什么。② 当我们用词语意指不能与现象相对应的前观念时，错误就产生了，比如混淆了不清楚和清楚的印象，伊壁鸠鲁也承认，很多词语的模糊性可能导致我们错误地将某些感觉印象和前观念联系起来。③

伊壁鸠鲁很可能认为，所有其他的概念，包括那些没有经验

---

① 西塞罗说伊壁鸠鲁是第一个在这个意义上使用 *prolêpsis* 的人。
② 根据亚历山大里亚的克莱门特（Clement of Alexanderia）记载，伊壁鸠鲁说"脱离前观念……任何人都不可能进行研究……或者形成判断"（Us. 255）。
③ 关于这一点的进一步证据和讨论，参见我的论文 "Aisthesis, Prolepsis and Linguistic Theory in Epicurus," *Bulletin of the Institute of Classical Studies*, vol. 18 (1971), pp. 114-133.

所指的概念，都来自前观念。前观念可以彼此结合，可以作为推理的基础（参见 D.L. X.32）。但是除了极少数例外，前观念似乎都直接来自感觉，伊壁鸠鲁建议词汇的含义总是应该依据"最初的心灵印象"得以确立（*Ep. Hdt.* 38）。用这种方式，他希望在陈述与直接经验之间建立一条稳固的纽带，虽然他没有给出足够的理由解释我们为什么应该认为人们的前观念是相似的，并且可以用相同的词汇指称。

到这里，伊壁鸠鲁可以说是坚定的经验主义者。但是我们必须指出，在这条基本原理（我们关于世界的观念说到底都来自感觉经验）的一些有趣例外。除了那些导致我们产生感觉印象的流射之外，伊壁鸠鲁还认为存在一些以某种方式绕过感觉经验直接进入心灵的"形象"。本质上讲它们也是原子束，但是它们比影响我们感觉的流射更加精微。用卢克莱修的话说，它们是 *tenuia simulacra*（超精微的原子束，《物性论》IV.722ff.）。它们解释了梦中的形象、幻象、对死人的异象，以及像狮子这样的常规思维对象。这些"形象"可能来自某个对象表面的直接流射。但是很多仅仅是个别原子的偶然结合，另一些则来自真的流射的结合，从而产生了人马或者怪物的形象（*Ep. Hdt.* 48；《物性论》IV.130-142）。伊壁鸠鲁没有用完全由某些灵魂官能创造或者带入意识的形象来解释梦和幻觉，而是认为梦和幻觉也可以用心灵与外来原子的接触来解释。

如果我们问梦和异象如何与感觉印象相区别，答案并不是非常清楚。卢克莱修用连续性来做区分。"真的"感觉印象由稳定的流射产生；但是心灵可以被一个单独的"形象"触动（《物性论》

IV.746），从而产生一个暂时的异象。此外，梦中的形象是由一组前后相继的流射推动的。卢克莱修的描述让我们想到早期电影间断性的播放。显然，这样的标准对于伊壁鸠鲁的目的来说是不够的。事实上，他说一个产生幻觉的人确实看到了某些东西，但是错误地认为它与某个实际的对象相符（参见 Us. 253）。

诸神是另一个直接的心灵感觉。我们暂时不去讨论诸神的物理结构，伊壁鸠鲁提出有一系列精微的流射来自诸神，它们直接进入我们的心灵。描述这些神圣"形象"的文本非常难以理解，伊壁鸠鲁给出了理论性的理由以及这种视觉的证据，来证成他关于神圣本质的看法（N.D. I.43-55）。但是他似乎没有给出充分的论证，表明确实存在神圣的"形象"。提到人们普遍相信诸神，并不能帮助我们理解这个关于诸神"形象"的怪异论题。真正的困难在于如何确认这一点。伊壁鸠鲁用"清晰"的概念作为标准去确证那些可以被称为客观的感觉判断。只有在一种非常特殊的哲学意义上，人们关于狗的感觉才能被说成是依赖他们的信念。我们如何看待诸神与我们如何感觉到经验对象缺少相似性。伊壁鸠鲁关于神圣"形象"的理论将宗教信念和经验观察放到了同一个范畴里面。

有些学者论证，伊壁鸠鲁提出了某个特殊的心灵官能，"用理智把握"（*epibolê tês dianoias*），这种官能保证了诸神印象的真实性和科学概念的有效性。假如伊壁鸠鲁确实坚持这个理论，那么在大多数哲学活动中他就是一个直觉主义者（intuitionist）。希利尔·贝利详细地捍卫了这种阐释，他关于伊壁鸠鲁和卢克莱修的著作在英语世界拥有权威。根据贝利的看法，伊壁鸠鲁认为"清晰的"感觉印象通过"感觉的关注"（attention of the senses）

获得；相应地，诸神的清晰形象，以及原子和虚空的清晰概念通过"心灵的关注"获得。假如贝利仅仅是论证，除非我们"关注"某物，否则就不能意识到任何对象或思想，那么就没有任何惊人之处。但是贝利想说的比这要多得多。根据他的阐释，伊壁鸠鲁认为"科学里的概念是通过将之前的概念并置，一步一步建立起来的，这些之前的概念都是'清晰的'……由心灵的直接把握获得"①。

伊壁鸠鲁对于"通过理智把握"（apprehension by intellect）的用法并不能支持贝利的观点。任何将伊壁鸠鲁看作直觉主义者的解释都选错了道路。他所说的"把握"，不管是心灵的还是感觉的，指的很可能都是关注或集中精力：想要把握感觉经验或者心灵接受的形象，我们确实需要集中精力。我会在讨论伊壁鸠鲁的灵魂学说时讨论这个主题（本书 p. 56）。

为了将感觉的证据当作确立关于这个世界的真命题的材料，伊壁鸠鲁预设了某些公理的有效性。我们已经提到了这些公理中的一个："'清晰的'感觉印象提供了关于外在表象和对象性质的准确信息。"② 这些感觉印象**确认或者反对**我们根据缺少必要清晰性的证据暂时得出来的关于对象的判断。但是伊壁鸠鲁也允许一种较弱形式的确认，即"没有相反的证据"。我们可以说这是另一条公理："关于不明显的对象的判断如果与清晰的感觉印象一致就是真的。"这第二条公理对于伊壁鸠鲁来说至关重要。如

---

① Cyril Bailey, *The Greek Atomists and Epicurus*, Oxford, 1928, p. 570.
② 对这些"公理"的正式论述，参见塞克斯都·恩皮里科：《驳学问家》（*Adv. Math.*）VII.212-213（Us. 247）。伊壁鸠鲁在 *Ep. Hdt.* 51 和 *K.D.* 24 中以相对非正式的方式提到了它们。

果通过清晰的印象做出肯定是真的客观陈述的唯一基础，那么伊壁鸠鲁就不能超出对感觉对象的描述。事实上，他认为清晰印象的有效性，提供了那些不可感的事物，或者就其本质而言无法达到清晰观点的事物的间接证据。塞克斯都·恩皮里科记载了一个证据：如果虚空不存在（这并不显然），那么运动就不可能存在，因为根据假设所有事物都是填满的和紧密的；那么，既然运动确实存在，表象就没有和关于不显然的事物的判断矛盾。（如果只是这么说，这个论证是无效的，因为它预设了虚空是运动的必要条件，而填满则是与运动矛盾的。）

伊壁鸠鲁将不矛盾律的公理与一个进一步的命题（X）联系起来，这个命题 X 可以被看作是第二条公理的推论：如果对于不明显的现象有不止一个解释都和观察一致，那么所有这些解释都要被当作同样有效的（*Ep. Pyth.* 87）。下面我们更加形式化地把这条公理表达出来。假设 p 是一个明显的事实，q 是一个需要得到解释的问题，不能直接诉诸 p 得到解决，s, t, u 是关于 q 的三个不同论述，它们都与 p 一致。那么，不管其他标准或公理，由命题 X 我们可以推论出：s, t, u 是同样可以接受的解释。这个论证从形式上讲是有效的，伊壁鸠鲁把它严格地用在所有关于天文现象的论述中。要否定 s, t, u 之中的任何假设，都需要在第二个公理之外引入某个进一步的验证原则。伊壁鸠鲁不肯这样做，因为那样就会从毫无疑问可知的东西偏离，也就是由清晰的感觉印象给出的对象。

伊壁鸠鲁在《致皮托克勒斯的信》中数次应用了这个原理，比如下面这段话（D.L. X.94）：

> 月亮反复的盈亏可能来自这个天体的转动,也可能是由于气的构成,还可能是由于其他物体的干扰。它的发生可能由于那些对我们显然的事物让我们提出的解释,只要我们不太过执着于某一个解释,在没有好理由的时候就排除掉了其他的,没有考虑到什么是人可能观察到的,什么是不可能的,从而欲求去发现不可发现的东西。

在一定范围内,这是一个可敬的科学原则。我们可以想想如今关于宇宙起源的各种解释(大爆炸、稳定状态等),还没有被经验数据解决。伊壁鸠鲁有很好的理由去论证,他那个时代的天文学宣称自己知道的东西,远超过了证据源——也就是我们的裸眼——能够提供的东西。但是他似乎完全没有理解的是如何有效地检验直接的观察,在他那个时代就已经有天文学家根据系统的数据和数学计算在进行这样的检验了。

在用于天文现象时,无矛盾性这条公理主要发挥的是否定性的功能,即对一系列可能的解释保持开放。但是伊壁鸠鲁主义者也肯定地使用这个原则,来支持由归纳得到的普遍论述。菲洛德慕斯记载了一个例子:从"在我们的经验中人是有朽的",我们推论出"在任何地方人都是有朽的"。这个普遍的陈述基于经验事实,也就是我们不知道任何例外,因此它与经验相一致(《论符号》col. XVI)。斯多亚主义者反对这种推理,原因是它预设了不显然的东西(没有观察到的人)与显然的东西相似。伊壁鸠鲁主义者的回应是,他们的推论并没有预设所有的人都是有朽的,是没有任何已知的不朽之人证成了关于人类有朽性的普遍推理。

就像任何科学家必然认为的，伊壁鸠鲁也认为自然中存在某种统一性，对于显然和不显然的东西是同样成立的。当然，从第二条公理并不能够推出，某个与显然的现象一致的命题在关于不显然的事情上也**必然**成立。但是科学不可能只依靠必然为真的命题，而是一定要通过将经验普遍化得以推进，这些普遍化作为假设会被新的证据推翻。斯多亚学派认为一切推理必然都建立在有效的演绎推理之上。但是演绎推理本身绝不足以确立一个科学陈述。因为蕴含着演绎推理结论（也就是可以观察到的数据）的前提必然或者是来自经验的普遍化，或者最终依赖这种形式的陈述。在某个点上，科学家必然要在证据的基础上做出归纳推理，而对伊壁鸠鲁来说，那个点就是观察似乎支持这样的信念，即不大可能发现任何例子去反对一个普遍陈述。

伊壁鸠鲁和卢克莱修经常诉诸"类比"或"相似"去支持从可见的东西到不可见的东西的推理。因此伊壁鸠鲁认为，可以用（据说）可观察到的事实，即在最小的可见大小中无法区分部分，去支持同样的情况也出现在最小的不可见的大小之中，也就是原子的最小部分（*Ep. Hdt.* 58f.）。菲洛德慕斯的《论符号》的主题就是"类比推理"，我们或许会认为，这需要某个进一步的公理去提供证成。我们现有的任何二手资料或伊壁鸠鲁本人的文字都没有给出独立的关于"类比"的讨论，这也确实是不需要的。类比论证的证成就在于我们已经讨论到的那两个公理。① 由第一个公

---

① 参见菲洛德慕斯:《论符号》col. XVI. ed. P. H. De Lacey and E. A. De Lacey, Pennsylvania, 1941。

理，我们可以说"清晰的印象"给出了证据，人是有朽的。所有我们拥有可靠经验的人在有朽性上是相似的。从这个正面证据伊壁鸠鲁推论出我们没有经验到的人在有朽性上也是相似的。第二个公理证成了这个推论，它允许我们在没有任何证据反对的情况下主张 p。菲洛德慕斯甚至说我们"无法设想"有某些东西与经验证据没有任何共同之处（《论符号》col. XXI.27ff.）。伊壁鸠鲁主义"可以设想"的检验标准是感觉和我们讨论过的很成问题的心灵"形象"（本书 p. 24）。

伊壁鸠鲁的间接证明方法可以通过卢克莱修的大量文本得到阐明。卢克莱修用来反驳某个命题的常见方法就是诉诸清晰的、我们实际看到的东西，从这些东西里面推论出与要反驳的命题矛盾的东西。我这里只讲一个例子。在第一卷中，卢克莱修分几步论证原子论。一开始他反对"可以无中生有"。因为，假如是这样每种事物就都可以从任何事物中被产生出来，不需要任何种子。但是我们看到（*videmus*）经过培育的土地比没有培育的土地产出更多，这证明了在土壤中存在某些首要的物体，它们被犁激发了生成的能力。"假如没有首要物体，你就会看到（*videres*）一个事物靠自己的力量更能够成功生成。"（《物性论》I.159-214）

类似卢克莱修的这个论证，如果用更严格的逻辑标准判断，看起来好像不够精确，也不够形式化。我认为称前面提到的关于确认和不矛盾的两个原则为"公理"毫无争议。但是伊壁鸠鲁并没有将它们**称作**公理。如果人们对菲洛德慕斯的一则残篇的解读是正确的，那么我们几乎可以肯定，伊壁鸠鲁知道亚里士多德的《分析篇》。① 但是虽然亚里士多德的归纳方法可能影响了伊壁鸠鲁，但是伊壁鸠鲁并没有亚里士多德的那种对逻辑学本身的兴趣，他似乎认为一切建立在演绎推理基础上的证明科学都不过是文字游戏。因为亚里士多德《分析篇》的主体部分是在分析用三段论进行的演绎论证，指明如何才能满足必然真的充分条件，伊壁鸠鲁肯定不喜欢这部作品。他反对一切不能应用在理解经验数据上的逻辑探究。他显然不认为建立在良好基础上的经验科学如果只靠"清晰的"感觉印象可以走很远。

读者可以自己去扩展对伊壁鸠鲁方法论的批评。不过我们需要提醒自己，不要总是按照字面意思去理解古代作家随手写下的文字，那意味着伊壁鸠鲁对逻辑和科学方法毫无兴趣。这些错误的看法在很多现代的手册里很常见。伊壁鸠鲁为了达到惊人的效果，有时候写的东西好像在鄙视一切学习。但这是修辞，是在表达他对那个时代某些迂腐和有害文化的鄙视。幸运的是，《论自然》第二十八卷中还是有一些残篇幸存至今，让我们可以看到伊壁鸠鲁不仅仅是在总结和劝导。在这部作品里伊壁鸠鲁讨论了归纳，使用了亚里士多德的术语 *epagôgê*，还讨论了意义和歧义的问题、与指称个体有关的问题以及麦加拉学派关心的那些语言上的难题。不过遗憾的是，这些文本破损严重，我们无法看到他讨论的细节。② 但是我们还是有足够的证据表明，西塞罗说的话有严重的误导性："伊壁鸠鲁反对定义［即他不下定义］；对划分［即

---

① 《驳智者》(*Adversus Sophistas*) 残篇 1，3，ed. Sbordone, Naple, 1947。
② 更多细节参见我的论文 "*Aisthesis, Prolepsis* and Linguistic Theory in Epicurus"。

将事物分成种属〕没有给出任何指导；没有表明如何建构论证；没有表明如何去解决智术；以及如何区分歧义。"(*Fin.* I.22)不要忘了，伊壁鸠鲁写了三十七卷的《论自然》，我们只看其中的一卷就足以看到西塞罗的偏见。

四、事物的结构

> 宇宙的本质是物体和虚空。(《论自然》I)

伊壁鸠鲁宣称自学成才，但是在他重新将原子作为核心原理时，原子理论已经在希腊存在了超过一百年。在公元前5世纪后半叶，首先是留基波（Leucippus），之后是德谟克利特都论证了，一切真正的存在都可以还原成，并且只能被还原成两种事物：充盈（不可分的物体）和虚空（空间）。这个论题如何被提出本身是一个很有趣的故事，但是那属于前苏格拉底哲学。我提到它仅仅是因为这对于理解伊壁鸠鲁的原子论至关重要。

我们的起点还是《致希罗多德的信》。在几段高度凝练的论证中，伊壁鸠鲁解释了原子论的本质特征（38-44）。那个理论致力于解决的问题可以概述如下：哪些来自经验证据的原理可以充分且必要地解释呈现在我们感官之中的物理世界？答案极为经济：数量无限的不可分的物体在无限的虚空中运动。

伊壁鸠鲁通过一系列形而上学的命题达到了这个答案，接下来用它来支持关于经验中变化对象的底层结构的推论。这些形而上学的命题包括：（1）虚无不能从虚无中产生；（2）虚无不能被毁灭为虚无；(3) 宇宙从来不会，将来也不会处于和现在不同的状态。① 前两个命题是通过我所说的第二个公理得出的。如果认为在我们观察到的处于生成与毁灭之中的事物存在之前和之后存在是虚无，那么就是对我们经验的驳斥。第一，我们看到的都是事物从某物之中生成，它们并不是随机出现的。第二，事物毁灭之后确实变成了某些事物，否则毁灭就没有限制了，所有的事物都会毁灭成为虚无。伊壁鸠鲁将第三个命题看作是分析性的，因为宇宙包括了一切存在物，没有任何外在于宇宙的东西可以导致它的变化。(他没有考虑这样的可能性：变化的内部原因可能让宇宙整体在不同时间处于不同的状态。)

从第三个命题可以推论出，对事物整体的任何解释，如果现在有效那么就永远有效。

物体存在是一个明显的事实，因而虚空也必然存在，因为物体必然要处于某物*之中*，运动的时候要穿过某物。② 伊壁鸠鲁接下来说除了物体和虚空之外，没有任何别的东西可以被看作是独立的实体：一切事物都可以被还原成物体和虚空。物体有两种，复合物和复合物得以形成的单位。从第二个命题可以推论出一类物体，即非复合物，在变化和毁灭方面必然是受到限制的。伊壁鸠鲁这样说道："这些物体［即非复合物］是不可分的、不变的，如果不是所有的事物都可以被毁灭成**非存在**，而是在复合物消解的时候依然持存；它们在本质上是紧实的，不可能在任何地方或

---

① 卢克莱修在《物性论》I.159-264 对 (1) 和 (2) 做了长篇讨论；在 II.294-307 讨论了 (3)。
② 卢克莱修关于虚空的论证，参见《物性论》I.329-397。亚里士多德和斯多亚学派都否认解释运动必然要依赖虚空。

以任何方式被分割。因此第一原理必然是不可分的物体。"(*Ep. Hdt.* 39-41)

虽然根据伊壁鸠鲁的这个简略的表述,这个论证有乞题之嫌,但是它的意思非常清楚。我们看不到原子,但是我们看到的东西、生与死、生长与衰老,都需要预设本身不变、不可穿透的物体存在。

关于原子和虚空我们还能说点什么呢?伊壁鸠鲁接下来论证,宇宙本身是"无限的",组成它的原子数量和虚空也是无限的。假如宇宙是有限的,那么它就有边界,但是没有任何东西可以限制宇宙。如果宇宙本身是无限的,那么它的构成要素也必然是无限的。因为在无限大的虚空中,有限数量的原子不足以彼此连接在一起,不能形成我们经验到的那么多复合物;而另一方面,无限数量的原子又不能在有限的空间中存在(*Ep. Hdt.* 41-42)。

既然经验中的一切对象都是由原子和虚空复合而成的,原子本身必然有不可胜数的不同形状(虽然不是无限多),从而解释不同的事物。除了形状之外,所有的原子必然处于持续的运动之中,我们之后会进一步讨论这一点。它们有一定的重量,当然也有一定的体积。我们经验到的所有其他性质,都通过一定数量的原子和虚空结合时的组织得到解释。原子本身不是热的、冷的、有色的、发出声音的等(*Ep. Hdt.* 42-44, 68-69)。

现在我们来更加细致地考虑一下伊壁鸠鲁所说的原子的"不可分性"。我们已经表明,伊壁鸠鲁通过排除相反的假设达到了原子的概念,这个相反的假设就是物体可以无限划分成为非存在。如果伊壁鸠鲁认为对物体的无限划分必然导致它被还原成非存在，那么他就犯了一个非常低级的错误。无限划分并不会导致还原为彻底的非存在。卢克莱修给出了一个论证去证明存在不可分的物体，同时还可以避免这个错误，我们可以认为这个论证来自伊壁鸠鲁本人。

这个论证是这样的：物体和虚空是互斥的，否则就没有**两种**真实的存在了（也就是说一切事物都可以被还原成或者是物体或者是虚空）。因此物体不能将虚空作为自己的一部分。将虚空作为自己一部分的物体必然是被紧实的东西——也就是物体——捆绑在一起的。生成的事物就是这样的物体和虚空的复合物。但是帮助形成这样的复合物的物体必然是完全紧实的和不可分的。因为除非一个事物本身之中包含虚空，否则它就是不可分的。没有事物本身包含虚空，除非它的组成部分本身是完全不可分的（《物性论》I.503-535）。

这个论证的关键在于预设虚空是可分性的必要条件。之前的原子论者把虚空说成是"非存在"，而把物体说成"存在"：虚空是非物体。如果我们认为伊壁鸠鲁提到非存在是继承了之前原子论的用法，那么他的论证就和卢克莱修的总结协调一致了。说到底，存在不能被还原成非存在，所以物体也不能被还原成非物体，即虚空。

伊壁鸠鲁的原子不能被分成更小的物体。它们在物理的意义上不可分。但是它们并不是广延的最小单位。原子本身包括最小的部分，这些部分不仅在物理上不可分割，而且在思想上也不可分——不能设想比这些最小之物更小的东西了。伊壁鸠鲁认为，每个原子都拥有有限数量的最小部分。原子在大小上有所不同，它们的大小取决于最小部分的数量。原子在形状上也有所不同，这些差异取决于最小部分的组成方式。

这个关于最小部分的学说引发了很多问题，我在这里只能简单讨论。伊壁鸠鲁显然认为，每个原子都是由最小的广延单位构成的，但是这些最小的单位不能彼此分离，也不能与它们所构成的整个原子分离（*Ep. Hdt.* 56-59）。①这个观念非常模糊，可以通过一个具体的类比得到澄清。假设我们有一个1立方厘米的紧实的金属立方体，我们把它的每个维度都用毫米标识出来。这样，最小部分与原子的关系，就像每个立方毫米与整个金属块的关系，附加条件是：每个立方毫米必须被看作是最小的单位，不能做任何进一步的区分。伊壁鸠鲁的原子是可以作为离散的独立物体存在的最小的广延。伊壁鸠鲁似乎认为，这还是给某些东西留下了需要解释的空间，即原子的边界点。换句话说，原子是三维物体，因此拥有形状。他通过最小部分来给这个问题提供解释。

伊壁鸠鲁将最小的部分赋予原子，这样做肯定是修正了之前的原子论。留基波和德谟克利特的原子在物理上不可分、没有部分，因此从理论上也不可分。亚里士多德主义的注疏家辛普里丘（Simplicius）这样区分伊壁鸠鲁与更早的原子论者：伊壁鸠鲁仅仅诉诸首要物体的不可变性，而留基波和德谟克利特也诉诸它们的微小和没有部分（Us. 268）。

我们关于早期原子论的知识主要来自亚里士多德。现代研究

---

① 另参见卢克莱修：《物性论》I.599-634。

表明，亚里士多德正确地将5世纪的原子论者与比他们更早一点的爱利亚学派哲学家巴门尼德（Parmenides）和芝诺（Zeno）联系在一起。① 我们在这里无法对爱利亚学派展开详细的讨论。简单来说，巴门尼德在他的诗作《真理之路》(The Way of Truth)中提出了极其精致的论证，表明我们可以如何描述存在之物。他的结论是，下面这些表述都是不可接受的：存在之物会生成与毁灭、被分割、改变位置、改变性质。相反存在之物是"完整的、不动的、永恒的、保持在一起的、唯一的和连续的"。芝诺加强了巴门尼德的论证，他表明"事物是多并且处于运动中"会导致无法解决的悖论。芝诺的难题主要依赖部分和可分割性。对这些难题的阐释极其困难也极富争议。和我们的讨论相关的只有一点：芝诺论证，如果一个有大小的单位可以被分割，那么它就可以被无限分割。这个结论对于早期原子论者来说是难以接受的，他们希望用与巴门尼德的逻辑一致（至少是尽可能一致）的方式解释世界。因此他们让最基本的物体没有部分，从而不可分割，这样就满足了巴门尼德提出的真正存在的大多数谓述。因为没有部分，德谟克利特的原子甚至在理论上都是不可分割的。

伊壁鸠鲁修正了这个理论，将部分引入了原子，但是将这些部分本身当作最小之物，也就是物理上和理论上都不可分割的东西。他似乎认为，拥有部分是原子作为最小的离散物体本身的必要条件，但是这些部分又要排除理论上的无限可分性。最小部分

---

① 对德谟克利特和伊壁鸠鲁原子论最深入的研究是 D. J. Furley, *Two Studies in the Greek Atomists*, Princeton, 1967。他的第一个研究讨论最小部分的观念。

满足了这个条件,它们也提供了一个方法去解释原子在形状、大小和重量上的差别。卢克莱修宣称"不是由部分构成的事物不拥有生成性的质料必然拥有的性质的多样性"(《物性论》I.631-633)。最后,亚里士多德已经指出了"没有部分的原子"这个概念的很多困难,伊壁鸠鲁的新理论或许是在试图解决这些困难(亚里士多德:《物理学》VI.231b25-232a17; 240b8-241a6)。我们在下一节来讨论最小部分的问题。

五、原子的运动和复合物的组成

我们刚刚讨论了伊壁鸠鲁对早期原子论的一个修正。他在原子运动的问题上也和德谟克利特不同。他们都同意原子总是处在运动之中,但是我们几乎可以确定,德谟克利特认为一个原子相对于另一个原子的运动轨迹是随机的。[①]事实上,关于德谟克利特那里原子运动的大多数证据都清楚地表明,原子的彼此碰撞产生了运动。我们只能猜测他会怎么看待原子的原初运动。他很可能不认为原子拥有重量,这样就不能将重量作为运动的原因。此外,他似乎也不认为原子的运动有方向,因为他说无限的虚空没有上下之分,没有中心与边缘之分(*Fin.* I.17)。虚空给德谟克利特提供了产生运动的必要条件,他可能仅仅是将原子必然在虚空中运动当作了一个事实。

与德谟克利特不同,伊壁鸠鲁认为重量是原子的必然属性。

[①] 这一点可以得到亚里士多德的支持,辛普里丘做了引用(DK68, A37);参见 W. K. C. Guthrie, *History of Greek Philosophy*, vol. II, Cambridge, 1965, pp. 400-402。

我们没有任何直接的证据能够确定这个说法，但是它建立在没有重量的物体不可能运动这个假设之上。亚里士多德详细分析了重量作为运动先决条件的问题。在《论天》(De caelo)中，亚里士多德将重和轻定义为"某种自然运动的能力"(307b32)，稍后他说，"有些事物的本质就是要从中心离开，有些总是朝向中心。我说前者是向上运动，后者是向下运动"(308a14)。伊壁鸠鲁认识到，在一个无限的宇宙中，我们不能严格地说存在中心和上下 (Ep. Hdt. 60)。但是他认为，我们可以相对于一个固定的点去讨论上下，在这个相对的意义上，原子因为有重量，所以它们的自然运动是向下的。除了径直向下的运动之外，其他运动都需要重量以外的原因去解释。很可能正是亚里士多德对重量作为运动决定性因素的讨论影响了伊壁鸠鲁，使得他去修正德谟克利特的理论。

如果一个原子没有受到其他原子碰撞的影响，它的速度和运动方向应该是不变的。伊壁鸠鲁认识到了一个重要的事实，那就是重量的差别不会影响物体在真空中下降的速度："当它们穿过虚空运动，没有遇到阻碍，原子的速度必然是相同的。重的不会比轻的运动更快……"(Ep. Hdt. 61)那么原子以什么样的速度自由下落呢？伊壁鸠鲁有时候用非常生动的语言说，"就像思想一样快"。但是这么说帮助不大。事实上，他似乎认为时间像广延一样，也不是无限可分的。就像原子是最小的离散物体，拥有最小的部分，时间也可以被分割成"最小的连续区间"，这个最小的区间又是由不可分的时间单元组成，"时间仅仅在思想中是可分的"(Ep. Hdt. 62)。伊壁鸠鲁很可能认为，一个原子运动穿过最小的距离（也就是最小的广延单位）所用的时间，就是最小的时间单位。这个不可分的时间单位，并不是一个运动可以**在它之中**发生的。"已经运动"而非"正在运动"，才是一个运动的物体与不可分的时间和空间单位之间的关系（Us. 278）。正如亚里士多德看到的，这样的理论将运动变成了一系列断断续续的东西（《物理学》VI.231b25-232a17）。我们可以说原子从一个空间单位跳到另一个，因为我们不能说它从一个时间或空间单元连续运动到下一个。一个原子在任何瞬间可以改变的最小距离，就是一个最小部分的长度。

伊壁鸠鲁本来可以避免这个麻烦，假如他说不管时间还是空间上的任何量度都可以说具有无限可分性，但是并不意味着这些量度可以在事实上被分成无限的部分。但是他选择了坚持原子在物理上的不可分性，并且从理论上限制各个部分的可分性。他错误地用最小的空间单位去解释原子的边界，并由此推论出时间和运动的不可分性。他这样回应亚里士多德的批评——这样会让速度的差异变得不可能：我们看到的复合物运动速度的表面差异，是因为构成复合物的原子集体运动速度的函数，一个运动的复合物的速度取决于内部原子的碰撞。在一个很短的时间内有越多原子朝向同一个方向运动，这个复合物的运动速度就越快。如果有些原子朝向一个方向的运动被另一些原子朝向不同方向的运动抵消了，那么这个复合物就会保持静止（*Ep. Hdt.* 47, 62）。①

我们现在更详细地讨论一下原子下落的问题。如果所有原子

---

① 这里的讨论得益于 Furley, *Two Studies in the Greek Atomists*, pp. 111-130 中的详细讨论。

下落的速度都是相同的，并且朝向同一个方向，那么由原子构成的世界怎么可能产生？原子怎么可能相互碰撞并形成复合物呢？非常奇怪，我们没有伊壁鸠鲁本人关于这个问题的任何回答。但是他的理论可以从卢克莱修和其他之后的作家那里重构出来。卢克莱修写下了这样的话："在这里我希望你也学到这一点：当物体由于自身的重量在虚空中径直下落时，在不确定的时间和不确定的地点，它们会从路线上发生微小的偏转，这个偏转非常之小，我们只能说是方向的改变。如果没有偏转，所有的东西都会下落穿过深深的虚空，就像雨滴一样，不会发生碰撞，原子也不会经历冲击。这样自然就不可能创造出任何东西。"（《物性论》II.216-224）

　　原子在不确定的时间或地点发生偏转，一直让卢克莱修的读者非常好奇。它显然在宇宙中注入了某种相对的不确定性。一个原子的运动，以及运动导致的后果，都不是完全可预测的。我们关于原子偏转的更多信息只是确认了卢克莱修的话，这些话必须按照字面意思来理解。① 这样看来，一个原子除了来自碰撞的二次运动之外，既有统一方向的运动，又有不可预测的从这个统一运动偏离的倾向。

　　原子的偏转对于伊壁鸠鲁关于人类行动的理论也至关重要。我们之后会讨论这一点（本书 p. 57）。我们在这里关心的是，偏转导致了两个或者更多原子的碰撞。因为每个原子都是完全紧实的，不同原子之间碰撞的结果就是原子运动的暂时中止，随后就

---

① 西塞罗在 *Fin.* I.18-20 中重复了卢克莱修的基本观点。

是（以相同速度）反弹，从而导致进一步的方向变化。但是有时候发生碰撞的原子虽然有反弹的倾向，但是却连接到了一起，形成了一个暂时的和表面看来很稳固的复合物。这样形成的复合物其实是一个动态的实体，一个原子的集合体，这些原子既保持着它们通常的向下运动，也受到碰撞或偏转的影响。但是表面看来总是某种稳定的东西。卢克莱修说，对象不同的密度是由对象中包含的原子和虚空的关系决定的。铁由排列紧密的原子构成，它们不能运动或反弹到很远的距离。而气就是由被大量虚空分隔开的原子构成的（《物性论》II.100-108）。

我们看到，对伊壁鸠鲁来讲，大小、形状、重量和运动之外的性质都是次级的。这就是说，这些性质都不能用来谓述原子，而只能谓述由原子构成的复合物。这并不意味着颜色、声音等仅仅是人类组织和阐释感觉印象的方法。德谟克利特是这样认为的，伊壁鸠鲁并不同意（*Ep. Hdt.* 68-71）。他关于次级性质的讨论非常浓缩和模糊，基本的观点似乎是：颜色、声音等不可能独立于物体存在，他们也不是复合物得以产生的"部分"。对某个对象（复合物）而言永久性的次级性质，就是这个对象的构成要素，没有了这个性质这个对象就不再是它了。我们可以说，一个人不是来自手、腿、颜色等等的组合；而是来自原子和虚空的组合，这个组合产生了手、腿、紫色或黑色等等，而这些或者它们中的某些，是对任何人来讲都必需的性质。

虽然伊壁鸠鲁在物体之间的基本区分，是一个简单的析取关系——原子或者复合物，但是他很可能认为某些复合物发挥着类似分子或基本复合物的功能，可以作为产生更复杂事物的"种子"。① 卢克莱修提到了"水的种子""火的种子"。虽然他的意思可能不过是"水火由之产生的东西,但是水火的具体性质还是通过原子的结合才产生的。伊壁鸠鲁很可能(但不是完全确定)认为,一池水是由更小的复合物——也就是水分子——构成的复合物。如果分子被分解,就只能剩下原子和虚空。伊壁鸠鲁坚决反对希腊哲学中从恩培多克勒到新柏拉图主义一直盛行的四元素理论。

我把复合物称为"动态的实体"。这个描述不仅适用于它内部的原子,也适用于构成它表面的原子。一个对象在它持续存在的时间里,并不是一直保持着相同的原子。伊壁鸠鲁认为,原子持续地离开物体的表面,它们的位置会被其他原子占据,这些原子在物体周边运动,可能会被它的结构"捕获"。② 原子持续地离开物体表面,这一点对于解释感觉至关重要。前面提到,当原子的流射进入我们的感觉器官,我们就会感觉到某物。如果这些是"真的"图像,那么它们就是对象表面的"蜕皮"(这是卢克莱修的比喻),是持续的"表层"之流。

伊壁鸠鲁从之前的原子论者那里接受了原子和虚空的基本原理,但是我们看到他并非奴性的模仿者。原子论的系统看起来给他提供了事物结构的解释,这个解释既与经验数据一致,也让人感到安慰,因为它取消了神圣的原因和任何形式的目的论。这个

---

① G. B. Kerferd, "Epicurus' Doctrine of the Soul," *Phronesis*, vol. 16 (1971), pp. 80-96 提出了很好的论证支持这一点。

② 特别是 *Ep. Hdt.* 48。一直补充"丢失的"原子解释了对象为什么(通常)看起来并没有一直变小。

世界由超自然的存在（不管是单数还是复数）决定，这一点是否能够给人带来安慰，看起来在很大程度上是个人气质决定的。卢克莱修赞美伊壁鸠鲁将人类从"宗教的重负"中解放出来（《物性论》I.62ff.）。他的意思是，流行的宗教和关于诸神的迷信认为神是人类命运的直接仲裁者，导致人们害怕在雷电之中表达的神圣的愤怒。但是伊壁鸠鲁不可能仅仅把流行的迷信当作他的唯一目标。他也要反对柏拉图和亚里士多德非常精致的神学。

伊壁鸠鲁如何反对这些看法，以及他用什么代替流行的迷信和哲学家的神学，将是我们下面要讨论的内容。但是在讨论这个之前，我们要先来看看伊壁鸠鲁如何断然拒斥在柏拉图和亚里士多德那里发挥重要作用的目的论解释。柏拉图笔下的苏格拉底抱怨前苏格拉底思想家没有表明事物为什么最好是那样（《斐多》99a-d）。① 苏格拉底宣称发现了一个缺陷：前人过于关注机械性的解释，而伊壁鸠鲁认为这种机械性的解释是优点。他说"事物不为了任何原因而好"，目的论只是一个看起来很有学问的迷信。世界整体或者具体的事物都不需要满足任何目的。② 考虑到原子的数量无限，形状也差别巨大，产生相似的复合物并不令人惊讶。事实上，伊壁鸠鲁认为，世界的数量是无限的，有些和我们这个世界相似，有些则差别巨大（*Ep. Hdt.* 45）。但是所有这些世界都可以通过离散的、无生命的物理实体在虚空中运动导致无目的的结合与分离得到解释。

---

① 柏拉图在《礼法》X.889b 攻击纯机械的因果性理论，目标很可能就是德谟克利特。
② 卢克莱修在《物性论》V.195-234 花了很大的篇幅攻击目的因。

伊壁鸠鲁的宇宙论否认柏拉图和亚里士多德主义世界图景的基础。经院学者僵化的亚里士多德主义在文艺复兴时期遭到攻击。笛卡尔的对手法国数学家皮埃尔·伽桑狄（Pierre Gassendi）给了伊壁鸠鲁主义的原子论一种新的意义。之后科学的历史充分地证明了伊壁鸠鲁对目的因的拒斥。但是有些人认为，伊壁鸠鲁对目的论的拒斥，在他所处的历史语境中走得太远了。他用原子的偶然组合作为解释原则，很难充分解释诸如生物繁衍的现象。用亚里士多德的方式发问就是为什么人会生出人？卢克莱修确实对这个问题给出了一个答案：一个物种的特征可以通过它的种子传递到后代之中（《物性论》III.741ff.），他反复强调每个东西都有它固定的位置，有自然法决定生物的和其他的事件（《物性论》I.75-77, II.700f. III.615ff. 等）。但是这些自然法的基础看起来并不建立在伊壁鸠鲁原子论的原则之上。他的物理学理论不得不用太少的原则解释太多的东西。如果我们用亚里士多德的标准去评判伊壁鸠鲁，那么这些抱怨都是成立的。但是我们也需要记得，伊壁鸠鲁并不是一个对事物毫无兴趣的研究者。根据他自己的说法："研究自然的目的是获得对那些最重要的事物原因的清晰理解。"（*Ep. Hdt.* 78）他所说的"最重要"指的是对人类幸福而言最根本的东西。

他认为最重要的两个主题是神学和灵魂学说。在讨论完伊壁鸠鲁基本的物理学原理之后，我们来看看他如何将这些原理应用在对神和灵魂的讨论之中。

六、伊壁鸠鲁的诸神

> 至福和不朽者不会经验到痛苦，也不会将痛苦加给任何其他东西，因此它不会被激情或偏颇影响。这些东西只有软弱者才有。(*K.D.* 1)

没有什么比认为超自然的存在控制着现象，或者它们可以影响人类事务更困扰伊壁鸠鲁了。他从不否认诸神存在。但是他极力反对诸神要为任何自然事件负责，并反复重申这一观点。他的反驳在讨论天文现象时表现得最为突出：

> 此外，我们一定不能认为天体的运动和转动，它们被遮挡、升起和落下，以及其他类似的运动，是由某个统治它们的存在导致的，这个存在控制着或者将会持续控制它们，同时还享受着完全的至福和不朽。因为忙碌和指导、愤怒和偏爱，是与至福不一致的……我们也不能认为那些仅仅由火组成的事物拥有至福，并且通过思虑和有意地指导着这些（天体的）运动。(*Ep. Hdt.* 76-77)

伊壁鸠鲁在这段话中的论战对象是那些认为天体的运动背后有神圣控制力的神学。伊壁鸠鲁否认在死去之后还有任何意义上的人格存在，他认为这样就可以去掉一个基本的人类焦虑——对神的审判和永恒惩罚的恐惧。我会在下一节讨论他哲学的这个方面。认为诸神影响此时此地的人类事物在他看来也是同样错误和恼人的。他因而否认流行的希腊宗教的基础——是诸神给人们分配了幸福和不幸。希腊语就反映了这个信念：幸福的人是 eudaimôn，即拥有一个喜爱自己的神；不幸的人是 kakodaimôn，字面意思是拥有一个有害的神。对大多数人来讲，信仰神话中的诸神是一个公共或私人祭祀的问题，而不是一个内在的体验。但是很多希腊人，不管是受没受过教育，都相信许诺信仰者拯救的神秘祭仪，对于玷污和神圣干预的恐惧非常强烈。特奥弗拉斯托斯对迷信者的刻画，虽然有夸张的成分，但是一定也有事实基础，否则他的刻画就完全失去了意义。①

但是我们可能会认为，伊壁鸠鲁批判神圣的力量管理着宇宙有更确切的目标，那就是要反对柏拉图和亚里士多德的宇宙论。柏拉图在他的晚期著作里，经常提到天体运动的规律性，以此作为神圣存在理性地管理着宇宙的证据。在《蒂迈欧》里，人类视觉的目的是观察"天上理智的转动，因此我们可以利用它们规律的运动去指引我们自己思想充满扰乱的运动"；我们要"模仿神不变的运动"（47b-c）。对天体的神圣管理这个观念在柏拉图的最后一部作品《礼法》里面得到了更加具体的发展。② 在那里他论证了有德性的灵魂或诸神是天体的原因（X.899b）。它们运动的规律性证明了它们的德性。而无序的运动，不管是天上的还是地上的，都要由坏的灵魂来解释（897d）。

---

① 特奥弗拉斯托斯的讨论与此密切相关，因为他是和伊壁鸠鲁同时代的人。特奥弗拉斯托斯的《品格论》(Characters) 是一系列关于不同品格类型的短文：顺从、土气、吝啬等。

② 柏拉图神学的发展是一个复杂的主题，一个很平衡的论述是 F. Solmsen, *Plato's Theology*, Ithaca, 1942。

43　　根据柏拉图的看法，诸神不仅掌管着星体。人类和整个宇宙都是诸神的"所有物"（902b-c）。在《礼法》中，柏拉图强调诸神对人的控制是预见性的（providential），但是他同样强调这种控制是绝对的。柏拉图认为，他可以立法确定一种改良的宗教，将那些不可信的传统诸神逐出城邦，用新的诸神代替他们，这些新神的卓越可以在天体物理的数学完美性中得到体现。但是对于伊壁鸠鲁而言，柏拉图的天体诸神和传统的奥林匹亚诸神一样令人厌恶。他反对将天体的运动看作神意的结果。在《埃比诺米斯》（*Epinomis*，这个标题的意思就是"在礼法之后"）中，天文学是这种新神学的关键。① 在那里天体被说成是我们关于数字知识的来源，而数字的知识又是理智和道德的基础。柏拉图非常严肃地看待这个看起来有些怪异的主张，并且由此出发重述了星体神圣性的理论。这些存在拥有令人惊奇的心灵力量，它们知道我们的意愿，它们喜欢好的东西，厌恶坏的东西（984d-985b）。

　　伊壁鸠鲁认为这样的信念是人类焦虑的首要来源，它们结合了古老的迷信，让天体成为人类事物的监控者，由此成为巨大恐惧的来源。亚里士多德的神学也不会对伊壁鸠鲁造成更少的困扰，因为亚里士多德也认为天体是理智的、神圣的存在，它们的运动是自愿的。我们知道亚里士多德在一部早期的、更通俗的作

---

① 从古代开始人们就怀疑柏拉图不是这部作品的作者。看起来这部作品很可能不是柏拉图本人写的，而是学园中一个年轻一些的同时代人，或许是奥普斯的菲利普（Philip of Opus）（D.L. III.37）。

品里表达了这样的观点。① 亚里士多德关于天体运行的观点确实伴随着他的人生发展，在任何现存的作品中，他都没有让天体成为人类命运的裁决者。但是《形而上学》的一个基本学说就是，一切运动和生命最终都依赖不动的推动者，纯粹的心灵或神，它的行动就是永恒的自我沉思，这导致了天体的欲求和运动，每个天体的运动都是由它自己的理智掌控的。亚里士多德认可了关于天体神圣性的流行信念，但是否定了传统神学的外表（*Met.* 1074a38ff.）。不动的推动者就像伊壁鸠鲁的诸神，并非以人格性的方式关心宇宙。他并不通过他的命令决定人类事务，但是人类事务确实依赖一些事件，比如太阳的转动和季节的变化，而这个不动的推动者是这些事件的终极原因。②

伊壁鸠鲁反对神掌控世界的论证依赖"至福"和"不朽"这些词的含义。他接受这些传统上归于诸神的词汇表达了神圣存在的真实性质（*Ep. Men.* 123），但是认为至福和不朽与参与"我们的事务"存在矛盾（*N.D.* I.51-52）。在他看来，不管是人的幸福还是神的幸福，都需要完全实现一种毫无干扰的平静和没有痛苦的生活。我们暂时先将这个幸福概念看作一个教条，因为对它的完整讨论属于伦理学领域。伊壁鸠鲁关于诸神不关心世界的论证

---

① *N.D.* II.42-44。与 *N.D.* I.33 的比较表明，这个说法可能来自亚里士多德的《论哲学》（*On Philosophy*）。关于亚里士多德的神学，参见 W. K. C. Guthrie, "The Development of Aristotle's Theology-I," *Classical Quarterly*, vol. 27 (1933), pp. 162-171; "The Development of Aristotle's Theology-II," vol. 28 (1934), pp. 90-98.

② 很显然，伊壁鸠鲁主义者攻击一切与他们不同的神学观点（参见 *N.D.* I）。伊壁鸠鲁肯定认为柏拉图的继承者色诺克拉底的著作中有很多值得反对的东西，因为他的神学包含了"精灵"（*daimons*）和天体神，并且预见了斯多亚学派用某些神的名字来指称自然实体。

就利用了这个幸福的概念,他将这个概念应用在诸神身上,论证他们不会有任何关心人类事务的行动和情感。塞涅卡总结了这个立场:"因此神不会分配任何好处,他坚不可摧,完全不关心我们和世界……好事和坏事都不会触动他。"(Us. 364)

这个论证提出了三个观点。第一,诸神存在;第二,诸神是至福和不朽的;第三,诸神的幸福在于不受干扰的平静。我们必须要来考虑伊壁鸠鲁如何证成这三个观点。

他要反对神掌控世界的信念,因此看到伊壁鸠鲁接受超自然存在本身或许就让人有些吃惊。因为如果可以表明诸神不过是一种虚构,所有与他们相关的行动也就必然都可以被排除掉了。但是伊壁鸠鲁认为,人类对诸神的普遍信念就确证了诸神存在。"有什么人或种族缺少关于诸神的未经学习的观念呢?"(*N.D.* I.43)这个论证说,关于诸神存在的某种信念独立于制度化的宗教或习俗存在。因此这是某种**自然的**东西。当然,这个信念可能既是自然的又是错误的。但是伊壁鸠鲁使用了亚里士多德的一个基本前提来回应这个反驳:"所有人都同意的东西必然是真的。"(*E.N.* 1172b36-1173a1)

同一个原则——所有人的共识(*consensus omnium*),也被用来确立诸神的性质。伊壁鸠鲁还说所有人都有一个自然信念,相信诸神是不朽的、至福的、拥有人形的。① 伊壁鸠鲁认为,这样的共识是来自经验的"前观念",这些经验就是人在醒着和睡着时看到的异象。他论证道,这些异象必然像所有感觉一样,是由某

---

① *N.D.* I.45-46;另参见 *Ep. Men.* 123-124,这里提到了"大多数人"对诸神的错误观念。

些真实的东西引起的，也就是原子的构成和形象（即流射），这些构成和形象都来自诸神，然后进入了我们的心灵。这个理论非常朴素，也没有考虑导致人们相信诸神的其他因素。如果事实上人们关于诸神的信念像伊壁鸠鲁宣称的那样彼此一致和相似，那么关于心灵感知到神圣形象的假设就会为这个所有人的共识提供一个理由：相同种类的外部形象作用在我们的心灵之中。但是伊壁鸠鲁预设了这个所有人的共识，然后寻求用心理学的方式去解释它。

根据卢克莱修的看法，至福和不朽是人根据诸神的心灵形象推论出来的：

> 他们将永生赋予诸神，因为诸神的形象持续地提供给他们不变的形式，也因为他们相信拥有这些力量的存在不可能因为任何偶然的力量而消失。他们认为，诸神享受着至福，因为对死亡的恐惧不会困扰他们，也因为在梦中他们看到诸神不费力气就可以做很多惊人的事情。(《物性论》V.1175-1182）

卢克莱修接下来论证，先民获得了关于诸神的信念，因为不知道天文和气象的真正原因，所以认为诸神是这些现象的原因。在别处他论证诸神不可能有任何欲求或能力去创造宇宙，宇宙的不完美就是明显的证据，说明宇宙并不是在神圣的掌控之下（《物性论》V.156-194）。诸神就像真正的伊壁鸠鲁主义者一样，居住在 *sedes quietae*（安宁之地），享受着没有任何烦恼的生活（《物性论》

III.18-24）。

除了关于人类的自然观念之外，伊壁鸠鲁还给出了其他理由去证成他关于诸神本质的论述。他捍卫神的人形外表，因为这是所有形状里最美的，必然属于本性最好的存在（*N.D.* I.46-49）。他关于诸神的所有论述并不都可以被还原成自然观念的证据。[①] 虽然他承认人们从诸神那里接受的形象是"非实体性的"（insubstantial），并且很难感知，但是他显然希望表明，关于诸神的首要知识类似于我们通过感觉器官得到的关于物理对象的直接认识。

诸神的物理结构如何被认识，他们过着什么样的生活？有关这些问题的证据很难解读，我在这里只能用非常概括的方式讨论。最基本的问题是诸神的永恒存在。原子和虚空是不可毁灭的，因为原子拥有那种可以经受任何"打击"的紧实性，而虚空是任何"打击"都不能触碰的（《物性论》III.806-813）。但是经验中的通常物体是原子与虚空的复合体，所以不能彻底对抗破坏。因此卢克莱修写道：

> 根据（自然）法则，它们会毁灭，当所有的事物都因为（原子的）飞出而变弱，从而被来自外部的打击破坏。（《物性论》II.1139-1140）

[①] 另参见 K. Kleve, *Gnosis Theon. Die Lehre von der natürlichen Gotteserkenntnis in der epikureischen Théologie, Symbolae Osloenses*, suppl. XIX (1963)。伊壁鸠鲁还提到，由于"平衡"或"相互分配"（*isonomia*, reciprocal distribution）的原则，神圣存在的数量必然与有朽的事物相同。"如果有朽者是某个数量，不朽者的数量就不会比这个少，如果毁灭的原因是不可胜数的，那么保存的原因也必然是无限的。"

伊壁鸠鲁避免这个困难的方法是引入某种存在，它不是任何通常意义上的复合物。我们的主要证据是西塞罗的一段非常困难的文本。在讨论了诸神是由心灵而非感觉感知到的之后，西塞罗写道，他们不像通常的感觉物那样拥有"紧实性"或"数量上的同一性"，而是"很多非常相似的形象的一个无限的形式，产生于不可胜数的原子，并且飞向诸神"（an unlimited form of very similar images arises out of the innumerable atoms and flows towards the gods, *N.D.* I.49, 105）。在其他地方，诸神或许被说成是"相似性"（likenesses），有些神（或者从某个角度看所有神）是"通过形式的相似性存在，相似的形象持续地飞出，在同一个地方得以完成"（Us. 355）。① 学者们质疑这些说法的准确性，因为他们说那些**飞向**诸神的原子是"形象"。但是这些怀疑用不是地方。"形象"（或者伊壁鸠鲁的术语 *eidôla*）是与"紧实的物体"不同的。这个意义上的"形象"仅仅是细小原子的组成模式，它们缺少构成固态物体的紧实性。我们可以在这个"形象"的意义上感觉到人马（Centaur），但是这些形象并不是和真的人马对应的，因为并没有对应于人马的固态形体。与此相似，也没有一个固态形体会流射出诸神的形象。因为诸神并不拥有这种固态物体。他们可以被说成是"相似性"，因为他们的本质总是被运动的"形象"之流持续构成，这些形象之流由拥有**相似**形式的、离散的细小原子构成。

---

① "得以完成"（*apotetelesmenôn*）不应该像 Kühn 和 Usener 认为的那样被改成 *apotetelesmenous*，因为这里不是诸神而是形象得以完成；参见 *Ep. Pyth.* 115："原子的汇合产生了火。"

因此诸神没有数量上的同一性。假如他们是通常意义上的复合物,他们就会不可逆转地失去一些原子,从而被"外在的打击"毁灭。他们的同一性是"形式上的",是相似的形式不停地来到和离开诸神所在的空间。这有时候被恰当地与瀑布进行比较,瀑布的形状是由持续的水流决定的。伊壁鸠鲁没有解释为什么会有恰当形式的原子持续补充,从而构成诸神的形式。如果有人追问,他很可能会说,在一个包含无限数量原子的宇宙中,这一点在原则上至少不是不可能的(参见本书 p. 46 的第一个注释)。我们对于诸神的经验——我们不只是在某个瞬间看到他们,证明了他们形式的持续性,也就是一直有恰当的原子加以补充。此外,我们还认为他们是不朽的。

关于诸神物理结构的这个奇怪观念是不是意味着它们本身对于不灭的存在毫无贡献呢?到目前为止讨论到的证据仅仅表明,诸神是持续补充的原子之流的受益者。有些学者就持这种看法。但是菲洛德慕斯写了一部题为《论诸神》的作品(伊壁鸠鲁也写了这样一部作品),这部作品的一部分保存在赫库兰尼姆的纸莎草中。在其中菲洛德慕斯似乎论证了诸神本身的卓越和理性力量保证他们不会被环境中的外力破坏。[①]对诸神来讲这并不是一项费力的活动。相反,我们的所有资料都强调,诸神不会遭受任何艰辛。由于他们的本质,他们可以利用那些保全他们存在的

---

① *De dis* III fr. 32a, p. 52 Diels. 关于菲洛德慕斯的证据和理论的进一步讨论,参见 W. Schmid, "Götter und Menschen in der Theologie Epikurs," *Rheinisches Museum*, vol. 94 (1951), pp. 97-156; K. Kleve, "Die Urbewegung der epikureischen Atome und die Ewigkeit der Götter," *Symbolae Osloenes*, vol. 35 (1959), pp. 55-62。后者将神的自我保存归于自由意志的运用。

原子，远离那些错误类型的原子。这看起来就是菲洛德慕斯的观点，我们可以合理地认为这也是伊壁鸠鲁本人的观点。

形成诸神身体的"形象"解释了诸神结构的脆弱性，这个理论被古代的批评家广为诟病（*N.D.* I.105）。我们现在可以理解，为什么诸神没有被说成拥有身体而是拥有准身体（quasi body），不是拥有血液而是拥有准血液（quasi blood）（*N.D.* I.49）。我们首先是在梦中看到他们，他们在实质上也是像梦一样的存在，是非实体性的，就像构成他们存在的"形象"一样。看起来很奇怪，伊壁鸠鲁会认为这样的存在拥有完满的幸福，但是如果我们研究了他们的幸福是什么样的，就不会感到这么奇怪了。这种幸福是消极的，而非积极的。诸神无所事事，不会被痛苦侵扰，不会发生任何变化。他们不居住在某个世界之中，而是在分隔不同世界的空间之中（这些空间被称为 *intermundia*［地间］，*N.D.* I.18）。因为伊壁鸠鲁认为痛苦的缺失就是最高的快乐，而快乐就是幸福的本质，所以诸神就享受着完满的幸福。像菲洛德慕斯这样的晚期伊壁鸠鲁主义者，还会给神赋予一些更积极的内容，包括他们说希腊语！但是就我们所知，伊壁鸠鲁并没有持这种粗糙的神人同性论。

>……诸神存在于
>世界与世界之间的清朗空间，
>那里不曾有云或风飘进，
>不曾有白色的雪花飞入，
>不曾有低沉的雷声响起，

> 也不曾有人类悲伤的声响,
> 他们神圣的永恒的宁静啊! ①

诸神不关心人类事物。但是人关心或者应该关心诸神吗?伊壁鸠鲁似乎认为某些形式的献祭和私下的供奉是恰当的,因为虽然祈祷或献祭不会打动诸神,但是他们为人类提供了至福的范本。一个人是否能够因为诸神而获益取决于他把握神圣"形象"时的心灵状态。如果他是平静的,他就能获得关于诸神的正确观点(《物性论》VI.71-78)。《致梅诺凯乌斯的信》中的一段话或许也应该以同样的方式阐释:那些情状上与神接近的人,可以接纳神的"形象"并从中获益。菲洛德慕斯也带着相似的想法写下了如下的话:"他[伊壁鸠鲁]诉诸完全的幸福者从而加强他自己的幸福"(Diels, *Sitz. Berl.* 1916, p. 895)。

七、灵魂与心灵进程

> 对我们来讲死亡不足为惧,因为那消散的东西没有感觉,而没有感觉的东西就不是我们需要关心的。(*K.D.* 2)

伊壁鸠鲁在他的灵魂理论(心理学)中想要努力确立的首要原理就是,人死之后就完全和永久地失去了意识。他的全部哲学的终极目标就是去除人类的焦虑,他的心理学的治疗效果是这一

---

① 丁尼生(Tennyson):《伊壁鸠鲁》,基于卢克莱修的《物性论》III.18-23;卢克莱修的诗句是对荷马的翻译。

点最明显的例证。他否认在死后还有任何形式的人格存在。伊壁鸠鲁希望以此表明，相信一个奖惩系统作为今生的补偿仅仅是神话而已。我们很难精确地评判这样的信念在伊壁鸠鲁那个时代的强度和流行度，但是他极其迫切地想要破除这样的信念，这本身就是它们相当流行的证据，除此之外，我们还可以在文学和神秘祭仪的流行中看到独立的证据。

这样的信念在公元前5世纪的作家那里就已经有迹可循，它们不大可能在公元前4世纪就衰落了。柏拉图在《理想国》中严厉地批评那些给人们提供穆塞俄斯（Musaeus）和俄耳甫斯（Orpheus）著作的人，这些人努力说服"整个城邦和个人"运用某些祭仪帮助人们从罪行中解脱出来。他们诱惑人们相信将会因此获得此世和来世的好处，而那些没有遵守祭仪的人会遭遇"可怕的事情"（II.364e）。在《理想国》开头出现的老人克法洛斯就被描绘成深受恐惧的折磨，担心会在冥府中因为自己的罪过而受到惩罚。柏拉图严厉指责这些利用人们的恐惧赚钱的江湖术士。但是《理想国》的最后却是一则神话，在其中死者受到了审判，他们此世的功过得到了奖惩。柏拉图在《斐多》和《高尔吉亚》中也使用过类似的神话。灵魂在前世存在，死后依然存在，这是柏拉图主义的核心学说，他将这个学说与转世结合在一起。

对死亡的恐惧是任何时代任何民族都有的情感。伊壁鸠鲁可能夸大了相信灵魂在死后的命运给人带来的心理上的困扰。但是他并没有将自己对死亡恐惧的诊断限制在有关来世的学说上。他自己写道（*Ep. Hdt.* 81），之后卢克莱修又以更大的篇幅写道，人们恐惧死亡的原因还在于他们认为那是所有感觉的终结。卢克莱修消除恐惧的论证主张，这就是真实的情况，**因此**不该成为焦虑的原因：发生在我们出生之前的事不会搅扰我们，因为我们不会**感觉**到它们。由于推理的对等性，我们停止意识之后，也不会有任何东西搅扰我们（《物性论》III.830-851）。接下来，他这样写道：

> 如果对人来讲有任何烦恼和痛苦，那么他在那个时候必然存在，这样痛苦才能影响到他。因为死亡使这一点变得不可能，他不再是一个存在，不幸可以在他身上增加，所以我们可以确认，死亡没有什么可怕的，一个不再存在的人不可能被搅扰。（《物性论》III.861-868）

对于伊壁鸠鲁来讲，出生和死亡是一个人存在的两极。在今生之前**我**并没有在另一个身体中存在，在今生之后**我**也不会经历转世。当灵魂存在于身体之中，身体才拥有生命。在这里伊壁鸠鲁赞成哲学和大众的观点。但是他又坚决反对柏拉图和其他二元论者，否认灵魂可以独立于身体存在，坚持认为生物必然是身体和灵魂的结合。这个结合破坏了，生命也就结束了。他的观点可以和亚里士多德的进行比较。亚里士多德将灵魂定义为"活的自然身体的第一实现"（《论灵魂》II.412b5）。对亚里士多德来讲，灵魂的大多数功能也必然与身体联系在一起，虽然理智是个例外。但是我们不能过分强调这个比较。亚里士多德对灵魂的讨论与伊壁鸠鲁的步骤截然不同。亚里士多德利用了形式与质料、潜能与现实之间的区分，这些都是伊壁鸠鲁的思考方式中没有的。在亚里士多德那里，灵魂并不是某种物理性的实体，他们的大体共识仅仅是身体与灵魂相互依赖。

那么伊壁鸠鲁怎么看待灵魂呢？或者换个问法：他怎么解释生命呢？首先，生命必须要用某些物质性的东西来解释。在伊壁鸠鲁的物理学里，只有物体和虚空，而虚空不可能**做**任何事情也不可能被任何事情**影响**（*Ep. Hdt.* 67）。否认灵魂是非物质性的理由表明，伊壁鸠鲁将行动与受动的能力当作生物的必要条件。更具体来讲，灵魂由原子构成，这些原子对构成身体的原子有所行动也受其影响。

"灵魂是某种物体，它的部分非常微小，分布在整个复合物之中。它最接近混合着热的呼吸。"（*Ep. Hdt.* 63）卢克莱修帮助我们扩充了这个描述。他告诉我们，构成灵魂的原子是圆形的，非常微小。圆形是从思维的速度推论出来的：灵魂原子可以被最小的冲动刺激（《物性论》III.176ff.）。此外，呼吸和热（卢克莱修还增加了气），并不足以解释灵魂。灵魂是热的和气性的，这一点可以从尸体缺少热量和呼吸看到。但是呼吸、热和气都不能构成带来感觉的运动（III.238-240）。我们还需要其他东西，也就是"第四种自然"，它由比其他存在更小、运动能力更强的原子构成；它们没有名字。

我们如何理解构成灵魂的不同种类的原子之间的关系呢？我在之前讨论复合物时提到，火、呼吸等等都是当某些种类的原子结合到一起才出现的。因此我们或许可以认为，以恰当的方式结合从而产生卢克莱修说的"灵魂"的不同原子，可以被分析成火、呼吸、气和一个没有名字的要素的**混合物**。但是灵魂不能被分解成这些东西。卢克莱修明确说"[灵魂中]没有任何一个要素可以被分离,它们的能力也不能从空间上被划分;它们就像一个物体的多重能力。"(III.262-266)①

由于这种无名的元素,这个物体可以产生对于感觉来讲必要的运动。正是这个无名的元素给了灵魂具体的特征。普遍而言,生命和生命功能可以被解释为某种不能被完全分析成已知实体的东西。伊壁鸠鲁想要避免将生命完全还原到熟悉元素的混合。生命需要这些,也需要其他东西。考虑到希腊人关于化学的原始概念,伊壁鸠鲁没有尝试单纯用传统的四元素来解释生命是很明智的。

这样构成的灵魂是"感觉的首要原因"。但是灵魂本身没有生命,也不能导致生命。它必然要被包含在某个身体之中。这就是说,一个生物既不能单纯由灵魂构成,也不能单纯由身体构成。置于一个正确种类的身体之中,灵魂的生命力就能够被实现出来。身体从灵魂之中获得了一种衍生的感觉。很自然在身体与灵魂之间有物理性的接触,身体之中原子的运动影响着灵魂原子的运动,也受到灵魂原子运动的影响。伊壁鸠鲁用截肢的例子来阐释身体与灵魂之间的关系(*Ep. Hdt.* 65)。失去一个肢体并不会让人丧失感觉能力,但是失去灵魂就会让身体失去所有的生命力,即便身体依然是完好的。伊壁鸠鲁坚持认为灵魂必须要包括在身体之中,因此也就否认死后的感觉和意识。

在卢克莱修(III.136ff.)和其他一些资料中,有人提到在灵魂的理性部分(*animus*)和非理性部分(*anima*)之间存在位置

---

① 参见 G. B. Kerfert, "Epicurus' Doctrine of the Soul," *Phronesis*, vol. 16 (1971), pp. 80-96。

上的区分。*animus* 在胸部，而其他部分虽然与理性部分联系在一起，却分布在身体的其他区域。灵魂的这两个部分并不会破坏它作为实体的统一性，它们被引入来解释不同的功能。我们据以思考和感受情感的部分是 *animus*，即理智的灵魂。这个部分统治着灵魂的其他部分。伊壁鸠鲁对人的神经系统一无所知，我们可以很容易地把 *anima* 设想成履行着神经的功能，向 *animus* 汇报各种感觉，并且将运动传导到肢体。如果伊壁鸠鲁了解了神经以及它们与大脑的联系，他很可能会乐意接受大脑就是 *animus* 的看法。①卢克莱修关于灵魂的论述激发了一些最美妙的诗句，同时也展现了他对于人类行为的敏锐观察。在考虑伊壁鸠鲁主义灵魂理论的其他方面之前，我们最好来看看卢克莱修讨论身体与灵魂关系的几个段落：

> 如果武器的强劲力量，插进了骨头和筋肉，但是没有结束生命，虚弱会跟随而来，他会倒在地上，心灵的风暴紧随而来，逐渐产生想要站起来的不稳定的欲求。因此，心灵在本质上必然是物体性的，因为它遭受了物体性的武器的打击。（III.170-176）
>
> 此外，我们感觉到心灵和身体一同产生，一同成长，一同老去。牙牙学语的孩子身体是脆弱和柔软的，他们的判断力也是微弱的；之后，随着身体的成熟带来了力量，他们的判断力更强大，心灵的力量也跟着增强；再往后，他们的身

---

① 神经系统是公元前 5 世纪前半叶的医学家希罗斐鲁斯和埃拉西斯特拉图斯发现的。

体受到年龄的打击，力量减弱，肢体不听使唤，理智变得残缺，舌头胡言乱语，心灵蹒跚而行，所有的方面都同时衰败了，所有的生命要素都像气的流动一样灰飞烟灭。（III.445-456）

如果灵魂是不朽的，与身体分离之后还可以感觉，我认为我们就必须要给它配备五种感觉。我们没有别的方式可以去想象灵魂在阿凯隆河（Acheron）的下界游荡。所以画家和前代的作家都给灵魂赋予了感觉。但是灵魂的眼睛、鼻孔、手、舌头、耳朵都不能脱离身体存在。因此灵魂自己是不能感觉的，甚至也不能自己存在。（III.624-633）

我们获得最多信息的灵魂功能就是感觉。毫无疑问，这是因为它在伊壁鸠鲁主义整体中的重要性。在讨论知识论时，我已经描述了伊壁鸠鲁的流射或形象概念，也就是一些原子从外部对象进入我们的感觉器官，或者直接进入我们的灵魂，从而导致我们对某物的意识。因此感觉说到底可以被还原成某种触觉，也就是感知者的原子与从外部对象中流射出来的原子之间的接触（II.434-435）。在这里我们不能展开卢克莱修在《物性论》第四卷详细讨论的视觉和其他问题，但是我们需要考虑这个理论的一些更普遍的方面。① 特别是，我们想要知道如何理解灵魂赋予身体的那些"带来感觉的运动"。卢克莱修说，不是灵魂通过眼睛看，而是眼睛本身在看（III.359-369），其他感觉器官也是如此。眼睛

---

① 伊壁鸠鲁在《致希罗多德的信》49-53 写到了看、听、闻；卢克莱修在 IV.615-672 讨论了味觉。

是身体的器官，当它被拥有恰当大小的原子流影响，引发了相邻原子的运动，从而导致了眼睛之中的感觉。同样的内部过程也可以解释其他的感觉，比如烧灼、瘙痒等。卢克莱修追溯了一系列始于"无名元素的扰动"的运动，通过灵魂中的其他元素将运动传递到血液、内脏器官，最终传递到骨骼与骨髓（III.245-249）。这些步骤代表了"万物"逐渐加剧的扰动，如果这些运动和感觉超过了一定的界限，生命就无法继续维持了。但是"普遍而言，运动到了身体的表面就结束了"（III.252-257）。

虽然有了这些内容，但是感觉或意识的概念依然非常模糊。它是某种运动，还是随附在某种运动之上的副现象（epiphenomenon）？伊壁鸠鲁和卢克莱修没有给我们提供任何线索。这也并不令人奇怪，因为至今为止也没有人能够对意识给出一个纯粹机械性的解释。

对思想的讨论引发了进一步的困难。在伊壁鸠鲁的《致希罗多德的信》49-50 和卢克莱修那里，思想就其对象和原因而言，都被类同于感觉：

> 过来，学习是什么搅动了灵魂，听听简短的论述，进入理智的事物来自何处。首先，我要说，有很多相似的事物以很多方式在所有区域的所有的方向上游荡，它们非常微小，相遇时很容易在气中结合……它们比刺激眼睛产生视觉的东西小得多，因为它们穿过身体的空隙，扰动灵魂内部的精微本性，引起了它的意识。（《物性论》722-731）

卢克莱修进一步阐述了这些说法，提到了对怪物和死人的感觉。由此我们可能会认为，他仅仅是在描绘某些种类的心灵感觉。但是他接下来论证，关于狮子的思想就像关于狮子的视觉一样，也是来自狮子的形象（simulacra leonum）。他还问了这样一个问题："我们如何能够如自己所愿地思考事物？"他给出的答案非常有趣：

> 在我们感知到的一个时间段，也就是说出一个单词的时间，理性发现了很多时间，因此在任何时间、任何地点，所有的形象都在那里。它们运动的能力非常强，它们的供应数量非常巨大……因为它们非常微小，心灵只能清晰地分辨它密切关注的那些。除此之外，其他的就都被忽略了。心灵准备好并且期待自己看到接下来发生的事情，所以它就出现了。（IV.794-806）

我们期待卢克莱修用数据、形象、或者某些尚未出现在心灵中或者不是由心灵创造出来的东西去解释思想。但那并不是卢克莱修给我们的解释。他明确说到形象的"供应"是外在的，心灵只能理解那些它的关注指向的形象。根据这种阐释，思考与注意到某个进入视野的东西相似。

很多学者都不愿按照字面意思理解这段话。他们认为，伊壁鸠鲁一定设想有一个内在的形象库，以此来解释至少一些思想和全部的回忆。他们认为，感觉器官或者心灵接收到的流射导致了灵魂原子运动上的变化，这个新的运动模式，作为回忆或思想形象持续存在。但是即便伊壁鸠鲁持有这样的观点,也没有任何证据流传至今,卢克莱修记录下来的理论也没有这样的预设。根据这种理论,思想就像在内部放电影,心灵控制着它允许进入身体的形象。不仅是思想,而且是意愿也需要有对于恰当形象的意识。卢克莱修观察到,当"行走的形象进入心灵"我们就行走(IV.881)。之后意志自我唤起,将运动传递到灵魂的其他部分,最终肢体被激活。在梦中心灵的通道也是打开的,事物的形象可以进入(IV.976-977)。

我们必须认为,这就是伊壁鸠鲁本人的理论,这个理论与下面这个奇怪的看法完全一致,即诸神的形象拥有客观的状态。但是如果回忆不是由形象的储藏室来解释的,又是由什么解释的呢?跟这个问题有关的几个文本显示,回忆是某种状态,由反复把握某种类型的形象产生,在之前产生它们的物体消失或改变之后,这些形象依然存在。因此我们可以缅怀逝者。

虽然我们应该把卢克莱修关于思想的论述看作正统的伊壁鸠鲁学说,某些形式的思考也必须要用其他方式解释。没有原子和虚空的形象,也没有同一律或不矛盾律的形象。这些是只能由思想把握的事物。伊壁鸠鲁本人区分了"理论性的部分"和"把握"(apprehension),后者或者是由感觉或者是由心灵去进行。[1] 我已经讨论过"把握",并且反驳了贝利的说法,即它保证了形象的清晰性。在我看来,它确实包括了对某些形象的**直接**把握。换句话

---

[1] 《论自然》XXVIII fr. 5 col. VI (sup.), col. VII (inf.), ed. A. Vogliano, *Epicuri et Epicureaorum scripta in Herculanensibus papyris servata*, Berlin, 1928.

说,"把握"包括了对所有数据的意识,不管是感觉的还是心灵的,这些数据拥有客观存在,因为它们在来源上都是从外部进入我们的。"理论部分"指的是那些完全由内在过程发挥作用的思想。也就是说它包括了有关原子和虚空这类东西的推理,它们不能被直接把握。这种思想发生的细节,以及它是否包含形象,都是我们没有办法非常确定地回答的问题。几乎可以肯定的是,这样的思考必然要利用"前见",通过反复观察具体对象产生的普遍概念。但是前见不可能被还原成外部的形象,因为没有客观存在的"普遍"形象。这些必然是心灵的构造,可以在形成新的非经验概念时使用。伊壁鸠鲁或许将它们解释成灵魂运动的模式,但是他关于这个主题的文字(假如他确实详细讨论过)没有流传下来。

八、行动的自由

我们要讨论的下一个主题是伊壁鸠鲁主义中最有趣、争议最大的问题之一。根据卢克莱修和其他后来作家的记载,原子的"偏转"在解释"自由意志"(libera voluntas)的过程中扮演着重要角色。这是什么角色呢?我们只能从卢克莱修一段非常困难的文本入手去寻求答案。这是他用来论证原子有时候会偏离在虚空中线性的向下运动的第二个论证。

> 如果每个运动总是彼此联系的,新的运动按照固定的顺序来自旧的运动,如果首要的物体不是通过偏转创造出某种

运动的开端，从而打破命运的束缚，避免原因一直追溯下去直到无限，那么大地之上随处可见的生物怎么会拥有自由意志？我认为，这个意志将我们从命运中脱离出来，当快乐引领每个人的时候就去追求快乐，让我们的运动可以不根据固定的时间也不在固定的地点发生偏转，但是我们的心灵将我们带到何时何地？毫无疑问，每个人的意志给这些运动提供了开端，从意志开始运动传遍所有的肢体。

你肯定见过，当挡板在瞬间打开，赛马虽然非常有力也非常迫切，但是不能像它们的心灵欲求的那样立即冲向前方。这是因为构成它们整个身体的质料必须要被推动，整个身体都被唤醒之后，它才能跟随心灵的欲求。因此你可以看到，心脏开启了运动，它首先从心灵的意志开始，随后传递到整个身体和四肢。

这不同于我们因为另一个人强大力量的击打向前运动。这个时候很显然，我们身体的整个质料都在违背我们的意志运动，直到限制它的意志传遍了四肢。因此你显然可以看到，虽然外部的力量推动了很多人，经常迫使他们违背意志向前运动，但是在我们的胸膛里有某些东西可以反击和抗拒。在它的指挥下，质料也可能被迫改变方向，并传遍四肢，这时向前的推动就被遏制了，重新回到静止。

因此你必须承认，同样的事情也可以发生在原子上。除了打击和重量之外，还有另一个运动的原因存在，它是我们内在的力量之源，因为我们看到没有东西可以从虚无中产生。因为重量防止所有事物都因为打击而发生，也就是由于

> 外在的原因而发生。但是原子在不固定的时间和地点发生的微小偏转导致心灵本身没有内在的必然性去做它所做的事，也不是像囚徒一样被迫接受和被动行事。（II.251-293）

在伊壁鸠鲁主义的文献中，这是仅有的详细论述原子偏转与"自由"意志关系的证据。① 我们至今没有发现任何伊壁鸠鲁本人关于偏转的明确讨论。我们知道他因为"无情的必然性"攻击"自然哲学家的宿命"（*Ep. Men.* 134）。他在一部著作中讨论了人类行动的原因，这部著作的一部分在赫库兰尼姆的莎草纸中得以幸存。② 这段文本有很多缺损，很难清晰把握其中的思想。学者们的更多工作可能会帮助我们理解它。但是伊壁鸠鲁在这部著作中清晰地区分了"我们之中的原因"和另外两个要素，一个是"最初的构成"，另一个是"环境中自动的必然性和进入的东西［也就是外部的形象］"。在尝试理解卢克莱修的文本时，我们需要记住这些区分。

我们需要特别注意他的语境。卢克莱修在这部分的主要论题不是灵魂学说，而是原子的运动。他没有给出形式化的论证来捍卫意志"自由"。他是预设了这一点，用例子说明它，然后用这个预设和例子去证明原子有些时候确实发生偏转。第一段的逻辑结构可以这样表达：（A）如果所有的运动都在因果性上彼此联系，没有新的运动被原子的偏转创造出来，那么就不可能有"自由意

---

① *De fato* 22 和 *N.D.* I.69 也表明偏转挽救了"自由意志"；另参见奥伊诺安达的第欧根尼 fr. 32 col. III Chilton。

② 参见 Arrighetti ed., *Epicuro Opere*, 34[27]3-9. 34[22]7-17 可能也暗示了原子的偏转。

志"。(B)"自由意志"蕴含着新运动在不固定的时间和不固定的地点被创造出来。(C)但是存在"自由意志"。(D)因此原子有时候通过偏转创造新的开端。

在接下来的两段（按照我对文本的安排），卢克莱修提出的例子表明意志可以创造运动的新开端。首先，他考虑了赛马的例子。当挡板升起，它们没有了任何外在的限制向前跑；当它们的意志有时间去激活四肢，它们就开始向前跑（从而满足了它们向前跑的欲求）。这个例子用来表明在赛马之内有一些能力使得它们自由地开始运动。

在第二个例子里，卢克莱修考虑了不同的情况。赛马需要一点时间让意志的行动产生外在的效果，人可能会被外在的力量推着立即向前。这种**不自愿**（involuntary）的运动在发生之前不需要在人之中有任何内在的运动。但是人在自身之内有某些东西可以抗拒外在的推力。这是身体之内让原子改变它们被迫运动方向的力。在这个情况下，在身体经历被迫运动时，意志发起了运动，这里发起运动的力就是推动赛马开始运动的力。

在我看来很清楚，这两个例子意在从不同的起点阐明"自由意志"。我们要如何理解最后一段里提到的"打击"和"重量"呢？卢克莱修没有将它们排除在"自由"行动的必要条件之外。他只是否认它们是产生行动的充分条件。我们已经看到，行走的"意志"要求"形象"，也就是"来自外在的打击"（本书 p. 55），而在伊壁鸠鲁的系统里没有重量的东西是不可能行动或者受动的。心灵原子的重量影响了它对于外在打击的反应。但是一个仅仅由打击和重量导致的行动不可能是"自由的"。赛马的运动和人们的抗拒是"自由的",因为有第三个要素被加入进来,卢克莱修称之为"意志"(voluntas)。我们需要注意,意志没有被当作欲求的同义词。对某些令人快乐的对象的意识激发了欲求。我认为卢克莱修将意志看作我们用来满足欲求的东西(参见 II.258, 265)。

如果我们问原子的偏转在所有这些之中处于何种位置,答案似乎是偏转是一个物理事件,在意识之中它被呈现为开启新运动的"自由"意志。在醒着的时候,意识通常是连续的。但是我们外在的身体运动并不是完全连续的。我们的意图也不是连续的。我认为卢克莱修将一些动物的运动看作由"意志"引发的相对不连续的事件。但是它们并不是完全不连续的。记忆、反思、习惯,这些以及其他的情状并没有被从原因的列表中排除出去。我们无需认为灵魂原子的偏转会打破所有或任何品格状态。卢克莱修讨论偏转的语境,并没有让我们在整个生物的历史中赋予它一个精确的位置。但是看起来清楚的是,它在引发新的行动时会发挥作用。

如果我们认识到除了偏转之外的其他原因对于自愿行动是必要的,那么一位学者近来观察到的困难就显得没有那么突出了。如果只靠偏转(根据定义它就是某种随机的和不可预测的东西)就足以解释自愿行动,那么打破命运束缚的代价就是让行动变成无目的的和完全不确定的。富尔利(Furley)感觉到了这个困难,他主张我们无需认为偏转需要用来解释**每一个**自愿行动。① 他论

---

① Furley, "Aristotle and Epicurus on Voluntary Action", *Two Studies in the Greek Atomists*. 我这里的简短讨论不足以公正地评价富尔利范围广阔的讨论的重要意义。他的论证在很大程度上依赖他在亚里士多德和伊壁鸠鲁之间发现的相似性。

证说，原子偏转的功能是让情状不被继承来的特征和环境完全决定。为了这个目的，个体灵魂中一个原子的一个偏转就足够了。

我不能在这里详细考察富尔利的有趣论证。但是我的看法是，如果我们认为偏转在具体行动的自由中发挥作用，就可以很容易阐释卢克莱修的文本。富尔利提到的理论上的一次偏转恐怕不足以解释"行动的开端"，而行动的开端刻画了每个"自由"意志的行动。但是富尔利反对将偏转本身当作充分条件，则是正确的。我们从奥伊诺安达的第欧根尼那里得知，伊壁鸠鲁主义者认为，如果道德建议要发挥作用，偏转就是必要的（fr. 32 col. III）。但是如果道德建议完全依赖接受者的灵魂中发生偏转，道德建议就不可能是有效的。我们应该认为，单个原子的偏转是相对频繁发生的。一个人睡觉或醒着的时候都有可能发生，不一定要有可以观察到的或者有意识的效果。如果一个人追求快乐或者避免痛苦的自然情状是被外在的或内在的原因引发的，如果在这些时候他处于某个物理状态，使得他可以去行动，取决于他是什么样的人，他灵魂中原子的任何偏转（不管是单数还是复数）构成了一个行动的自由决定。如果他没有受过伊壁鸠鲁哲学的训练，他可能会决定去追求导致更多痛苦而非快乐的行动。真正的伊壁鸠鲁主义者的原子可能会在他沿着街道走的时候发生偏转，然后认识到没有痛苦比暂时的感官快乐更值得他感到快乐，于是他没有跟随自己的同伴进入夜店。偏转帮助他在追求平静的过程中开启了新的行动。

在总结这个话题之前，我还要做两个整体性的观察。首先，我们可以问，将这种对偏转的使用归于伊壁鸠鲁在历史上是否可能？富尔利认为不可能，但是在我看来他忽略了一个要点。所谓的"自由意志"问题来自两个观念，一个是神的全知和预先的决定，另一个是物理因果关系的绝对连续性。我们有足够的理由将第二个信念归于斯多亚学派的创始人芝诺，第一个信念大概也可以归给他。在大约三十年的时间里，芝诺和伊壁鸠鲁都在雅典生活，我认为伊壁鸠鲁不大可能在独立于斯多亚学派的情况下发展出他对决定论的反驳。那些理论提供了有利于意志概念出现的条件，这个意志不完全取决于前一个时刻的事物状态。我猜测，伊壁鸠鲁利用原子的偏转来捍卫这个概念。

其次，原子偏转的随机本质对于伊壁鸠鲁来说是一个麻烦，不管它在人类灵魂学说中的地位如何。但是在我看来，至少在逻辑上可以认为，就这个灵魂拥有者的意识来讲灵魂原子的偏转不是随机的。在我看来，伊壁鸠鲁试图解决那个难题的方法是，把偏转当作"意志"的一个构成要素。如果它不是意志或者认知官能的一部分，而是一个不时会干扰灵魂原子模式的随机事件，那么它给道德带来的结果不是会让富尔利更加担忧吗？他想要通过偏转将原子从内在的运动中解放出来，给品格提供适应调整的空间。但是这产生了新的难题。拥有伊壁鸠鲁式的良好品格的人会生活在恐惧之中，他会担心不可预料的事情可能会把他变成一个斯多亚主义者，或者更糟糕的类型。我认为更简单的方法是，接受在一个行动之前的条件和做这个行动的决定之间有某种不连续性，这样的不连续性比品格所依赖的运动之间的不连续性更容易理解。

总结一下，伊壁鸠鲁用灵魂中原子的偏转来解释人们有意识地做他们想做的行动。模糊性依然存在，我们不可能为了让这个理论更容易接受、更有说服力而排除那些模糊性。接下来我会转入一个不那么有争议的论题。我们已经谈到了伊壁鸠鲁关于快乐的理论，现在要来讨论一下这个理论完整的伦理意涵。

九、快乐与幸福

伊壁鸠鲁不是第一个被称为"快乐主义"的希腊哲学家。在第一章我简要提到了阿里斯提普在伊壁鸠鲁之前的快乐主义，他对于快乐生活的观念与伊壁鸠鲁的截然不同。阿里斯提普认为没有痛苦只不过是一种中间状态，而伊壁鸠鲁认为去除所有的痛苦就定义了快乐的尺度（K.D. 3），他要确定没有烦扰的生活需要什么条件，这个兴趣很可能是由德谟克利特引发的。早期的原子论者很可能没有系统的伦理理论，但是人们认为德谟克利特持有一种幸福理论，心灵的平静是幸福最重要的构成要素（D.L. IX.45）。伊壁鸠鲁的首要关注就是如何达到这种状态。

快乐也是柏拉图、亚里士多德以及普遍而言的柏拉图学园广泛关注的话题。伊壁鸠鲁很可能熟悉柏拉图在《斐莱布》（Philebus）中讨论的观点，他也可能受到了亚里士多德的一些影响，最值得注意的就是"动态的"快乐和"静态的"快乐（E.N. 1154b8）。一边是柏拉图和亚里士多德，另一边是伊壁鸠鲁，两方最大的差别在于对幸福和快乐关系的理解。这三位哲学家在他们的伦理学中都想要确定幸福的必要条件，但是只有伊壁鸠鲁将幸福等同于充满快乐的一生。对于柏拉图和亚里士多德来讲，一些快乐是好的，对幸福有所贡献，另一些是坏的。对伊壁鸠鲁来说，没有任何快乐本身不是好的，因为好就等于快乐或者导致快乐。对于柏拉图和亚里士多德来讲，幸福的根本构成要素是德性，也就是灵魂的卓越，这体现在做出与人的能力适当的或道德的行动。（柏拉图与亚里士多德之间的差别对于目前的讨论而言不如他们的相似重要。）但是对于伊壁鸠鲁来讲，德性并不是幸福的本质构成要素，仅仅是作为实现幸福的手段才是必要的。这是伊壁鸠鲁与前人最重要的差别：

> 我们说快乐是至福生活的起点和终点，因为我们认为快乐是首要的和内在的好。我们从快乐开始每一个选择和避免的行动，我们用快乐的经验作为评判每个好事的标准。（*Ep. Men.* 128-129）

对伊壁鸠鲁来讲，主体的经验是"现实的检验"，正是基于这个证据，伊壁鸠鲁确立了快乐的学说。

> 所有的生物从出生的一刻就在快乐中感到满足，同时拒斥痛苦，这些都是自然的原因，与理性无关。（*D.L.* X.137）

快乐的好不需要证明，伊壁鸠鲁认为这是一个明显的事实，人类和所有生物一样驱乐避苦。快乐的吸引力被当作直接来自经验的数据，就像感觉到火是热的（*Fin.* I.30）。我们从亚里士多德那里得知，他的同时代人欧多克苏斯（Eudoxus）也从所有的生物都追求快乐这个所谓的经验事实推论出了快乐是"最高的好"（*E.N.* X.1172b9）。从人追求快乐这个事实（如果它确实是事实）不能推论出他们应当追求快乐。正如摩尔（G. E. Moore）在他的《伦理学原理》（*Principia Ethica*）中花了很大篇幅论证的那样，被人欲求的东西不同于值得欲求的东西。一些学者确实主张伊壁鸠鲁没有考虑到什么是"应当"做的，或者"适合"做的，而只考虑了"是什么"。① 但是这么说最多只是在一般意义上为真。对伊壁鸠鲁观点的一个正确描述是，我们从基因层面被"编程"为驱乐避苦。他很可能认为，没有任何自然构成未被破坏的生物**可能**有任何其他的目标。但是在他的系统里也有"应当"的一席之地，因为快乐的来源和快乐本身都不是统一的。我们应当做的是追求给我们带来最大快乐的东西。"应当"在这里当然并不意味着我们因为单纯的道德法则一定要去做的事情。它的意思是如果我们想要成功达到自己的目标——幸福或最大的快乐，需要去做的事情。它是应用在手段而非目的上的：

> 既然快乐是首要的和内在的好，我们就不去选择每一个快乐，在一些时候，我们会放弃很多快乐，如果它们带来更大的痛苦。我们也将很多痛苦看得高于快乐，如果长时间忍受痛苦可以带来更大的快乐。因此虽然每个快乐就它与我们的自然亲缘性而言都是好的，但并不是每个快乐都要选择；与此相似，虽然每个痛苦都是坏的，但是依据自然并不是每

---

① Bailey, *Greek Atomists*, p. 483；Panichas, *Epicurus*, New York, 1967, p. 100 追随贝利的观点。

个痛苦都要避免。我们需要通过对好和坏的计算和思考去衡量这些事情。因为有些时候我们将好当作坏,也可能反过来将坏当作好。(*Ep. Men.* 129-130)

要理解这段重要文本的意思,我们需要考虑伊壁鸠鲁说的快乐是什么意思,以及他如何使用快乐去引导行动。他的快乐主义中最惊人的特征在于,否认任何在快乐和痛苦之间的状态或情感。快乐和痛苦之间的关系不是相反(contraries),而是矛盾(contradictories)。①一方的缺失就意味着另一方的存在。如果所有的快乐都被看作某种感觉,在快乐和痛苦之间的这个关系就是没有意义的。因为很显然,大多数人在醒着的大多数时候既没有痛苦也没有快乐的感觉。但是在醒着的时间里,可以说我们既非幸福又非不幸,既非享受某物又非不享受某物的时间就少得多了。伊壁鸠鲁关于快乐与痛苦关系的观点可以用这种方式阐释。我们很快会看到,他要区分两种快乐的状态,一种是身体感觉的快乐和满足感,另一种不能这样描述。他认为痛苦的缺乏并不是对前者的充分描述。伊壁鸠鲁的错误在于没有看到我们面对事物的一些情绪和态度可以用"中立"(indifference)来形容。

他对于快乐的分析建立在这样的预设上:生物的自然状态或正常状态,就是身体或思想的良好状态,这个状态事实上就是令人满意的。这就是上面引用过的"快乐是首要的和内在的好"这句话的意思。在英语里我们可以说"享受健康",我们也可以说这

---

① 参见 *Fin.* II.17:"我认为所有没有痛苦的人都处于快乐的状态。"

是令人满意的,或者某人会为此感到愉悦。这么看来,伊壁鸠鲁用"快乐"这个词来描述那些享受良好的身体和精神健康的人就不是完全任意的。用物理学的方式描述,这样的快乐就是**恰当的**运动和身体中原子位置的伴随物。如果这些遭到了破坏,痛苦就会随之而来。换句话说,痛苦是自然结构的破坏。当原子回归它们在身体中的恰当位置,人们就会感到快乐(《物性论》II.963-968)。

认为痛苦是自然状态的破坏,并不是伊壁鸠鲁的发明。我们在柏拉图的《斐莱布》里看到了这个观念,同时自然状态得以"恢复"就会体验到快乐(31e-32b)。但是柏拉图论证,只有在复归到自然状态的过程中,才能体验到快乐。根据他的理论,快乐和痛苦是运动或过程。但是还有"第三种"生活,任何身体过程都不会产生对快乐或痛苦的意识。这个"中间"状态既不快乐也不痛苦(42c-44a)。

柏拉图反对痛苦的缺乏就等于快乐,这一点非常有趣。伊壁鸠鲁当然不会接受柏拉图对于中间状态的理解。但是和柏拉图一样,伊壁鸠鲁也认为,除掉痛苦的过程会带来快乐的感觉。他称这种快乐为"动态的"。我们可以设想一个人很饿,想吃东西,满足欲望的行动产生了"动态的"快乐。如果他完全满足了对食物的欲望,就必然彻底消除了饥饿带来的痛苦。伊壁鸠鲁论证说,从这个对于欲望的完全满足可以产生第二种快乐。这不是一种伴随过程的经验,而是一种"静态的"快乐,它的特征是完全没有痛苦,并且享受这种状态。西塞罗《论至善与至恶》中的托夸图斯(Torquatus)是伊壁鸠鲁主义的代言人,他这样表达了这两种快乐之间的差别：

> 我们追求的快乐不仅仅是通过某种满足激发我们的自然，以及通过感官感到的愉悦。我们认为最大的快乐是当所有的痛苦都被免除之后感到的快乐。（*Fin.* I.37）

"静态的"快乐跟随在欲求的完全满足之后。欲求的产生是因为感觉有所需要，或者说缺少某些东西的痛苦。为了消除这种痛苦，欲求必须得到满足，欲求的满足是令人快乐的。因此，"动态的快乐"就是某些静态快乐的必要条件（至少我这样认为），但是伊壁鸠鲁并不认为它们的价值可以和"静态的"快乐相提并论。① 因为如果没有痛苦才是最大的快乐，那么我们满足自己的欲求就不仅仅是为了伴随吃喝而来的快乐感觉，而是为了获得幸福的状态，这种状态来自消除了所有缺乏导致的痛苦：

> 当我们说快乐是目的的时候，我们的意思并不是放纵的快乐，也不是存在于享受过程的快乐……而是身体上没有痛苦，灵魂上没有搅扰。因为并不是喝酒、持续的聚会、性快感、在昂贵的餐桌上享受鱼和其他珍馐产生的快乐，而是清明的理性才能发现每个应当选择和避免的行动的原因，去除那些导致最严重的心灵烦扰的意见。（*Ep. Men.* 131-132）

---

① 在我看来，这样阐释"动态"和"静态"快乐之间的关系是最符合证据的，也是最能说得通的。也有人论证"动态"快乐只是"改变"了之前的"静态"快乐，这种观点最近的支持者是 J. M. Rist, *Epicurus*, Cambridge, 1972, ch. 6, pp. 170ff.。

在这段话中，伊壁鸠鲁没有否认喝酒、吃美食、性生活等等是快乐的来源。他主张这些行动产生的快乐不应该被我们当作目标，因为它们没有构成一种平静的和稳定的身体和心灵状态。免除痛苦才是衡量不同行动相对价值的标准。这是伊壁鸠鲁快乐计算的基础。他批评奢侈和性放纵并非基于任何清教徒式的否定：

> 如果让放纵之人感到快乐的东西，能够让心灵免受天体现象、死亡和痛苦的恐惧……我们就没有任何理由去指责它们。(*K.D.* 10)

他认为最大的痛苦是关于事物本性、诸神、灵魂命运的错误信念导致的心灵搅扰。因此任何快乐如果不能去除最大的痛苦，就不可能被当作选择的最终目标，因为评判快乐的尺度就是痛苦的缺失。此外，来自感官满足的快乐可能会导致更大的痛苦。一个人可能会享受一晚上的狂饮或者赌博带来的刺激，但是满足喝酒和赌博的欲望带来的快乐，必须要考虑之后的痛苦和失去金钱的焦虑。

伊壁鸠鲁的快乐概念与对欲求的分析密切相关：

> 我们认为自足是巨大的福祉，不是说我们总是只能享受几件东西，而是说如果我们没有很多东西也可以享受很少的，我们坚信那些需要最少的人能够从奢侈中得到最大的快乐，一切自然的东西都很容易获得，而那些无意义的东西很难获得。如果缺乏的痛苦被消除了，简单的饮食给我的快

> 乐与富人的饮食一样；如果需要面包和水的人给自己这些东西，它们就会带来最高级的快乐。熟悉简单的而非奢侈的饮食会给我们带来完美的健康，让人可以很自信地追求生活中必要的东西。它让我们更好地在一些时候面对奢侈，并且帮助我们无所畏惧地面对变化。（*Ep. Men.* 130-131）

在《基本要道》中伊壁鸠鲁反复主张快乐不可能超过一定限度。①就感官满足而言，这个限度是刺激欲求的痛苦停止了。那之后快乐可以通过"动态"快乐得以"改变"，但是不能增加。这是某种需要理智把握的东西，因为肉体本身是不能认识到快乐的限度的（*K.D.* 18, 20）。心灵拥有自己的快乐，它的限度是正确计算感官满足带来的快乐，以及评价导致心理干扰的感觉。那些熟悉柏拉图的灵魂与肉体区分的古代批评家，会批评伊壁鸠鲁没有在肉体快乐和灵魂之"好"之间做出截然的区分（Us. 430, 431）。但是当伊壁鸠鲁在有关快乐的讨论中区分肉体和灵魂时，他想到的绝非柏拉图式的二元论。肉体和心灵在物理的意义上彼此接触，快乐的感觉是"肉体"事件，但是它们也产生了心灵中的快乐或喜悦（Us. 433, 439）。与肉体不同的是，心灵快乐的对象不局限于当下的经验：

> 肉体享受当下的快乐。心灵既和身体一起感受到当下的快乐，又预见到即将到来的快乐，也不让过去的快乐消逝。

---

① 比如 *K.D.* 3, 9, 18, 20。

因此在智慧者那里，总是会有持续的相互联系的快乐，因为对未来快乐的预期和过去的回忆联系在一起。（Us. 439）

对过去快乐的回忆可以"缓和"当下的痛苦（Us. 437），对未来快乐的预期也是如此。不同于居勒尼学派将当下的身体快乐当作最重要的，根据第欧根尼·拉尔修的记载，伊壁鸠鲁论证说心灵向前看和向后看的能力蕴含着它的快乐和痛苦都比肉体的更大（D.L. X.137）。

"静态"和"动态"快乐的区分可以应用在身体和心灵上（D.L. X.136）。对应着满足吃喝之类的欲求而来的"动态"快乐，心灵可以在遇到一个朋友或者解决一个哲学难题中体会到"喜悦"（joy）。这种快乐是在运动之中的，要和"心灵的宁静"区分开，后者对应着身体上没有痛苦的快乐。

因为快乐是唯一本身好的东西，智慧/明智（prudence）、正义、节制、勇敢，这四种希腊哲学里的传统"道德德性"，就只有在它们是快乐的构成要素或手段时才拥有价值。伊壁鸠鲁认可第二种可能性，即它们是实现快乐的手段。托夸图斯简要陈述了他的立场，将伊壁鸠鲁主义和斯多亚主义对立起来：

> 至于那些你们所说的杰出的和美丽的德性，除非它们带来了快乐，否则谁会把它们看作值得赞赏或值得欲求的呢？就像我们认可医学不是因为这个技艺本身，而是因为健康……智慧这种被看作"生活的技艺"的东西，假如不能成就任何东西，就不会被人追求。事实上，人们追求它是因

> 为它是发现和保证快乐的专家……人生最大的烦扰是对好与坏的无知，这个缺陷经常导致我们无法获得最大的好，也被最严重的精神痛苦折磨。智慧必须要被看作通向幸福最可靠的指引，它能消除恐惧和欲求，夺走所有错误意见的虚荣。（*Fin.* I.42-43）

根据同样的原理，节制之所以值得欲求，是因为并且仅仅因为"它带来了心灵的平静"。它是获得最大的快乐的手段，因为它让我们忽略那些伴随更大痛苦的快乐。托夸图斯认为勇敢的价值在于它让我们的生活免除焦虑，并且最大限度地免遭身体上的痛苦。正义和社会关系也是用这样的方式分析的，我会在本章的结论里多说一点伊壁鸠鲁对这个问题的处理。

虽然伊壁鸠鲁将德性看作手段而非目的，他还是认为它们对于幸福来讲是必要的，与快乐的生活不可分割地联系在一起。

> 在快乐的来源中，起点和最大的好是智慧。因此智慧甚至比哲学更有价值。从智慧中会产生其他德性，智慧教会我们如果不是智慧地、高贵地、正义地生活就不可能快乐地生活，同时如果不是快乐地生活也不可能智慧地、高贵地、正义地生活。因为德性是自然与快乐的生活联系在一起，快乐的生活也是和它们不可分离的。（*Ep. Men.* 132）

在德性与快乐之间的这个联系相当惊人，但是我们不该将它阐释为赋予智慧和其他德性独立的价值。快乐与德性之间的必然联系是因为想要获得快乐，就要合理地评价某个行动和事件相对的优点与缺点，需要控制欲求的能力，欲求的满足会给行动者带来痛苦，免除惩罚的恐惧和类似的情感。人们应该追求的快乐不是边沁的"最大多数的最大快乐"。伊壁鸠鲁从来没有主张他人的利益应该高于行动者本人的利益，或者要独立于行动者的利益进行衡量。他的快乐主义是完全以自我为导向的。

十、正义与友爱

> 自然正义是效用的保证，确保人们不会伤害彼此，也不会被彼此伤害。（*K.D.* 31）
>
> 在智慧保证整个一生获得幸福的所有事情中，最重要的就是拥有友爱。（*K.D.* 27）

亚里士多德说"人依据自然是政治的动物"，柏拉图认为个人真正的好对于他所属的共同体来讲也是好的。伊壁鸠鲁持非常不同的观点，他的看法虽然没有犬儒学派极端，但是也挑战了希腊社会的根本价值。在他看来，人类没有"自然的"倾向在共同体中生活（Us. 523）。文明的发展是一个演化过程，决定因素是外部环境、驱乐避苦的欲求、推理和计划的能力。在外部事件的压力下通过试错学习，人们可以发展出技能，形成互惠的社会组织。在对这个过程的描述中，唯一幸存下来的伊壁鸠鲁本人讨论的细节，是关于语言的起源和发展的（*Ep. Hdt.* 75-76）。但是卢克莱修在《物性论》第五卷中以相当的篇幅讨论了这个主题。在发明了房屋和衣服、发现了如何生火、引入了家庭生活之后,他写道:"邻居开始形成友爱,既不想伤害他人也不想遭受伤害。"(V.1019-1020)从人类文化中的这个历史阶段,伊壁鸠鲁追溯了正义的起源。

他将正义描述成"某种不去伤害也不遭受伤害的契约"(K.D. 33),在这之前他说"它不是任何因其自身之故的东西",这是在隐含地攻击柏拉图认为道德价值可以独立存在的理论。在《基本要道》中有几个关于正义更长的讨论,我们从里面选出几条就足以阐明伊壁鸠鲁的立场:

> 正义是一件坏事,不是因其自身之故,而是由于它引起了恐惧和怀疑,担心在这些事情上无法逃脱权威的注意。(K.D. 34)
>
> 一个人不可能秘密地违反"不要伤害也不要被伤害"的契约,同时自信不会被人发现……(K.D. 35)
>
> 有证据表明,某些东西被看作正义是因为在人们必不可少的相互交往中给人带来好处,这就是正义的保证,不管它是不是对所有人都一样。但是如果有人制定了不能给人际关系带来好处的法律,那就不再是正义的了……(K.D. 37)
>
> 正义的人最没有烦恼,不义的人充满烦恼。(K.D. 17)

这个正义的概念让我们想起《理想国》里格劳孔(Glaucon)的分析,这并不是卢梭的"社会契约"。伊壁鸠鲁并不是说人们有义务按照正义行动,因为他们很早以前的或者神话中的祖先订立了一个契约。在他的正义观中,"契约"并不是道德和社会义务的基础。伊壁鸠鲁的正义要求我们尊重他人的"权利",当且仅当这样对所有人都有好处。按照伊壁鸠鲁的理解,正义确实意味着承认他人的利益。但是这个承认的基础是自利。他所说的"契约"的基础是自我保全。这个约定是当他人不去伤害你的时候,你也不去伤害他人。

伊壁鸠鲁提到被人发现的恐惧会威胁到不义之人,这一点很清楚地表明,正义之所以值得欲求,是因为它免除了思想上的困扰和身体上的报复。这和他对于快乐与痛苦的计算是完全一致的。不义本身并不是坏的,只是因为它给不义之人带来的痛苦后果。在伊壁鸠鲁的《问题集》(*Problems*)中,他提出了这样一个问题:"智慧之人是不是会做法律禁止的行动,如果他知道自己可以不被发现?"他的回答是:"我们很难给出简单的回答"(Us. 18)。伊壁鸠鲁在《基本要道》35暗示,这完全是柏拉图学园里讨论的问题。没有人在实际行动中能够自信他的不义不会被发现,就像卢克莱修说的,"在今生惧怕罪行受到惩罚"是真正的地狱,而不是神话中的阿凯隆河(III.1013-1023)。意识到这一点,智慧者就会正义行事,从而确保心灵的平静。

在伊壁鸠鲁看来,政治生活是一场老鼠之间的竞争,或者说是"监狱"。智慧之人会尽可能躲远一点(*Sent. Vat.* 58)。① 他对于政治野心的诊断是"保护自己免受他人伤害的欲求",他论证

---

① 另参见 D.L. X.119 以及卢克莱修对"野心"(*ambitio*)的精彩抨击(III.59-77),这和对死亡的恐惧有关。

说，事实上只有从政治事务中隐退，享受平静的生活才能保证这一点（*K.D.* 7, 14）。但是伊壁鸠鲁认为拒斥政治生活是实现幸福的条件，并非因为他厌恶人类（misanthropy）。相反，他认为友爱是"一个不朽的神"（*Sent. Vat.* 78）。因此如今很多人认为社会大体上就是"异化的"，他们就会选择退出政治生活，同时享受小范围的共同生活。在西塞罗《论至善与至恶》中的托夸图斯主张"伊壁鸠鲁说在智慧产生的对幸福生活有帮助的所有事情里，没有什么比友爱更大、更有益、更令人愉悦了"（*Fin.* I.65）。我们又一次看到，某个不同于快乐或幸福的东西的价值为了快乐或幸福的目的而被提及。当伊壁鸠鲁讨论友爱时，有时候使用了近乎抒情诗的语言，比如他说："友爱在世界上舞蹈，向我们宣告了所有为了享受幸福需要努力获得的东西。"（*Sent. Vat.* 52）

毫无疑问，伊壁鸠鲁在实践着他的教导。他的花园是朋友的共同体，伊壁鸠鲁显然从友爱中获得了巨大的快乐。我们知道他因为自己的"爱人"（philanthropy）而闻名（D.L. X.10），在他去世那天，当他被痛苦折磨的时候，他给伊多梅纽斯（Idomeneus）写信说，他很幸福，因为他拥有关于他们交谈的愉快回忆（Us. 138）。伊壁鸠鲁关于友爱的一些说法似乎暗示，它是可以与利他主义与自我牺牲兼容的。但是友爱的基础和正义相同，都是自利，虽然伊壁鸠鲁也会说它是"为了自身之故而值得欲求"（*Sent. Vat.* 23）。这里很可能并没有前后不一致。"总是寻求帮助的人不是朋友，从不给朋友提供帮助的人也不是。"（*Sent. Vat.* 39）一个人可以享受帮助朋友，不管这是否能带来可见的好处，或者从这样的帮助之中产生快乐。当伊壁鸠鲁写到友爱的"好处"，他的意思不是从帮助他人那里获得快乐，而是朋友给彼此提供的实际好处。但是除此之外，友爱依然是值得欲求的，因为"施惠比受惠更令人快乐。"（Us. 544）我们又一次看到了快乐是价值的唯一标准。

在伊壁鸠鲁的伦理学中有一种优雅的简约性，没有那么多空话，这让人倍感清爽，同时也多了很多人性。他出生的社会，就像大多数社会一样，将财富、地位、身体和政治权力看作最大的好。那也是一个建立在奴隶制上的社会，把男性看得优于女性，把希腊人看得优于其他种族。伊壁鸠鲁无视或者拒斥这些价值和区分。没有痛苦和心灵平静是任何心智正常的人会都会看重的东西，伊壁鸠鲁毕生的努力都是要表明这些是我们力所能及的，以及我们如何能够获得它们。不可否认，他的伦理学的核心在于个人利益，很多人不无理由地赞美伊壁鸠鲁个人的高贵，甚至比他的道德准则更加高贵。但是我们必须在这个准则所在的社会和历史语境中去考察它。没有希腊思想家比伊壁鸠鲁对于由愚蠢、迷信、偏见、虚妄的意识形态导致的焦虑更加敏感了。在一个充满政治动荡和个人幻灭的时代，伊壁鸠鲁看到人们就像原子一样，很多人都在虚空中游荡。他认为他可以给这些人指引，通过经验和理性给出一些路标，给他们指出一条存在之路、一条生活之路、一条与他人联系之路。我们或许认为它过于负面、过于自我中心、不够刺激，但是我们不能说它自命清高、自我放纵。在古代，很多人在伊壁鸠鲁主义之中找到了解脱和启蒙。对一个现代读者来说，伊壁鸠鲁在应用基本原理时的一致性也会让人充满哲学兴趣。关于家庭生活和性爱的讨论完全是基于最大的好是身体和心灵上免除痛苦。但是伊壁鸠鲁也可能过分地追求了一致性，对他的快乐主义的一些批评会表明这一点。

第一，可能有人会反对说伊壁鸠鲁错误地应用了他由之出发的事实观察。除非快乐被当作分析性的，意指欲求的对象，否则我们很难同意快乐是每个欲求的对象。但是伊壁鸠鲁对于快乐的使用并没有告诉我们，什么是被欲求的、什么是值得欲求的；伊壁鸠鲁也没有用这种空洞的方式使用"快乐"。他说想要达到某种我们感到满足的意识状态的欲求，就足以解释所有的人类行动。这似乎显然是错误的。

第二，人们可以公正地批评伊壁鸠鲁没有把握快乐概念的复杂性。我们会说，对一个人来说是肉，而对另一个人来说可能是毒药。但是伊壁鸠鲁似乎认为，他可以用痛苦的缺乏来区分任何人快乐的大小。或许这通常是很好的建议，但是很多人会从他们自己的经验出发，论证伊壁鸠鲁的说法事实上并无根据。他们会反对他所说的剧烈的痛苦是短暂的，长期的痛苦是温和的。古代的批评者说，伊壁鸠鲁在"快乐"这个词下面结合了两种相当不同的欲求对象，一个是积极的享受，另一个是痛苦的消除（*Fin.* II.20）。这个批评有一定根据。像"所有好的起点和根基是胃的快乐"（Us. 409），对这样的话更自然的阐释是前者的意思，即便伊壁鸠鲁的意图并非如此。特别是很难理解为什么痛苦的消除蕴含着快乐只能被改变，而不能被增加。如果我在自己没有遭受痛苦的时候从闻玫瑰之中获得快乐，这个时候说我的快乐只是有所改变显然是很怪异的。因为我所经历的是某种独树一帜的东西，一种新的满足，不仅仅是对我之前意识状态的改变。即便可以说心灵的平静是一种快乐，说这是最大的快乐似乎也是对语言和常识的扭曲。那个程序没有给我们留下任何机会去考虑不能被等同于平静的经验，确实给我们带来强烈的没有痛苦的满足感的经验。

第三，在"静态快乐"之下，伊壁鸠鲁似乎包括了两种截然不同的事物。跟随欲求满足而来的快乐在时间上通常都和欲求紧密相联。当你重获健康离开医院时，我们可以说"你一定很高兴自己好多了"。但如果是很长时间之后就说不通了。一个伊壁鸠鲁主义者享受十年精神上的平衡看起来又是一个非常不同的东西。

这类观察还有很多。我仅仅将自己的讨论局限在伊壁鸠鲁本人的理论上。我们当然也可以去批评利己主义的快乐主义到底是不是一种"道德"理论，但是我们无须对此长篇大论。在本书中，伊壁鸠鲁应该有最终的发言权，他的信徒和仰慕者卢克莱修非常雄辩地表达了这一点：

> 当狂风搅动强大的海水，从陆地上看别人与大海搏斗是甜蜜的，不是因为幸灾乐祸，而是因为看到自己无需遭受那些不幸。同样甜蜜的是，看到一场大战布满了整个平原，而你自己并无危险。但是最令人愉悦的是成为那些平静之所的主人，这些地方由智慧者的教导筑起高高在上的坚固堡垒，从这里你可以俯瞰世人毫无目的地游荡，在人生中偏离正轨，用他们的能力相互竞争，试图在社会地位上超过他人，不分昼夜地用最大的努力爬上财富的巅峰，要成为一切的主人。人们不幸的心灵，盲目的心啊！这短暂的一生多么

黑暗，多么危险。你没有看到自然高声喊出的仅仅是去除身体的痛苦，让心灵享受消除焦虑与恐惧之后的愉悦？因此，我们看到身体只需要很少的东西，它们足以消除痛苦，提供愉悦。我们的自然本身也没有追求更多的快乐，即便在大厅的入口没有年轻人的金质雕塑，右手持着火炬照亮夜晚的宴席，即便房屋没有披金戴银，雕刻精美满布金箔的屋顶没有琴声回档，人们共同躺在草地上，旁边有高大的树木，潺潺的溪流，不需要很大的代价就能用愉悦让身体恢复精力，特别是当天气宜人，恰当的时节让花朵洒满绿色的草地时。

（II.1-33）

第三章 怀疑派

一、皮浪与提蒙：早期皮浪主义

> 怀疑论是一种能力，在表象和判断之间用任何方式提出反题。通过怀疑论，我们给相反的事态和论证赋予"相同的分量"，由此首先达到"悬置判断"，其次达到"不受搅扰"。（*P.H.* I.8）

在《皮浪主义纲要》的第一卷，塞克斯都·恩皮里科给出了这个"怀疑论"（scepticism）的定义（*skepsis* 的意思是非专门术语意义上的思考或探究）。他继续说道，怀疑论的起点是"希望达到不受搅扰"的状态（*P.H.* I.12）。这个动机促使某些人去寻找一个**标准**，参照这个标准就可以确定"真"与"假"。他们在这个探究中失败了，但是却实现了他们的长期目标，"发现了不受搅扰的状态是悬置（关于表象和判断之间不一致的）判断的结果，这一切就像是出于偶然"（*P.H.* I.29）。

塞克斯都是一个希腊医生，他的盛年在公元2世纪末。他的医学著作都逸失了，但是他还写作了关于希腊怀疑论的长篇论述，在一系列著作中，他从怀疑论的观点出发攻击"教条主义"的学说。这些流传至今的著作在洛布古典丛书（Loeb Classical Library）中有四卷。塞克斯都的主要资料来源是希腊哲学家埃内希德慕斯（Aenesidemus），他的生卒年不详，也没有著作流传下来。埃内希德慕斯很可能是第一个正式确立判断"模式"（modes）的人，我们在塞克斯都那里和其他地方看到了这些模式。[①] 我们几乎可以肯定埃内希德慕斯借鉴了学园怀疑派的资源，我会在本章之后讨论他们，但是至少在名义上，他的怀疑论的根源是公元前4世纪的哲学家埃利斯的皮浪（Pyrrho of Elis）。他大体上是伊壁鸠鲁的同时代人，略微年长一些，他是严格意义上的希腊怀疑论的创立者。埃内希德慕斯和他的追随者如何复兴和详细阐发皮浪主义的原理超出了本书要讨论的范围。在此我只想关注可以合理地认为是皮浪主义在希腊化时期发展出来的特征。

我强调"合理地"，是因为关于早期皮浪主义的可靠证据非常稀少，而且很成问题。学者们广泛讨论的主要问题是，后世资料里面记录的那种怀疑论有多少可以归于皮浪本人。有些人认为

---

① 这些"模式"是一系列论证，意在表明我们面对任何被说成是客观实在或真实的东西时，都应该采取"悬置判断"的态度。塞克斯都和第欧根尼·拉尔修记录下了这些论证中的十个（*P.H.* I.31-163; D.L. IX.79-88）。另一组的五个论证，很可能意在代替这十个，由阿格里帕（Agrippa）引入，他是比埃内希德慕斯更晚的怀疑论者（*P.H.* I.164-186; D.L. IX.88-89）。关于埃内希德慕斯的生活年代，我倾向于同意 Brochard, *Les Sceptiques grecs*, Paris, 1923, p. 246 中的观点，公元前1世纪应该是最切合证据的。这一点得到了瑞斯特的有力论证，他对埃内希德慕斯所谓的"赫拉克利特主义"给出了很有趣的阐释：J. M. Rist, "The Heracliteanism of Aenesidemus," *Phoenix*, vol. 24 (1970), pp. 309-319。

几乎都不行，但是我们可以肯定这样说太过分了。① 我们确实应该在将塞克斯都和第欧根尼·拉尔修记录的那些理论细节归于皮浪时小心谨慎，我也不认为我在本章中给出的皮浪主义纲要是对历史上的皮浪的准确论述。我故意加入了一些很可能是后来皮浪主义的证据，用来补充皮浪的观点。但是正如我们会看到的，弗里乌斯的提蒙（Timon of Phlius），这位皮浪的传播者和年轻一些的同时代人，给出了一些手段去控制之后的证据，所以当我利用的资料是哲学性的而非历史性的，我会做出说明。这些后来的文本使用了"皮浪主义者"，而不是"皮浪"或"提蒙"。

那些质疑皮浪怀疑论涉及范围的人，经常指出西塞罗将他说成是一个严格的、教条的道德主义者（比如 *Fin.* IV.43），但是在《论学园派》中只有一次提到了他，而且这部著作的目的就是要讨论支持和反对怀疑派的论证。在唯一的一段文本里，西塞罗说，皮浪否认智慧之人对"中立之物"（indifferent）的感觉（*Acad.* II.130）。暂时不考虑这段文本，我们接下来可以看到，在第欧根尼·拉尔修那里，皮浪被说成否认一切道德上的好坏之分；人类的行为是由习俗控制的（D.L. IX.61）。这看起来和西塞罗笔下的皮浪无法相容，在后者那里"德性是唯一的好"（*Fin.* III.12）。那么我们是否应该认为，皮浪持有矛盾的立场，或者怀疑论是后来的皮浪主义者以一种并不恰当的方式归到他名下的呢？西塞罗是不是严重误解了皮浪呢？

---

① 策勒和布罗夏关于皮浪的论述比下面两部著作要平衡得多：L. Robin, *Pyrrhon et le scepticisme grec*, Paris, 1944; A. Weische, *Cicero und die neue Akademie*, Münster, 1961。

西塞罗的证据不该被轻易抛弃。他比塞克斯都或者第欧根尼距离皮浪更近，塞克斯都和第欧根尼写作的时代都是在埃内希德慕斯复兴了皮浪主义之后。假如从任何哲学上可辨识的意义看来皮浪都不是一个怀疑论者，埃内希德慕斯和他的追随者为什么要称自己为皮浪主义者呢？① 有很多考量都可以对西塞罗笔下的皮浪提出质疑。比如，西塞罗似乎对提蒙的著作一无所知。西塞罗关于怀疑论的资料来源是学园派的作家，特别是克里托马库斯（Clitomachus）、拉里萨的斐洛（Philo of Larisa）以及他的学生安提奥库（Antiochus），他们颠倒了教条主义（参见本书 pp. 222ff.）。学园怀疑派不承认自己受惠于皮浪。他们说苏格拉底和柏拉图是这一方法论的奠基者。但是阿凯西劳斯这位学园怀疑派的建立者，被提蒙和斯多亚学派的阿里斯同（Ariston）在诗歌中大肆嘲讽，这显然表明在他的立场和皮浪的立场之间有明显的相似性（D.L. IV.33）。

我刚刚提到了阿里斯同，西塞罗也提到了他的名字，但是这反而让我们怀疑他对阿里斯同是否有所了解。西塞罗经常一起提到皮浪和阿里斯同的名字。我们知道阿里斯同最著名的学说是，不可能在"中立之物"（也就是那些在道德上既不好也不坏的东西）中做出价值上的区分。正统的斯多亚学派观点是，某些"中立之物"比其他的"更值得偏好"（参见本书 p. 193）。西塞罗对阿里斯同的了解很可能比对皮浪的了解多得多，毕竟后者什么都

---

① 埃内希德慕斯这样做是因为他不满于学园在阿斯卡隆的安提奥库的领导下回到了教条主义，但是这个论证犯了乞题的错误。

没写。西塞罗错误地将皮浪的"中立之物"当作了外在的东西（这与感觉标准的难题有关），当作了阿里斯同所主张的除了德性与恶性之外我们要对一切东西都保持完全的中立态度。

　　西塞罗的证据确实带来了难题，但是它或许可以和其他证词更好地兼容，而不像乍看起来那么困难。西塞罗没有说皮浪的"德性"（或 honestum）是什么意思。我们不知道皮浪是否认为"德性"（aretê）这个词有一种恰当的使用。但是假设他确实这么认为，同时假设他用这个词来指心灵的平静，也就是皮浪主义者所认为的悬置判断带来的后果。那么，西塞罗的证据就可能被看作虽然有所欠缺但非常有趣，而非完全反常。皮浪可以前后一致地说，自己是一个在关于外在世界的知识或者客观的道德标准上的怀疑论者，同时坚持认为"中立之物"并不会延伸到平静和精神上的搅扰。关于这些心灵状态各自的好与坏，他可以说只是主观地确定（或许提蒙也会这样说；参见 Adv. math. XI.20）。皮浪倡导悬置判断的动机很可能是实践性的，只是为了将人们从某些信念造成的搅扰中解放出来，特别是那些彼此矛盾的信念。这也是后来的皮浪主义明确宣称的目标。皮浪哲学的实践导向并不会反对他在论证上的力量（参见 D.L. IX.64）。我们对于他的生平仅有的一点知识强烈地支持他拥有我们今天所谓的职业哲学背景。

　　作为一种哲学方法的名称或者学派，怀疑论始于皮浪。但是显然，在皮浪之前很早我们就看到一些哲学家表达了怀疑的态度。感觉作为知识来源的可错性被赫拉克利特（Heraclitus）、巴门尼德、恩培多克勒和德谟克利特这些前苏格拉底哲学家以不同的方式强调。比他们更早的克塞诺芬尼（Xenophanes）这样写道：

> 没有人看到完全清晰的东西，也不会有人拥有关于诸神和我所讲的一切的直觉知识。因为即便他碰巧说出了完全的真相，他本人也不知道；与万物有关的一切都是好像如此（seeming）。（DK 21B34）

柏拉图在公元前4世纪回应说"好像如此"只是现象的本体论状态。我们可以知道完全真实的东西——理念，但是这些不变的和永恒的实体不是感觉的对象。柏拉图在"好像如此"和"确实如此"（being），以及在信念与知识之间的区分，可以追溯到这样一种欲求，即想要确立一组对象（理念），它们不受有关现象的不稳定、不确定的判断影响。一些早期哲学家已经以不同的方式面对了知识问题。普罗塔哥拉（Protagoras）就不同于巴门尼德，后者在寻求某种不变的理智对象，可以成为"存在"这个动词的主语，而普罗塔哥拉论证说一定要接受感觉提供的东西，也就是主观意识的来源。真理只能是相对的，对我来讲是真的就是真的，比如风是冷的；但是这跟风本身的温度，或者你的感觉如何无关。在我看来，普罗塔哥拉没有否认外在于感觉者的世界存在。他否认的是想要超越个人经验的陈述的有效性。

柏拉图对于普罗塔哥拉式的相对主义的回应是一个巨大和复杂的主题。对于本章的内容而言，重要的是皮浪关注到的某些关于知识的问题已经得到了之前哲学家的关注，他们给出了各种不同的答案去解决这些问题。皮浪的怀疑论与普罗塔哥拉有着最密切的概念关联。但是他更多是向前看而不是向回看。伊壁鸠鲁主义者和斯多亚主义者都主张关于世界的客观知识是可能的。在伊壁鸠鲁主义那里有"清晰的看法"和它的衍生物"前观念",在斯多亚学派那里有"认知印象",这些都被当作真的感觉陈述的有效标准。皮浪的怀疑论深刻批判了这些知识理论,虽然我们没有证据表明皮浪本人批评过伊壁鸠鲁和芝诺;事实上还有记载说伊壁鸠鲁非常仰慕皮浪(D.L. IX.64)。皮浪主义的第二个当代特征是它的伦理目标"不受搅扰"。之前没有人说过怀疑论可以成为道德理论的基础。这是皮浪的创新,但是在寻求达到心灵平静这一点上,他和伊壁鸠鲁和斯多亚学派是完全一致的。

皮浪大约于公元前365年出生在伯罗奔尼撒半岛西北部的埃利斯。关于他的生平和哲学背景,我们所知甚少。据说他是斯蒂尔波(Stilpo)的儿子布吕森(Bryson)的学生(D.L. IX.61)。原文很可能是"布吕森或斯蒂尔波",他们俩都是麦加拉学派的追随者。我们没有理由质疑在皮浪与麦加拉学派之间有一些早期的联系。从麦加拉学派那里,皮浪很可能接受了辩证法的训练,并且学到了不相信感官证据的理由。但是他没有接受麦加拉学派教导的积极方面,他们吸收了爱利亚学派的一元论以及巴门尼德的"理性判断"。斯蒂尔波还将犬儒学派的特征吸收到了自己的哲学里。关于皮浪的轶事表明,他很同情犬儒主义关于简单生活、退出公共事务的主张。

皮浪怀疑论的第二个来源是他与阿纳克萨库斯(Anaxarchus)的交往。对于这个人我们也所知甚少,塞克斯都说他"废除了标准"(*Adv. math.* VII.48, 87f.),如果他是一个德谟克利特主义者(D.L. IX.58),可能还接受了早期原子论关于感觉判断的主观主义。阿纳克萨库斯是阿布德拉(Abdera)的公民,这也是德谟克利特的故乡。关于他的大多数信息都来自普鲁塔克和阿里安（Arrian）关于亚历山大大帝的记载。① 阿纳克萨库斯是亚历山大的宫廷哲学家，陪伴他东征。皮浪也是那一派的成员，第欧根尼·拉尔修说这两位哲学家都见到了印度的"裸体哲学家"（Gymnosophists）和圣师（IX.61）。

皮浪本人什么都没有写，可能是为了避免给人留下教条化的印象。幸运的是弗里乌斯的提蒙是他的追随者，他没有那么多顾忌，提蒙的一些残篇以后世作家引用的方式流传下来。② 它们是皮浪本人观点最可靠的证据。提蒙是一个非常多彩的人物，他用诗歌和散文体捍卫皮浪主义的立场。他的大多数残篇都属于讽刺诗（silloi），他在这些诗中攻击教条主义哲学家。第欧根尼·拉尔修的《斐洛传》也提到了提蒙的作品。但是讨论皮浪怀疑论的最佳起点是阿里斯托克勒斯（Aristocles）的《论哲学》（On Philosophy），这是公元2世纪的一个漫步学派的著作，凯撒里亚（Caesaria）的主教尤西比乌斯（Eusebius）引用了这部作品（《福音的准备》[Praeparatio evangelica, 缩写 Pr. Ev.] XIV.18.758c-d）。这个后来的总结不大可能保留了提蒙的原话，但是归于皮浪的立场看起来是完全可靠的。

提到皮浪没有留下任何作品之后，阿里斯托克勒斯继续写道：

---

① Diels-Kranz, Vorsokratiker, II.72 中的证言。
② Diels, Poetarum philosophorum fragmenta 9 中收集了这些证据。

他的学生提蒙说，想要幸福的人必须要考虑下面三个问题：（1）事物真实的样子是什么；（2）对于这些事物我们应该持何种态度；（3）这种态度的后果是什么。根据提蒙的说法，皮浪说事物平等地不可区分、不可度量、不可确定。①因此我们的感觉和判断都不是真的或假的。因此我们不应该依赖它们，而是应该不做判断，既不倾向于这样也不倾向于那样，对于任何事物都坚定地说它的是与不是没有程度差别，或者它既是又不是，或者既非是也非不是。那些采取了这种态度的人，结果就首先是拒绝做出断言，其次就是不受搅扰。

皮浪提出的第一个问题是过去两百多年被反复提出和回答的。事实上，我们甚至可以说它是希腊哲学的基本问题。②事物的"自然"或者这个世界"真实"的样子，是可以研究和揭示的，这是前苏格拉底哲学家，也是柏拉图和亚里士多德的基本假设。皮浪对这个问题的回答是反对这个基本假设，从而否认哲学思辨的合法性。所有的哲学如果想要给出一些关于实在的论述，都必然要从某些假设开始。哲学家需要的首要假设之一就是关于这个世界我们能说出一些真的东西，否则就不可能有关于外部实在的知识。

---

① 这三个形容词有时候也被阐释为表达了描述性的而非模态的含义，"没有被区分"（undistinguished），而非"不可区分"（undistinguishable），等等。但是第二个和第三个形容词的词尾（-tos）通常的含义都是可能性或必然性，并且这个阐释也更适合这个论证。参见 C. L. Stough, *Greek Skepticism*, Berkeley, 1969, pp. 18f.

② "关于事物真实的样子"，字面意思就是"论自然"，这是早期希腊哲学标准的著作标题，也是伊壁鸠鲁最重要的著作的标题（参见本书 p. 18）。

但是皮浪宣称，真与假既不能描述我们对事物的感觉，也不能描述我们的（其他）判断。从这里可以推论出我们感觉或判断的内容不可能是知识的对象。皮浪的说法建立在他对下面这个问题的回答上："事物真实的样子是什么？"他的回答是"不可知"，由此将外在世界移出了哲学讨论的范围。如果事物的真正本质对于感觉和理性都不可知，那么也就没有关于它们或真或假的陈述。

"事物是同样不可区分、不可度量、不可确定的"这个说法在阿里斯托克勒斯的文本中没有得到任何论证的支持。但是通过提蒙的残篇和其他怀疑派的资料，我们可以多少确定地重构皮浪的推理。皮浪要攻击所有的知识理论，只要这种理论像斯多亚主义者或者伊壁鸠鲁主义者那样想要表明某些感觉经验提供了关于（外部）对象的真实本质完全准确的信息。这个批判的基础是我们不可能独立于感觉去认识对象，感觉没有提供任何我们把握事物真实样子的保证。因此对象本身就不是我们用感觉可以验证的。感觉揭示了对感觉接受者"显得是什么"，而"显得是什么"不可能被用做可靠的证据推出"其实是什么"。

我们来更仔细地考虑一下最后这个说法。皮浪论证，我们的感觉经验绝不可能保证关于外部世界不可错的陈述或信念。他没有否认某些东西，比如说黄色、甜味、黏性这样的东西，确实显得如此。他会承认我有理由说"这看起来是蜂蜜"，但是我的感觉与"这不是蜂蜜"，以及"这在皮浪看来不是蜂蜜"也可以相容。在之后的皮浪主义者形成的"模式"中，我们看到十种怀疑知识可能性的方式。它们聚焦在这样的事实上：我们如何感觉事物是与感觉者的本性和外部环境有关的。皮浪主义者为了论证的目的接受了某些日常的假设，比如太阳是热的来源，阴凉是冷的来源，然后提到有人在阴凉里感觉很热，在太阳下哆嗦（D.L. IX.80; *P.H.* I.82）。我们不能说他**感觉到**热和冷是错误的。但是他的感觉与其他人的感觉是矛盾的。皮浪主义者的结论是，同样的事情对于不同的人来讲可能会"显得"完全相反，因此没有任何"显得如何"的东西足以成为"确实如何"的依据。①

> 考虑到在他们的怀疑程序中的矛盾，他们首先证明事物如何引发信念，然后用相同的证据去破坏它们的可信性。他们论证说，那些事物引发信念上的共识通过感觉，或者那些从不或很少变化的事物，比如习俗、法律决定的事物、快乐和惊奇的对象。之后他们表明与这些相反的引发信念的事物也有着相同的或然性。（D.L. IX.78-79）

提蒙，很可能也包括皮浪本人，都截然区分了（1）"x 对我显得像 y"和（2）"x 是 y"，这里 x 和 y 指的是同一个对象。只有第二个陈述是被禁止的。皮浪主义者完全可以接受第一个陈述，因为它没有让说话者笃信任何在他感觉到的东西和独立于感觉的东西之间的关系。他们不想也没有尝试否认我们有真实的感觉经验：

---

① 艾耶尔说："如果他质疑的那个程序从不会让我们偏离正道，怀疑论者就很难受到人们的关注。但是对于他的立场而言这并不是本质性的。他的全部要求只是有可能出现错误，而不是实际发生了错误。"（A. J. Ayer, *The Problems of Knowledge*, Harmondsworth, 1965, p. 40）

> 我们承认我们确实看到了一些东西，也承认我们确实拥有某个想法，但是我们不知道我们如何看到、如何思考。我们通过描述的方式说"这个东西显得是白色的"，并没有认可它确实是白的。（D.L. IX.103）

> 我不认定蜂蜜是甜的，但是我承认它显得是甜的。（提蒙：《论感觉》[On Senses]，D.L. IX.105）

很重要的一点是，皮浪主义者接受的那种陈述的主题并不是后来的哲学家所说的感觉材料（sense-datum）。这个陈述的主题是蜂蜜"显得是甜的"，这是一个事物或物质对象。如果 x 仅仅是一个感觉材料，那么在"x 对我显得像 y"和"x 是 y"之间的区分就没有意义了。设想一下在吃某个黄色的、黏的东西时，我感觉到甜味。如果我尝到的**东西**只是感觉材料，那么我就没有理由否认它**确实是**甜的。可以质疑的是我实际上尝到的甜味是不是那个黄色的、黏的对象的真实属性。但是这并不是提蒙推进的方式。他并不是说，我们只是看到、听到、触到、闻到感觉材料，而是感觉到对象——蜂蜜、咖啡、狗、椅子，就像我们的日常语言表明的那样。以他那种方式提出的问题并不是感觉材料与对象之间的关系，而是感觉到的对象和独立于感觉的同一个对象之间的关系。简单来说，他说感觉的条件引入了一种在对象和感觉者之间的关系，这种关系和对象与它的属性之间的关系不同。

这是提蒙的意思，这一点很显然地表现在"明显的东西"（to phainomenon）这个词上，我可以把这个词意译为"感觉到的对象"。①因此他写道:"但是感觉到的对象在每个方面都是占优的,不管在哪里。"(D.L. IX.105)提蒙这些晦涩难解的话到底是什么意思,可以通过塞克斯都的一段话推论出来:

> 我们说怀疑派的标准是"感觉到的对象",他们用这个词来指它事实上给感觉留下的印象。因为既然印象是我们被作用和不自愿的感觉,我们无需质疑它们。因此没有人会不同意某个作为基底的对象(underlying object)显得是这样或那样,问题在于它是不是真的是显得的那样。(P.H. I.22)

(严格说来,塞克斯都应该指出,被感觉到的东西可能没有"作为基底的对象"。)

皮浪主义者否认感觉是某种带有意向性的东西。我不能控制自己看到这张打印出来的纸,那是我当下视觉的内容。在这个证据的基础上,我可以做出像(1)"x 对我显得像 y"那样的陈述。如果我想要更进一步,说"这是一张打印出来的纸",我就做了像(2)"x 是 y"的陈述。现在皮浪主义者就会反对我设定的对象和谓述之间的关系,因为我并没有有效的证据。我使用了"显得

---

① 皮浪主义者更愿意使用"明显的东西",而非 *phantasia*(表象、印象、形象)。在第欧根尼·拉尔修的《皮浪传》中,确实用到了 *phantasia* 这个词(IX.107),上下文是在讨论怀疑论者与教条主义者之间的差别(*phantasia* 是伊壁鸠鲁主义者和斯多亚主义者使用的词)。*phantasia* 这个词大体上的意思是现代哲学里的感觉材料。根据提蒙和第欧根尼的证据,皮浪更喜欢使用"显得",也就是说"同样的东西对不同人显得不同",但是从哲学的角度讲,没有理由选择某个表达;参见 R. M. Chisholm, "The Theory of Appearing," *Philosophical Analysis*, ed., Max Black, Ithaca, 1950, 这是一篇非常优秀的论文。

如此的对象"的经验，由此去推论对象本身的确定特征。这个推论的有效性不可能得到证明，因此（2）的陈述既不真也不假。

既然在皮浪主义者看来，感觉没有给判断事物本身提供任何根据，我们就不应该做出这样的判断。这样就将我们带到了皮浪对阿里斯托克勒斯文本中提到的第二个问题的回答。我们对于这个世界的态度应该是悬置判断，皮浪主义者将这一点概括成"（相比那样）不更（这样）"。① "不更"（no more）这个表述的效果是，一个客观判断的主词到底是不是它被说成的样子，或者是不是拥有我们归于它的性质，成为一个完全开放的问题。因此，如果我说"相比不是白的并不更白"，我的意思应该是没有对任何物质对象给出任何正面的描述或判定。怀疑主义者"不决定任何东西"，因为决定任何东西就意味着"肯定某些并不显然的东西"，也就是事物本身是什么样子。

皮浪主义者认为不合法的判断完全是那些关于事物本身的判断。我们可能有很好的理由认为"这看起来像是蜂蜜"是一个判断。这是我们感觉经验的典型形式。我们看到，或者说对我们来讲显得，有一只猫或者一朵花，而不是一个黑色或红色的形状，虽然在一些时候，后面的表达确实正确描述了我们看到的东西。但是如果"对我来讲看起来是一只猫"是一个判断，这个判断并

---

① 参见 *P.H.* I.188-191。在本书接下来的章节里，塞克斯都详细解释了怀疑派的技术术语。"不更""我不决定任何事情"等等，这些词本身并没有被阐释成正面的断言。它们只是一些语言工具，去表达拒绝做出正面的断言（D.L. IX.76 记录了提蒙的说法），并且在说出来的时候带有自我否定的含义，比如"我不决定任何东西"（I determine nothing）的意思就是"我不决定我不决定任何东西"（I do not determine that I determine nothing）；参见 *P.H.* I.14ff。有些时候这些标语被阐释成描述性地说明了皮浪主义者自己的心灵状态（*P.H.* I.201；D.L. IX.74）。

没有包括任何有意识的推理（至少通常如此）。虽然这样的陈述可能是假的（不管是故意的还是无意的），我们通常都把一个人对于看到什么、听到什么的说法看作具有权威性。皮浪主义者似乎把这些都仅仅看作感觉经验的报告，需要与"判断"区分开来。"皮浪主义的程序是将对象说成是感觉到的。"（D.L. IX.78）没有任何证据表明皮浪主义者把这样的陈述看作或真或假，我们有各种理由认为它们被排除在"断言"之外。对于皮浪来讲，做断言就是做（2）"x是y"那样的陈述，比如这是白的，他们会说"相比x不是y，它更是y"，皮浪主义者反对这种类型的断言有可能是对的或错的。

皮浪就物质对象的本质悬置判断，这一点也同样应用在道德概念上。第欧根尼·拉尔修告诉我们，他"否认任何东西是道德上好的或坏的"，而不是说习惯和习俗支配着人类的行动（D.L. IX.61）。《皮浪传》后面的一段阐明了皮浪主义在道德判断的相对性上的论证方式。

> 或者所有被认为好的东西必然被说成是好的或不好的。但是不可能所有东西都被说成是好的，因为同样的东西被某个人认为是好的，比如伊壁鸠鲁认为快乐是好的，而另一个人，比如安提斯提尼，就认为是坏的。后果就是同样的东西既是好的又是坏的。但是如果我们不承认任何人判断为好的每个东西都是好的，我们就必须要在不同的意见之间做出区分。由于两方的论证有相同的分量，做出区分就是不可能的。因此真正好的东西就是不可知的。（D.L. IX.101）

在这个讨论开始时提到的阿里斯托克勒斯的文本中，理性和感觉都被从真理的可能标准中排除掉了。我们还是没有直接的证据可以说明皮浪本人对此的论证，但是第欧根尼·拉尔修和塞克斯都都给出了后来皮浪主义者使用的论证。我们已经看到，伊壁鸠鲁和亚里士多德一样，将他的认识论建立在经验证据之上，斯多亚学派也是这样。皮浪主义者为了批判的目的也采用了这个立场，他们用感觉的不可靠性作为理由，去否认理性对事物的真正本质有任何知识。

> 如果每个可理解的事物都在感觉中有它得以确认的来源和基础，而通过感觉把握到的东西不是前后一致的，就像我们论证过的那样，那么可理解的事物也必然如此；因此这个证明的前提，不管是什么，必然都是不可靠的和不稳固的。因此证明的推理就不值得信任。（*Adv. math.* VIII.356）

这种对实在的态度带来的实践后果就是所谓的"免于困惑"（freedom from confusion）。我们有很多关于皮浪悬置判断的逸闻，比如假如没有朋友的帮助，他就会掉进坑里或者被狗咬伤（D.L. IX.62）。这些故事的意义比一两粒盐的调味作用更大。就日常生活而言，皮浪的怀疑主义有着很实际的后果。皮浪主义者也确实有实践目的的标准，"像感觉到的那样看待对象"[①]。但是这并不是他们想要的真理标准。他们否认眼见为实，也就是不相信

[①] D.L. IX.106; *P.H.* I.21-24。

我们可以看到或理解事物本身的样子。皮浪主义的攻击目标并不是对于世界的日常态度，而是哲学家们宣称自己拥有知识。知识宣称确定性，不管是关于物质对象的本质、宇宙的结构、道德价值或者神的存在。在皮浪的怀疑论里，我们没有被禁止说我们看到猫猫狗狗，或者用他的话说，猫猫狗狗对我们"显得如此"。但是他认为，我们所拥有的感觉经验不能让我们说出任何我们认为独立于这些经验存在的东西。通过悬置判断，我们就不会因为听到了那些关于诸神、关于好的本质等等相互矛盾的论述而感到困惑。皮浪主义者接受日常生活中的习俗，把它们当作实践的标准而不去操心它们是否有理性证成的问题。当哲学家们就逻辑、自然和道德哲学的问题彼此竞争的时候，皮浪批评所有哲学家，质疑他们凭什么宣称自己拥有知识。同时，他的批判还有更大的范围，可以包括宗教以及社会和个人所接受的所有教条化的规定。就像斯多亚学派和伊壁鸠鲁学派坚持他们对现象的理性解释具有有效性，皮浪与他们截然相反的怀疑论，对那些在社会的转型阶段，不满于传统价值和信念的人们来讲，是一个替代性的答案。

> 年迈的皮浪啊，你如何又是从哪里发现了摆脱智者们的信念和空洞理论奴役的办法？你如何解开全部欺骗和信念的诱惑带来的枷锁？你没有去费力探索弥漫在希腊上空的风，每个来了又走，不知吹向何处。（提蒙的诗；D.L. IX.65）

这当然是一个回避问题的答案，尤其是在习俗和社会价值剧烈变革的时代，在公元前 4 世纪末"依照习俗生活"是什么意思？

皮浪的怀疑论有一个很大的优点，就是符合我们关于对象的感觉总是相对于不同的环境。关于外部世界的知识并非不可改变。对于经验对象没有必然的真理。大卫·休谟论证说没有充分的理由可以从感觉推论出物理对象的本质，他这么说很可能是对的。如今的大多数哲学家很可能都会同意，被感觉到的世界和在其他关系中存在的世界不同。如果说这导向了二元论，哲学家的任务大概也不是要去解决它。物理学家负责告诉我们物质的结构。但是质料与我们感觉到的这个世界并没有明显的联系。尽管如此，在关于感觉对象的判断中，真与假还是扮演着至关重要的角色。事实上，我们在判断距离、形状、颜色、大小上非常成功，我们在一些时候会犯错，或者在某些感觉条件下会犯错，这些并不能减损我们在那些判断上取得的成功。如果不考虑事物本身的样子，我们拥有一些标准去确认和区分感觉对象，这些确认和区分有着高度的前后一致性和准确性，而皮浪主义忽视了这个事实。如果按照严格的皮浪主义要求，将感觉到的对象与事物本身的样子进行匹配，我们可能无法对任何客观陈述给出任何理性的证成。皮浪正确地看到了这里存在困难。但是当皮浪主义者说"这看起来是白色的"时，他们没有充分理解一个事实的重要性，就像伊壁鸠鲁认识到的，这个句子本身预设了此前某些相似的经验是与他人共享的。在卡内阿德斯领导下的学园怀疑派认识到，我们可以确定真理的条件，而这些条件并不需要让哲学家笃信他们拥有了关于事物本身的知识。

二、学园怀疑派：阿凯西劳斯

皮浪在公元前 270 年左右去世。他没有建立任何正式的学派，对于他观点的传播主要是道听途说或者是通过提蒙的著作。希腊怀疑论历史的下一个阶段不是皮浪主义者，而是柏拉图学园书写的。皮浪生平的后半段，与阿凯西劳斯的青年和中年阶段有重合。阿凯西劳斯在公元前 265 年左右成为学园的领袖。他和皮浪相似，也否认知识的可能性（*Acad.* I.45），在像塞克斯都·恩皮里科这样的晚期怀疑论者看来，阿凯西劳斯的哲学立场与皮浪主义几乎完全一致（*P.H.* I.232）。① 阿凯西劳斯很可能受到了皮浪的影响，但是这两位怀疑论者的思想背景却完全不同。阿凯西劳斯牢牢扎根在雅典的哲学传统之中，之后却给当时的柏拉图主义带来了极端的变化。

阿凯西劳斯并不是出生在雅典。他从艾托利亚（Aetolia）的皮塔内（Pitane）来到雅典，在老家跟随一个数学家奥托吕库斯（Autolycus）学习（D.L. IV.29）。在雅典，他是音乐理论家克杉图斯（Xanthus）和特奥弗拉斯托斯的学生。② 但是他离开了吕克昂学园，转投柏拉图学园，那时波勒莫是学园的领袖，克朗托（Crantor）和克拉特斯（Crates）都是学园中的重要成员。我在第

---

① 带有异端特点的斯多亚学派成员阿里斯同（Ariston）是阿凯西劳斯的同时代人，他用荷马式的诗体讽刺阿凯西劳斯："柏拉图在前，皮浪在后，迪奥多鲁斯（Diodorus）在中间。"（*P.H.* I.234）这里说的是迪奥多鲁斯指的是麦加拉学派的哲学家迪奥多鲁斯·克洛诺斯。参见提蒙的说法：D.L. IV.33。

② A. Weische, *Cicero und die neue Akademie*, Münster, 1961 试图在漫步学派中找到阿凯西劳斯怀疑论的来源，但是他的论证缺乏说服力。

一章提到，在公元前 4 世纪后半叶和公元前 3 世纪开始，学园似乎越来越重视实践性的道德教育。比如克朗托写了一本叫《论悲伤》(*On Grief*) 的"小书"，西塞罗在《论学园派》II.135 盛赞这本书。我们没有理由认为阿凯西劳斯反对实践性的道德教导，否则波勒莫领导的学园就很难吸引他。但是阿凯西劳斯并不满足于坚持那个传统。相反，他似乎感觉到学园失去了此前的那种充满激情、毫不教条地进行探索的驱动力，那是从苏格拉底开启经由柏拉图传递下来的。阿凯西劳斯不是以道德教师，而是以辩证法家的身份闻名于世。根据西塞罗的说法，"他从柏拉图的很多著作以及从苏格拉底的言辞中得出的主要是，感觉和心灵都不能感知到确定的东西"(《论演说家》[*De Oratore*] III.67)。我们恐怕不会认为，这是某个学习过柏拉图所有著作之后的人应该得出的结论，我们也不清楚阿凯西劳斯是否真的利用柏拉图的权威来支持他的怀疑论。毫无疑问的是，他很欣赏柏拉图的辩证法，但是我们也听说，他是第一个颠覆柏拉图系统的学园派成员，他通过问答法制造了很多争论（D.L. IV.28）。是苏格拉底的方法，而非柏拉图正面的哲学教导，影响了阿凯西劳斯。

在柏拉图的早期对话《欧叙弗伦》(*Euthyphro*)、《伊翁》(*Ion*)、《拉凯斯》(*Laches*)、《吕西斯》(*Lysis*) 中，那些讨论都是在尝试回答"什么是 X？"的问题，比如虔诚或勇敢。苏格拉底的对话者，在对话开始的时候宣称可以回答这个问题，但是经过一番考察，他的回答被证明无法令人满意，于是又提出了其他看法。苏格拉底本人也会做出一些积极的贡献，但是会把自己的看法与对话者提出的观点一起置于批判之下。随着对话的进行，各种可能的答案都被考察了一遍，但是没有任何一个可以令人满意地被接受下来。因此苏格拉底在《欧叙弗伦》最后说："看看你干了什么，我的朋友！你走了，也就毁掉了我从你那里学习虔诚和不虔诚的全部希望。"或者在《吕西斯》的最后说："我们变成了人们的笑柄，你们俩还有我这个老头。他们走了之后都会说，我们把自己看成朋友，却不能发现朋友是什么。"苏格拉底在这些对话中所做的事情，与柏拉图在《申辩》中对苏格拉底的描绘一致。在《申辩》中苏格拉底否认自己拥有知识，同时又宣称认识到自己的无知比认为自己知道本不知道的东西更好。阿凯西劳斯的哲学方法是苏格拉底式的，不过他对这个方法做了更新，让它可以适应公元前 3 世纪的哲学状况。

这个方法的精髓在于首先接受对手的立场，然后表明那个立场自相矛盾。流传下来的阿凯西劳斯最详细的论证清楚地显示了这个技巧。①

斯多亚学派区分了三种认知状态：知识、把握和信念。他们认为，知识是智慧者独有的，信念是愚人（也就是所有其他人）特有的。"把握"（*katalêpsis*）是我们所谓的准确的或真实的感觉。他们主张我们通过感觉获得关于外部世界的信息，有一些信息是绝对准确的，这些绝对准确的信息就是我们可以**把握**的东西。因此把握某个东西就是认识到它确实如此。我会在下一章详细讨论这个理论的细节。就当下的目的而言，我们只需要看到，斯多亚

---

① 接下来四段的证据来自塞克斯都的 *Adv. math.* VII.150-157；另参见 *Acad.* II.77。关于斯多亚学派理论的细节，参见本书 pp.123-131。

学派的知识理论基础在于某些感觉印象——也就是我们可以把握的那些——是"认知性的"或自明地"为真的"。

斯多亚学派没有从"把握"的角度区分智慧者和愚人。他们认为,所有人都可以把握事物,但是只有智慧者的把握才是"安全的、不可被论证动摇的"。这是知识的标志,不仅仅是把握,而是被证明不怕任何推翻它的尝试的把握。

阿凯西劳斯针对这个理论做出了如下反驳。第一,事实上把握并不是一个独立的对真理的检验,因为实际上它既不是知识(属于智慧者)也不是信念(属于愚人)。我们需要注意,这一点建立在斯多亚学派自己的论题之上:所有的人要么是智慧者要么是愚人。换句话说,阿凯西劳斯论证的是,斯多亚学派因为在智慧者和愚人之间做出了非此即彼的二分,任何中间的认知状态也就变得多余了。"把握"或者是知识或者是信念,它并不是这两者之上的东西,因此也不可能成为知识的标准。

第二,阿凯西劳斯接受了把握的定义,即"接受某个认知印象",然后论证它在两个条件下会失效,一个是我们认可的是一个命题,而不是一个(感觉)印象(斯多亚学派和其他哲学家使用"真"的方式比如今要宽松得多);第二个也是更重要条件是,"没有任何真的印象不能为假"。之后的学园派给出了更详细的论证支持这一点(参见本书 p. 96)。这形成了与斯多亚学派截然对立的理论,因为斯多亚学派主张认知印象的特征正是它是真的,不可能是假的。

斯多亚学派认为,智慧者只有在不可能获得把握的时候才会悬置判断。而阿凯西劳斯的结论是,智慧者必须永远悬置判断。

因为如果排除掉了把握，那么所有的事情必然都是不可把握的（non-apprehensible）。只有愚人可以同意不可把握的东西，而这就等于是持有某种意见。但是在斯多亚学派看来，智慧者并不持有意见，因为那会将他们和愚人等量齐观。因此，阿凯西劳斯论证说，斯多亚学派的智慧者不会认可任何东西，只能悬置判断。

在这个论证中，阿凯西劳斯接受了斯多亚学派在智慧者和愚人之间的区分，也接受了在给出和拒绝同意之间的区分。他攻击的是斯多亚学派认为同意是可以有充分理由的，而他的方法是对把握这个概念提出质疑。这样他就将斯多亚学派自己的论证变成了支持怀疑派的论证。

毫无疑问，阿凯西劳斯想要攻击教条主义对知识的宣称。斯多亚学派预设感觉可以为那些确定为真的陈述提供基础，这一点给阿凯西劳斯提供了批判的现成靶子。但不完全清楚的是，我们是否应该认为阿凯西劳斯就是**正面**支持怀疑论。[①] 西塞罗说，"他否认有任何东西是可知的，甚至是苏格拉底留给他的知识"（*Acad.* I.45）。在这里提到苏格拉底，阿凯西劳斯的意思是"我们不知道任何事情的知识"。如果我们严肃看待阿凯西劳斯的说法，它意味着知识的合法性和怀疑主义的合法性都不能得到正面的确认。这就是说，"真"和"假"是否可以作为合法的谓述用于某个陈述在阿凯西劳斯看来是一个开放的问题。他否认任何知识的标准，

[①] 塞克斯都说阿凯西劳斯认为"悬置判断"是人生的目标（*P.H.* I.232）。但是 von Arnim, *R.E.* sv. Arkesilaos（《古代研究大百科全书》"阿凯西劳斯"词条）给出了一些理由认为"发现真理"更准确地描述了阿凯西劳斯的目标；参见 *Acad.* II.60: *veri inveniendi causa*（发现真实的原因）；II.76: *verum invenire voluisse sic intellegitur*（他想要发现真理）。

足以确保我们使用"真"和"假"这样的词。但是从这里并不能推论出,有些陈述不是真的,有些陈述不是假的。阿凯西劳斯在这个问题上的开放性出现在西塞罗接下来的话里:

> 他认为所有事情都隐蔽在模糊的状态之中,没有任何东西可以被感觉或理解;因此任何人做出任何断言,或者任何宣称,或者用同意对任何事情表达认可,都是不恰当的。人必须要克制自己,在每件事上防止自己鲁莽行事,因为如果某些错误的或不可知的东西得到了认可,就明显是在鲁莽行事,没有什么比在获得知识和感觉之前表达同意和认可更糟糕的了。

如果没有什么东西可以被感觉或理解,那么也就没有任何理由说某个东西确实是怎样的;但是它可能是那样的。阿凯西劳斯在这里建议人们避免同意,是为了避免错误。为了同意或认可某物,我们需要知识,否则我们就可能同意了错误的东西。但是没有任何事情是可知的。因此,我们就不应该同意任何事情,这样就可以避免犯错误的可能。正如冯·阿尼姆说的,对阿凯西劳斯而言,"智慧的本质特征不是拥有知识,而是免于错误"①。

阿凯西劳斯哲学方法的正面特征是渴望发现什么是真的,为了这个目的"必须要对任何事情做正反两面的论证"(*Acad.*

---

① Von Arnim, *R.E.* sv. Arkesilaos, col. 1166.

II.60）。① 当我们讨论到卡内阿德斯的时候会看到一个重要的例子，但是他的方法论可以回溯到阿凯西劳斯。西塞罗这样概括新学园（也就是从阿凯西劳斯到拉里萨的斐洛的学园）：

> 学园讨论的唯一目标就是从两方面论证一个问题，然后得出或者为真，或者尽可能接近真的结论。在我们自己和那些只有毫不怀疑他们的学说为真才会认为自己知道的人之间并没有什么不同，我们认为很多事情都是或然的，我们可以很容易地接受这些，但是并不认为它们是确定的。(Acad. II.8)

正如我们看到的，阿凯西劳斯拒斥斯多亚学派基于"认知性的感觉印象"对经验主义知识论的辩护。我们没有证据认为，他把这个学说本身也当成两方都有相等理由的。他的学园派继承者接续了阿凯西劳斯对感觉作为知识来源的批判，他们发展出了基于"或然性"同意的准则。毫无疑问，启发来自阿凯西劳斯本人，但是对这个理论更详细的阐发要归功于卡内阿德斯。塞克斯都告诉我们，阿凯西劳斯说："对一切悬置判断的人会用'合理的东西'来规范自己的行动。"（Adv. math. VII.158）阿凯西劳斯这条标准的意思可能是，对一些事情我们可以给出好的理由，但不是不可错的理由。但是我们不确定阿凯西劳斯是不是把这条当作自己的

---

① 参见 D.L. IV.28; *Acad.* II.7f。

理由。① 塞克斯都在阿凯西劳斯批评斯多亚学派的最后提到"合理的东西"，他的措辞在这里大体上是斯多亚学派的。阿凯西劳斯可能仅仅是将他自己批判的结果应用在斯多亚学派上。如果知识被否定了，那么对于斯多亚学派来讲就不可能用知识来定义一个正确的行动了。他们只能说对此可以给出一个好的但并非不可错的理由。

我们关于阿凯西劳斯所知太少，不能对他的观点做出更多的猜测。但他在哲学史上是一个非常重要的人物。在反对斯多亚学派和其他教条主义者的过程中，阿凯西劳斯恢复了哲学的批判功能，而在那个时代，这种功能已经濒临丧失。柏拉图的继承者或者漫步学派的成员，都不会系统怀疑知识的基础，同时为他们的正面学说辩护。阿凯西劳斯敏锐地意识到了围绕着经验主义知识论的困难，我们也没有很好的理由认为他对于像柏拉图的理念论这样的形而上学理论有更多的同情。根据奥古斯丁（Augustine）、塞克斯都和西塞罗的说法，人们有时候认为，阿凯西劳斯仅仅将他的怀疑论用于批评斯多亚学派和其他学派，而他本人在学园中依然坚持正统的柏拉图主义。② 但是大多数学者正确地反对这种观点。③ 西塞罗是我们关于阿凯西劳斯的最佳证据，他把阿凯西

---

① 在这一点上，我认为冯·阿尼姆也是正确的，参见 von Arnim, *R.E.* sv. Arkesilaos, col. 1167，他指出了"合理的东西"这个说法背后的斯多亚学派语境。Brochard, *Les Sceptiques grecs*, p. 112 观察到了对斯多亚学派的让步，但是在我看来并不正确。阿凯西劳斯的方法经常会从对方的前提中得出结论。

② 奥古斯丁：《驳学园派》（*Cont. Ac.*）Ⅲ .38；*P.H.* I.234；*Acad.* II.60。

③ 比如策勒、布罗夏、威舍（Weische）；一个例外是 O. Gigon, "Zur Geschichte der sogennanten Neuen Akademie," *Museum Helveticum*, vol.1 (1944), pp. 47-64。

劳斯刻画成一个完全诚实、前后一致的哲学家，将悬置同意当作一种可敬的、配得上智慧者的态度（Acad. II.77）。因为阿凯西劳斯像苏格拉底一样没有写下任何东西，所以很容易产生很多关于他的错误看法。很遗憾我们只有极少的关于他作为辩证法家非凡能力的例证。在他的领导下，学园似乎恢复了之前的地位，我们可以认为阿凯西劳斯的讲课涉及广泛的主题。他把自己作为哲学家的任务看作是批判和引发论辩。他在认识论上的怀疑虽然很重要，但也只是他对哲学的一个贡献。幸运的是，关于他最伟大的继承者卡内阿德斯，我们知道的要多得多。

三、学园怀疑派：卡内阿德斯

学园中紧接着阿凯西劳斯的继任者都只留下了名字而已。希腊怀疑论历史的下一个重要时期始于卡内阿德斯，他的鼎盛年大约在阿凯西劳斯之后一百年。公元前 155 年是卡内阿德斯哲学生涯中的一个关键时点，他是被挑选出来作为代表雅典出访罗马的三位哲学家之一。另外两位是斯多亚学派哲学家巴比伦的第欧根尼和漫步学派的哲学家克里托劳斯（Critolaus）。① 正是在这个时候，卡内阿德斯做了他著名的演讲，连续两天分别支持和反对正义，西塞罗在《论共和国》中做了概述（参见本书 p.104）。这时卡内阿德斯大约 58 岁，他在公元前 129 年去世。

就像阿凯西劳斯尖锐地批评早期斯多亚学派，卡内阿德斯的

---

① 西塞罗：《图斯库伦论辩集》IV.5；普罗塔克：《老加图传》22。

任务是顽强对抗克吕西普斯的理论。克吕西普斯对于斯多亚学派的巨大贡献可以这样概括:"假如没有克吕西普斯就没有斯多亚学派。"卡内阿德斯戏仿了这个说法,把它改成了:"没有克吕西普斯就没有卡内阿德斯。"(D.L. IV.62)在知识论、伦理学、神学和原因理论中,卡内阿德斯都长篇大论地反对斯多亚学派,我们会在下一章看到他的批评导致了斯多亚学派在一些地方修正了自己的学说。由于卡内阿德斯的论证与斯多亚学派紧密联系,下面几页会不可避免地提到一些接下来要详细讨论的主题。但是我们在这里的主要目的还是考察卡内阿德斯本人的哲学立场,特别是他的知识论。

卡内阿德斯追随皮浪和阿凯西劳斯,不写作哲学著作(D.L. IV.65)。多亏了西塞罗,我们才有相对较好的关于卡内阿德斯的记载。他的论证被他的学生们记录下来并加以阐发,其中最著名的学生克里托马库斯(Clitomachus)据说写了超过400部作品(D.L. IV.67)。西塞罗在《论学园派》里明确提到克里托马库斯是他关于卡内阿德斯观点的资料来源(*Acad.* II.98ff.)。克里托马库斯很可能是关于卡内阿德斯最详细的证据的最终来源。作为卡内阿德斯亲密和热切的同伴,克里托马库斯可以被看作是老师一丝不苟的见证者。在卡内阿德斯死后他也继任了学园的领袖。

很多古代作家评论了卡内阿德斯的个人品质,在这些记载中他是一个令人敬畏的人,他因对哲学的投入和论证能力而著名。第欧根尼·拉尔修说,他完全投身于工作,头发和指甲都长得很长(D.L. IV.62)。

阿凯西劳斯认为除了知识之外就只有悬置判断。他没有给出任何详细的理由认为某个人可以同意某个其真实性无法得到严格确立的命题。卡内阿德斯同意阿凯西劳斯,没有命题可以确定地为真或为假。但是他很认真地发展出了一套"或然性"理论,这可以被称作某种知识论,只要我们认识到它并没有宣称确定性,事实上还明确反对确定性。

卡内阿德斯是在思考和反驳了斯多亚学派的知识论之后发展出这个理论的。他论证道,关于真理的客观标准必须要满足斯多亚学派设定的条件。关于这个世界的判断不可能确定为真的,除非(1)它基于正确报告了事实的印象;(2)感知者正确地认识到了这些印象的可靠性(*Adv. math.* VII.161, 402ff.)。斯多亚学派认为"认知性印象"(*katalêptikê phantasia*)满足了这些条件。这个印象的特征是"与对象(或事实)完全一致",在同意它的时候,我们(被认为)认可了这个特征。卡内阿德斯承认感觉印象的存在,他也接受它们中的一些可以满足第一个条件。① 但是他指出,如果第二个条件没有得到满足,就还是没有用,而第二个条件确实无法得到满足。他论证说,没有什么感觉印象可以保证与事实吻合。没有任何特征可以区别一个完全可靠的和另一个不可靠的感觉印象。在任何情况下,某个感觉印象都不可能是**自明**为真地呈现它所要呈现的对象。它可能经常为真,但是没有办法知道它

---

① 需要指出的是,卡内阿德斯不可能否认(1),如果怀疑论是从"错误的印象确实发生"这个前提下推论出来的(*Acad.* II.83)。他立场的本质并不是"没有正确的印象"(与 Brochard, *Les Sceptiques grecs*, p. 128 的理解不同)。假如那样的话,卡内阿德斯就不可能得出他的结论:"没有真的印象**就其为真而言**不可能区别于第二个与它相同的假的印象。"这一点与阿凯西劳斯的观点相似,参见 *Acad.* II.77。

为真。

我们不需要更多讨论卡内阿德斯反对斯多亚学派标准的那些论证。它们基本上都是建立在无法确定"认知印象"的"独特标志"之上。卡内阿德斯指出了一些场景,在其中看起来为真的印象后来被证明是假的,比如区分双胞胎或者两个鸡蛋,或者梦和幻觉。用这种方式,他从整体上反驳了所谓的"认知印象"。[①] 对他的目的而言,只要能够表明一个看起来完全可信的印象事实上错了就足够了(Acad. II.84)。因为认知印象的定义就是某个看起来完全可信的东西,但是卡内阿德斯指出,即便如此它依然有可能与对象不符。

和阿凯西劳斯一样,卡内阿德斯认为斯多亚学派意义上的知识不可能达到。但是他并不满足于将悬置判断当作面对一切的态度。他考虑了感觉的条件,然后得出了一种知识理论,在很多方面都预见了现代的经验主义。

他将感觉区分成两类:(1)那些可以被感觉为"真"的(也就是与某个对象或事实一致),(2)那些不能被这样感觉的(Acad. II.99-104)。根据我们前面对卡内阿德斯的总结,所有的感觉印象都应该属于(b)的范畴。对于这些范畴,卡内阿德斯又做了两个进一步的区分:(a)真与假;(b)或然与非或然,或者说显得为真与显得为假。(1)和(a)是联系一起的;(2)和(b)是联系在一起的。卡内阿德斯论证说,否认(1)和(a)在实践上的

[①] 参见 Acad. II.49-60,在那里安提奥库试图反驳这个推论;另参见 Adv. math. VII.403-411。

可能性，跟（2）和（b）毫无关系。即便没有任何东西可以被感觉为真的或假的，一些感觉印象还是可以被区分为或然的（显得为真）和非或然的（显得为假）。卡内阿德斯证成这一点的方式是一个很重要的观察，也就是感觉印象可以被认为与（外部）对象相关，或者是与它们对其呈现的人相关。我们可以把这两种关系称为客观和主观的关系。卡内阿德斯接下来论证说，在感觉印象的主观关系中，可以做出一些客观关系中无法做出的区分。

基本的区分就是在或然和非或然之间的区分。卡内阿德斯是什么意思呢？他用的希腊文（pithanos；probabile 是西塞罗的拉丁文翻译，英文的 probable 由此而来）意思是"有说服力的"或"可信的"。西塞罗将它描述为"如果没有与那个或然性相反的东西出现，智慧者就会使用的感觉印象"（*Acad.* II.99）。但是这么说并不能给我们提供什么实质性的信息，如果想要更确切的信息，我们还是要去塞克斯都·恩皮里科那里寻求帮助（*Adv. math.* VII.166-189）。

卡内阿德斯的问题是在没有任何确定性的情况下，给出一个标准，可以决定接受某个陈述还是与它相反的陈述。他的起点是日常的预设。事实上我们确实区分对我们来讲清楚的东西和不清楚的东西。换句话说，我们实际上是有不同程度的可信性标准的。如果光线昏暗，如果我们很疲惫，如果我们的视线模糊，那么与相反的情况相比，我们就不那么倾向于相信我们的眼睛。因此，我们接受感觉印象的条件给出了一些方法从整体上区分感觉印象。或然的感觉印象的第一个要求就是清晰性或者分明性（*perspicuitas*）。

假如卡内阿德斯仅仅停留在这里,他就会受到他用来反对斯多亚和伊壁鸠鲁学派的批评的攻击。因为根据他自己的说法,一个孤立的感觉经验不可能提供足够的理由让我们接受它是"真的",或者是或然的。因此卡内阿德斯首先增加了"可信性和明晰性",也就是同时存在的其他感觉印象;其次增加了对这些明晰的感觉印象进行小心的"检验"(*Adv. math.* VII.176-183)。为了在可证成的情况下说"这是苏格拉底",我们需要考虑描述了我们的感觉印象或者一组感觉印象的所有情况,比如这个人身体的外部特征,他的步态、言辞、衣着,他出现在哪儿,他和谁在一起等。如果所有这些都没有让我们怀疑自己很可能看到了苏格拉底,那么我们就在完全可以证成的情况下形成了"这是苏格拉底"的判断。

正如这个例子表明的,学园怀疑派要问的问题与情境密切相关。我们不能事先给出具体的原则,唯一普遍的规则就是,我们越是严格地考察形成一个判断的情境,这个判断就越可靠。卡内阿德斯将这个程序和雅典公开审查将要担任公职和法官的人比较:

> 就像在做判断的地方,既有做判断的人也有被判决判断的人,做出判断的中介是空间、时间这样的要素……我们按照这些事情判断每个人,比如我们考察那些做判决的人是否有好的眼力,被判断的东西是不是足够大,中介物,比如说环境,是不是黑暗……(*Adv. math.* VII.183)

并不总是必须也并不总是可能用这么系统的方式评价所有的感觉条件。卡内阿德斯建议在相对琐碎的事情上，我们可以简单而快速地确立或然性。但是涉及人的幸福，或然性的检验就应该尽可能严格（*Adv. math.* VII.184）。

卡内阿德斯理论的重要特征是，我们对感觉的依赖不可能被还原到伊壁鸠鲁和斯多亚学派认可的简单条件上。在实践中，我们经常不需要有意识地去进行卡内阿德斯提出的所有或然性检验。但是那并没有削弱他的建议的有效性。他也接受如下这一点：当我们信任感觉时，我们对证据的接受普遍来讲是直接的，不需要详细的检验。但是如果被人质疑，需要去证成"那是苏格拉底"这个断言，卡内阿德斯就不仅仅会诉诸视觉的生动性。他会指出这个看起来很简单的判断其实非常复杂：它包括了**就我们所能观察到的而言**这个判断为真所需要满足的所有条件。他论证说，我们不可能将感觉印象和物理对象本身匹配起来，因此没有经验判断可以被证明为真或为假。但是我们可以比较两个不同的感觉印象；我们可以考虑自己之前的经验和他人的经验；我们可以考虑在每个感觉经验中包括的很多要素。基于这些考虑，我们可以形成一些关于这个世界的判断，虽然它们事实上可能是错误的，但是我们有理由接受它们是可信的或者显得为真的。

西塞罗的一段话是卡内阿德斯学说实践应用的很好例子：

> 当一个智慧者登上一条船，他当然没有在灵魂中把握到和感觉到，这条船将会如他所愿地航行。他怎么能够呢？但是如果在这一刻他要从这里［保利，Bauli］到四里之外的普

特奥利（Puteoli），有很好的船员和一个很有经验的船长，并且在很好的天气条件下，那么在他看来就很有可能安全地到达目的地。（*Acad.* II.100）

当在两千年之后回看这样的说法，它们看起来可能很迂腐，甚至是老生常谈。不过这个判断过于仓促了。我们没有理由认为卡内阿德斯的怀疑论意在建议过分小心地应对日常的判断。学园怀疑派并非着眼于日常判断，而是关注那些在感觉中寻求确定性标准的哲学理论。用更现代的术语来说，卡内阿德斯说的是，经验判断的真实性总是偶然的，从来不是必然的。事实上，这个世界很可能不同于我们对它的感觉。我们的经验判断可以是真的或假的，只要我们按照对这个世界的观察使用真或假，而不宣称我们关于这个世界本身的陈述为真或为假。[①]

卡内阿德斯的名字和阿凯西劳斯一样，首先都是和批判教条主义宣称的确定性联系在一起的。对于阿凯西劳斯的论证，除了知识论的主题之外，我们几乎一无所知。但是卡内阿德斯关于伦理学、神学和因果性的讨论我们都有一些证据。至少就前两个论题而言，卡内阿德斯的贡献是破坏性的而非建设性的。我们需要强调这一点，因为人们有时候会认为他有某些正面的伦理和神学观点。假如确实如此，那么就和他对这些问题公然的怀疑论进路矛盾了，我们有足够的证据表明应该反对这种阐释。我来讨论一

[①] 在这个问题上回应卡内阿德斯的一个尝试，参见 Stough, *Greek Skepticism*, pp. 44-50。

个伦理学里的例子。① 在西塞罗的《论学园派》II.131 中，据说卡内阿德斯提出了这样一个关于至善（summum bonum）的定义："享受那些自然给我们的首要的东西。"西塞罗注意到，卡内阿德斯提出这个观点"并不是因为他自己接受了它，而是为了攻击斯多亚学派"。西塞罗在其他地方也把这个定义归于卡内阿德斯（Fin. V.20），"为了反驳的目的"（disserendi causa）。这个说法特别适合用来攻击斯多亚学派，因为他们主张，首要的人类冲动是欲求"首要的自然的好"（即健康的身体等），到那时他们却把这个目标从成熟之人的目标中排除掉了（参见本书 p. 187）。因此卡内阿德斯利用了斯多亚学派的一个概念去反对他们，论证他们前后不一致：一方面接受了某些自然的好，另一方面又将它们从至善的构成要素里排除掉了。在另一个语境中，西塞罗写道，卡内阿德斯热切地捍卫至善是德性与快乐的结合，"他甚至似乎都接受了它"（Acad. II.139）。但是西塞罗补充了一个评论：克里托马库斯说他无法理解卡内阿德斯在这个问题上的观点。卡内阿德斯在这里和普遍使用的技巧都是学园派标准的技巧，就是揭露对手立场中的矛盾，或者纯粹为了批判的目的接受一个相反的立场。②

另一个类似的例子是卡内阿德斯对斯多亚学派的神学学说的批评。他在这里使用的一个技巧是"谷堆"（sôritês），这个词被用来说明找到确切的划分标准非常困难。假设一个人说三十个东

---

① 更详细的讨论参见我的论文："Carneades and the Stoic *Telos*," *Phronesis*, vol. 12 (1967), pp. 59-90。

② 当然也有可能卡内阿德斯将某一组道德原理当作"更具或然性的"而予以捍卫；参见 Brochard, *Les Sceptiques grecs*, pp. 160-162，他的理解是"努力达到符合自然的首要的东西"。但是我认为没有证据显示卡内阿德斯拥有任何正面的道德理论，不管他实际上做了什么。

西组成了"一堆",然后拿走第一个、第二个,这堆东西什么时候就不是一"堆"了呢?显然,我们不可能给出一个确切的量上的标准去规定一个"堆",但"堆"又是一个指称量的词汇。卡内阿德斯用这种论证去表明,在我们认为神圣的和非神圣的事物之间,不可能给出任何确定的区分。"如果诸神存在,那么宁芙(nymphs)是不是女神?如果宁芙是女神,那么潘(Pan)和萨提尔(Satyrs)也是神;但是后者不是神,所以宁芙也不是。但是宁芙有城邦献给她们的神庙。那么其他那些拥有献给他们的神庙的神是否也不是神呢?"(*N.D.* III.43)如果对手不接受这个链条上的某个环节,怀疑论者就会问,是什么把宁芙这样的神和潘或者萨提尔这样的非神区分开来?或者是什么把宁芙与其他神区分开来,既然两者都有献给他们的神庙?在这个讨论中,西塞罗注意到卡内阿德斯使用的论证并没有颠覆宗教,而只是表明斯多亚学派的多神论有多么不可信(*N.D.* III.44)。

和其他怀疑论者一样,卡内阿德斯使用了几个教条主义学派看法上的差异。我们看到,伊壁鸠鲁论证说,这个世界上明显的不完美给了我们清晰的证据,认为这个世界并不在诸神的控制之下。斯多亚学派的论证是相反的,这个世界明显是神意的产物,最好的例子就是人这个理性的存在,被诸神设计出来过有德性的生活。卡内阿德斯认为,有德之人遭受痛苦、作恶之人获得幸福,证明了诸神毫不关心人类事物(*N.D.* III.79-85)。在这里就像在之前一样,卡内阿德斯挑选了一个斯多亚学派的信条——神关心人,然后提出那些与它完全不相容的证据。他论证说,人拥有理性不能被用来当作神关心人的证据(III.66-79)。因为只有当理性正确使用的时候才是好的,才可能被当作神关心人的证据;但是理性被正确还是错误地使用取决于人,取决于我们选择如何使用它。仅仅是被给予了理性,即便这事实上确实是诸神的礼物,与其说证明了神意存在,不如说反对了神意。①

卡内阿德斯在哲学上的敏锐洞察,在他对于自由意志的讨论中显示得格外清晰。在这里西塞罗的《论命运》是我们的主要证据。在上一章,我讨论了伊壁鸠鲁的一个理论,生物可以开启新的运动或者行动的能力证明了个别的原子可以在不固定的时间发生偏转。斯多亚学派把这个理论理解为至少是接受了这些运动是无原因的(uncaused),他们攻击这个学说,理由是每个运动或结果必然有一个在先的原因。斯多亚学派给出了很多理由接受在原因与结果之间存在必然联系。但是就目前的讨论而言,我们只需要讨论其中一个。克吕西普斯给出了这样的论证:

> 如果有一个无原因的运动,不是每个命题……都是真的或假的,因为没有动力因的事物既不是真的也不是假的;但是每个命题或者是真的或者是假的,因此没有无原因的运动。但是如果是这样,那么每件发生的事情都是作为之前原因的结果才发生的;如果是这样,每件事都是作为命运的结果发生的;因此不管发生什么都是作为命运的结果发生的。(*Fat.* X.20-21)

---

① 西塞罗在《论占卜》第二卷里,很可能包括了卡内阿德斯攻击斯多亚学派接受占卜的线索。

关于这个论证，有两点值得注意。第一，克吕西普斯把"每件发生的事情都是作为之前原因的结果才发生的"这个命题看作在逻辑上等价于"每件事都是作为命运的结果发生的"。第二，他想要用这个前提证明他的论题："每个命题或者是真的或者是假的。"

卡内阿德斯从两个方向攻击这个论证（*Fat.* IX.23-XII28）。第一，他考虑了"没有运动是没有原因就发生的"。他论证说，"没有之前的原因"并不必然意味着"完全没有原因"。我们可以说一个杯子是空的，而并不是物理学家所说的"空的"，也就是绝对没有任何东西，或者说真空。我们的意思是杯子里没有水或者酒。与此相似，如果我们说心灵没有被任何之前的原因推动，我们的意思并不是心灵的运动是完全没有原因的。"自愿运动"的**意思**就是运动是取决于我们的。这并不蕴含着这个运动是没有原因的。它的原因就是它是取决于我们的。

第二，卡内阿德斯论证，克吕西普斯从"每个命题或者是真的或者是假的"这个前提推论出决定论是无效的。西塞罗记录了克吕西普斯这个推理的理由：

> 真的未来事件不可能没有它们由之发生的原因，因此那些为真的东西必然有原因；因此，当它们（即真的未来事件）发生的时候，它们就是作为命运的结果发生的。

在这里克吕西普斯继续用"原因"来指"之前的原因"。卡内阿德斯用一种非常有趣的方式来回应克吕西普斯。他论证说，如果一个谓述被证明是真的，比如"西庇阿（Scipio）会攻陷努曼提亚（Numantia）"，这没有告诉我们任何关于决定论的东西。它仅仅是关于命题的一个逻辑事实：如果某个事件 E 发生了，那么在这个事件之前 E 将会发生。

> 我们说那些过去的事件是真的，只要"它们现在出现（或者现在实际上是这样）"这个命题在之前的某个时间是真的；与此相似，我们也可以说那些将来的事件是真的，只要"它们现在出现（或者现在实际上是这样）"这个命题在某个将来的时间是真的。

在这些关于真与时态的敏锐观察中，卡内阿德斯的观点得到了吉尔伯特·赖尔（Gilbert Ryle）的赞赏：

> 为什么我们不会担心一个事件之后的真要求那个事件发生，却会担心一个事件之前的真要求那个事件发生？……一个重要的原因就是，在想到一个之前的事件必然带来了之后的事件时，我们无意中将这种必然性等同于因果的必然性……我们不经意间就把之前的真当作了让它们为真的事件发生的原因，它们发生的相对时间让我们不去思考这些发生的事情是那些在它们之后的真的结果。事件不可能是后续事件的结果，就像我们不能是我们孩子的后代。①

---

① Gilbert Ryle, *Dilemmas*, Cambridge, 1960, p. 21.

克吕西普斯和其他斯多亚学派成员从关于真的事实"滑到了"关于原因的信念。克吕西普斯的错误非常清楚,就是他试图从关于命题真值的前提推出决定论。从"E 将会发生是真的"这个命题可以推出 E 必然发生。但是这里的"必然"指的是逻辑的而非因果的必然性。卡内阿德斯能够区分出这两种意义上的必然性,是一个相当大的成就,亚里士多德和斯多亚学派都没有意识到这一点。[①] 从这个区分出发,卡内阿德斯得出结论说,像加图在某个未来的时间走进元老院必然有它的原因。但它们并不是"包含在这个宇宙本性中的原因"。"偶然的"(*fortuitae*)是他用来描述这些原因的词汇,以及与此相似由关于这些事情的命题所描述的事实。因此他论证说,只有当事件的发生是必然的时,谓述才是可靠的(*Fat.* XIV.32-33)。但是我们不清楚卡内阿德斯是不是认为存在这样的事件。

卡内阿德斯本人在实践中是否相信意志的自由呢?我们有很好的理由认为他给出了肯定的答案,同时也和他关于外部世界的怀疑论相容。西塞罗将下面的这个论证归于他:

> 如果所有的事件都是之前原因的结果,它们就都被一个自然的链条捆绑住了。但是如果是这样,所有的事情就都是由必然性导致的;如果是那样,就没有任何事情是取决于我们的。确实有一些事情是取决于我们的,但是如果所有的

[①] 关于亚里士多德在决定论语境下对必然性的讨论,参见 J. L. Ackrill, *Aristotle's Categories and De Interpretationes*, Oxford, 1963, pp. 132ff。

事情都是作为命运的结果发生的,一切事情就都是作为之前原因的结果发生的;因此不管发生什么都不是命运的结果。(*Fat.* XIV.31)

这个论证依赖的前提是"某些事情是取决于我们的"。卡内阿德斯预设了这个前提为真,他可能仅仅是为了反驳斯多亚学派。但是如果这个前提的意思是"我们意识到有些事情是取决于我们的",卡内阿德斯就有理由说这是一个主观经验的有效内容。它并不是关于外部世界本性的断言。

我在前面提到,公元前156—前155年,卡内阿德斯作为使节,和其他两位哲学家一起代表雅典访问了罗马。在《论共和国》第三卷中西塞罗使用了卡内阿德斯支持和反对正义的论证。我们今天依然可以看到这部作品的残篇,但是很幸运的是,拉克唐修(Lactantius)在他的《神圣原理》(*Institutiones divinae*)中保留了卡内阿德斯反对正义的论证的摘要。

> 卡内阿德斯被雅典人作为使节派往罗马,他在加尔巴(Galba)和检察官加图面前发表了关于正义的长篇演讲,这两位是当时最伟大的演说家。第二天,他推翻了自己的演讲,发表了一个立场相反的演讲,颠覆他在前一天刚刚赞美过的正义,并不是用哲学家的严肃,因为哲学家的判断应该是坚定的和前后一致的,而是用修辞练习的方式,论证相反的两方。他这样做的是为了表明他可以反驳持有任何正面意见的人。(西塞罗:《论共和国》III.9 [拉克唐修:《神圣原理》

V.14.3-5〕）

拉克唐修之后提到了一些关于正义卓越性的论证，但是卡内阿德斯提出这些论证的目的是为了反驳它们。支持正义的核心论证是正义对所有人都有好处。它给了每个人应得的，并且保持公平。卡内阿德斯现在要反驳这个立场，"不是因为他认为正义应该被批评，而是为了表明捍卫者的论证并不可靠和牢固"：

> ［拉克唐修说］这是卡内阿德斯论证的基础：人们为了对自己有用而批准法律……在相同的人中间，法律经常根据情境发生变化；没有自然法。所有的人和其他的生物都受到它们自然的指引去追求那些在它们看来有好处的东西。因此，或者没有正义，或者有正义但是极大的愚蠢，因为如果一个人为了他人的利益考虑，就是在伤害他自己。（《论共和国》III.21［拉克唐修：《神圣原理》V.16.2-4］）

在这个论证中，卡内阿德斯攻击的目标是，正义有利于那些做正义之事的人。这当然是柏拉图在《理想国》里力图证明的论题，卡内阿德斯的论证让我们想起柏拉图要明确与之战斗的智者的理论。但是卡内阿德斯的论证增加了一个很有趣的当代音符。卡内阿德斯所说的"他人的好处"并不是指"城邦里的某些个人"，而是其他的城邦或民族。他的论证是罗马人确实有正义，表现在他们的法律和政治实践中，但是这些法律和实践完全是为了罗马人的利益，反对那些非罗马人："除了其他城邦或国家的不利之外，还有什么是祖国利益呢？也就是增加一个国家的土地，用暴力攫取其他国家的财富。"卡内阿德斯指出，根据帝国主义的意识形态，那些扩张了城邦的人就应该得到最高的赞誉。就城邦而言，它们的行为是完全正义的，但是根据捍卫正义的普遍有益性的人的观点，就不是正义的，在他们看来，那完全是自利。

卡内阿德斯进一步考虑个人的行为来加强自己的观点：

> 设想一个好人有一个从别人那里逃跑的奴隶和一个不健康的、被瘟疫侵袭过的家；只有他自己知道这些缺陷，而他准备卖掉这些东西。他应该在买家面前承认这些缺陷还是应该隐瞒它们？如果承认了，他当然是一个好人，因为他没有欺骗；但是他会被看作一个愚人，因为他会贱卖自己的财产或者根本卖不出去。如果他隐瞒了这些，他就是一个明智的人，因为他关注了自己的利益，但同时是个坏人，因为他欺骗了。（《论共和国》III.29）

在阐释这个论证的时候，我们需要记得，柏拉图、亚里士多德、斯多亚学派都认同正义和明智是好人的特征。卡内阿德斯迫使他的对手在正义和明智之间进行选择。一个在做生意的时候故意吃亏的人不可能被称为明智的人，这是卡内阿德斯论证的核心。这个论证如果能够发挥作用就需要双方都认可明智的标准。我们在上一章看到，对伊壁鸠鲁来说，正义值得赞赏是因为，被人当作犯人揭发的风险永远不符合一个人的利益。柏拉图、亚里士多德和斯多亚学派的回应则是，幸福依赖灵魂的某种状态，或者说道德品质；正义有利于实践者是因为正义是幸福的内在组成部分。

卡内阿德斯肯定知道，他的对手不会接受他对"明智"的使用。但是他可以回应说，日常的用法完全可以支持他对于明智的这个理解。因此他的论证对任何想要说明正义与自利可以在一个伦理体系内结合的人来讲都是一个挑战。卡内阿德斯将自己的论证建立在日常语言和大多数人会接受的经验观察上，因此他在精神上更接近现代英国哲学家，而不是其他古代思想家。他拒绝给出明确的教条，用极高的要求去批评那些想要建立自己的理论，但是却把理论建立在动摇不定的论证之上的哲学家们。我们将会看到，斯多亚学派在卡内阿德斯提出批评之后，修正了一些他们的理论；通过他的追随者克里托马库斯，卡内阿德斯被赞赏为完成了"赫拉克勒斯式的工作，从我们的心灵中移除了那些鲁莽和匆忙的思想"（*Acad.* II.108）。卡内阿德斯在确定性和或然性，必然性和偶然性，因果关系和逻辑关系之间做出的区分，就足以确立他作为一个伟大哲学家的地位。假如他的弟子也有着和他相似的才华，那么哲学在接下来几百年里的历史就会大不相同。

但是这样的情况没有出现。克里托马库斯的主要工作是把卡内阿德斯的哲学方法系统化和公开化。这个传统在学园里一直持续到拉里萨的斐洛（约公元前159—前84），只有一些调整（参见本书 p. 223）。但是斐洛最有名的弟子，阿斯卡隆的安提奥库，拒绝了学园怀疑派的方法论，转而接受了一种折中主义的立场，把斯多亚学派和柏拉图主义、亚里士多德主义中的一些要素结合到一起。安提奥库是一个很有影响力的人物，我们会在后面更多讨论他的观点。西塞罗也对他的观点做了长篇讨论，而西塞罗本人宣称自己忠于阿凯西劳斯、卡内阿德斯和斐洛的新学园传统。在安提奥库的领导下,学院抛弃了阿凯西劳斯在两百年前正式建立起来的传统。怀疑论虽然遭遇了暂时的低迷,但是之后又在亚历山大里亚在埃内希德慕斯的影响下,以皮浪主义的名义得以复兴,并且在塞克斯都·恩皮里科的著作中得以永久流传。

第四章　斯多亚学派

> 体系非凡的连贯性与这个主题非凡的有序性令我颤抖。天哪，你不觉得这很神奇吗？……有什么东西与其他事物没有联系得那样紧密，以至于如果你挪动哪怕一个字母，一切都会崩塌？但是根本没有可以移动的东西。（语出"加图"之口，*Fin.* III.74）

斯多亚学派是希腊化哲学中最重要也最具影响力的发展成果。四个多世纪以来，希腊罗马世界有大批受过良好教育的人拥护它，而它的影响也不仅限于古典时期。许多基督教教父受到斯多亚学派的影响比他们自己认识到的更深，从文艺复兴到现代，斯多亚学派的道德教育一直对西方文化有着普遍的影响。有时，斯多亚派的学说会在主流哲学家的著作中重现。斯宾诺莎（Spinoza）、巴特勒主教（Bishop Butler）和康德都受惠于斯多亚学派。但是斯多亚学派的影响并不局限于专业的哲学家。在16—18世纪，那些有时间读书的人反复阅读西塞罗、塞涅卡和马可·奥勒留。这些罗马作家将斯多亚学派的基本原则传播给牧师、学者、政治家和其他人。当然，斯多亚学派是异教徒，而基督教世界憎恨异教徒。但是从斯多亚主义中能够很容易地提炼出基督教绝不愿意否认的关于责任和男性气概的准则。在 18 世纪十分流行的自然神论和自然主义中，斯多亚主义获得了受欢迎的舆论氛围。即使在今天，这种影响依旧存在于最世俗的层面。小写的 stoic 和 stoical（坚韧的、禁欲的）会让我们想起它；在通俗的语言中，"哲学的"（philosophical）意味着展现出斯多亚学派作家所推崇的面对逆境时的坚韧不拔。这是体现斯多亚学派影响的一个很小但非常重要的例子。

奇怪的是，现代学术界对古代斯多亚学派的研究并不均衡。欧洲，尤其是法国和德国，自 19 世纪古典学复兴以来已经做出了重大的贡献。在英国和美国，斯多亚主义却遭到了更多的忽视。也许公正地说，直到大约二十年前，斯多亚主义在这一地区吸引的学术关注要少于古代哲学任何其他重要的方面。现在，情况开始改变了。斯多亚学派向那些愿意认真对待他们的人展示了一系列迷人的哲学问题。但是这一点仍未得到广泛的重视。认为希腊文化的古典时期结束于亚历山大的征服这种习惯很难消失。早期斯多亚学派和普遍意义上的希腊化文化，在现代人的评价中的遭遇，其实是因为我们对其成就的详细了解还非常不足。

对斯多亚体系的总体描述有助于做好进一步研究的准备。正如本章开头的引文所示，斯多亚学派以他们哲学的连贯性为傲。他们相信宇宙可以从理性上加以解释，并且宇宙本身就是一个理性组织的结构。那种使人能够思考、计划和说话的能力——斯多亚学派称之为逻各斯（logos）——就蕴含在整个宇宙中。人类个体就其本质而言分有一种属于宇宙意义上的自然（Nature）的属性。而且因为宇宙自然包含了所有存在的一切，确切而整体说来，人类个体是世界的一部分。因此，宇宙中的事件和人类的行动并非拥有两种截然不同的秩序：归根结底，它们都是同一个事物——逻各斯——的产物。换句话说，宇宙自然或者神（这两个词在斯多亚主义中指同一个对象）和人彼此联系，其核心就在于他们都是理性的行动者。如果一个人充分认识到这种关系的含义，他就会以完全符合最佳人类理性的方式行动，理性与自然的自愿一致确保了这种状态的卓越。这就是智慧，超越了单纯的理性，人类存在的目标就是一个人自己的态度和行动与事件的实际进程之间完全和谐。自然哲学与逻辑学是这个目标的基础，也与它密切相关。为了依据自然生活，一个人必须知道哪些事实是真的，它们的真在于什么，以及一个真命题与另一个真命题如何联系。斯多亚主义的连贯性基于这样一个信念，即自然事件彼此之间有着密切的因果联系，这种联系可以支持一系列关于它们的命题，而这些命题使人能够设想一种与自然或神完全合一的生活。

简略地说，这就是斯多亚主义的基础。但是现在我们必须从这些概括性的东西过渡到细节，从简要地讨论该学派的历史和我们的资料来源开始。

一、斯多亚、人物与资料

用第欧根尼·拉尔修的话来说（VII.5），大约在公元前301/前300年，基提翁的芝诺（Zeno of Citium）开始在雅典的彩绘柱廊（即 *Stoa*，斯多亚）来回走动，进行哲学谈话。这个柱廊与古代雅典的大广场比邻，正如今天能看到的那样，在那里走动的人们可以直接看到主要的公共建筑，置身于高耸入云的雅典卫城及其神庙之间。不同于伊壁鸠鲁，芝诺在一个中心的公共场所开始他的教学，他的追随者们以及他们的哲学体系也因为这个场所而得名。从一段铭刻在石碑上以纪念他的法令来看，芝诺和苏格拉底一样，在他的追随者中尤其重视年轻人，并以他自己的人生为他们树立了德性的典范（D.L. VII.10）。芝诺创立学园的时候，才30岁出头。大约在公元前333/前332年，他出生于塞浦路斯的基提翁。就像他的出生日期一样，芝诺来到雅典的年纪，在古代资料里也存在争议。但是他年轻的追随者珀萨乌斯（Persaeus）或许提供了最可靠的证据（D.L. VII.28）：芝诺在22岁时抵达雅典（约公元前311年），并于公元前262/前261年逝世，时年72岁。

这个时间线让芝诺在确立自己的哲学家身份之前在雅典待了大约十年。换句话说，他在亚里士多德、西诺普的第欧根尼和亚历山大去世后十年左右来到雅典，也就是在伊壁鸠鲁将花园确定为中心前不久。我们并不完全清楚，最初是什么促使芝诺来到雅典。根据一种说法，他一开始是个商人，在从腓尼基到比雷乌斯的旅途中遇到了海难，不知怎么就来到了雅典，并通过阅读色诺芬的苏格拉底邂逅了哲学（D.L. VII.2）。这个故事继续讲述了芝诺对于他读到的东西极为欣喜，开始询问在哪里可以找到像苏格拉底这样的人。这时，犬儒派的克拉特斯（Crates）路过，让芝诺发现了色诺芬的书店老板便对芝诺说："跟着那个人。"这个浪漫的故事更像是虚构。但是提到克拉特斯这一点或许是真实的。对芝诺哲学发展的第一个主要影响可能就是犬儒派，尽管也许早

110　在离开塞浦路斯之前，他就已经对犬儒派倡导的苏格拉底学说有所了解（D.L. VII.31）。芝诺的《理想国》（*Republic*）残篇留存了下来，它们展现出明显的犬儒派元素，例如废除货币、神庙、婚姻，以及真正的共同体必须由有德性的好人构成。① 据说，芝诺在他还是克拉特斯的青年伙伴时就已经开始创作他的《理想国》了（D.L. VII.4），这部作品的目的可能在于直接抨击柏拉图。

犬儒派的主要兴趣在于伦理学（参见本书 pp. 3-4）。芝诺从他们那里继承了人类真正的自然（*physis*）就在于理性这一概念，这也是整个斯多亚学派的基础（*SVF* I.179, 202）。用如此笼统的措辞来表述这个观点，几乎不具备任何革命性。柏拉图和亚里士多德会同意，这个观点最终来源于苏格拉底。但是第欧根尼，也许还有在他之前的安提斯提尼（参见本书 pp. 7-8），给了它一个相当极端、严格的解释，甚至带有禁欲主义的味道，柏拉图和亚里士多德不会接受这个。对于第欧根尼来说，一个人要实现自我，按照自然生活，只需要身体和精神上的自律就足够了（D.L. VI.24-70）。通常理解中的好东西——财产、美貌、社会地位——所有这些对于人类的幸福来说，即使不是真正有害的，也是无关紧要的（D.L. VI.72）。真正的幸福可能与那些无法经受下述检验的东西毫无关系："它是否符合我作为一个理性存在的自然？" 我们很难确定第欧根尼所说的理性或逻各斯的含义，但是我们可以认为他想的是 *phronêsis*（智慧或实践智慧）。他提倡这样一种生

---

① H. C. Baldry, "Zeno's Ideal State," *Journal of Hellenic Studies*, vol. 79 (1959), pp. 3-15 对此做了很好的讨论。

活方式，即人的行为使得对他来说真正重要的东西，即他内在的幸福，不会受到传统的社会和道德判断或者命运变化的影响，只有这样才能实现真正的自由（D.L. VII.71）。这样的生活是**自然的**，因为它除了获取最低的物质需要，对外部世界别无所求。我们发现犬儒派诉诸原始的人和动物的习惯。这种生活是**自然的**，还在于理性是人类与生俱来的天赋，它超越了文化和地理的界线。第欧根尼反对一切无法适用于所有智慧之人的幸福理论，不论他们的种族和社会地位如何。

我们会在后面讨论这些原则与某些斯多亚思想之间的联系。晚期斯多亚学派有时会对前人持有的那些更极端的犬儒主义立场感到尴尬，比如在某些情况下乱伦和食人是正当的（*SVF* III.743-756）。但是纵观整个斯多亚学派的历史，我们会发现他们强调对外部事物的**中立态度**（indifference）（这里有一个重要的限定，稍后再讨论），理性是人类幸福的唯一来源，以及"世界主义"和道德理想主义，这些都反映了芝诺对犬儒派学说的拥护。

当然，其中一些态度是苏格拉底式的，而苏格拉底对芝诺的影响，无论是通过犬儒派还是通过书籍和口传，都非常重要。以下是芝诺所接受的苏格拉底式的基本主张：知识和好密切相关，或者说好人智慧而坏人无知，正确的行动必然来自知识，最大的恶是灵魂的不良状态。

毋庸置疑，芝诺的基本目标是实践性的，即证明他所设想的属人的好。但这并不是一项新颖的事业。芝诺一开始捍卫第欧根尼和克拉特斯的劝导，随后将这些发展成了一个连贯的哲学体系。第欧根尼对柏拉图学园没有一丝同情，尽管他将苏格拉底视为典范。① 像克拉特斯一样，芝诺既和麦加拉学派的哲学家斯蒂尔波和迪奥多鲁斯·克洛诺斯，也和学园派的波勒莫一同学习（D.L. VII.2, 25）。

芝诺很可能从麦加拉学派那里获得了逻辑学的才能和一种对语言理论的普遍兴趣。不太可能是他大大发展了斯多亚学派的逻辑学，那是克吕西普斯的成就。但芝诺作品的标题里包含了逻辑学的主题——《对策》(*Solutions*)、《争论》(*Disputatious Arguments*)、《论符号》(*On Signs*) 和《演说的模式》(*Modes of Speech*)（D.L. VII.4）。他肯定使用了形式化的论证来阐述一些学说。爱比克泰德（Epictetus）以芝诺的名义说哲学家的思辨活动包括"知晓逻各斯的要素，它们各自是什么，它们如何结合在一起，以及它们造成了什么结果"（IV.8.12 = *SVF* I.51）。人们不能确定这些话出自芝诺本人，但它们的意思是完全恰当的。另一个麦加拉学派影响的痕迹在于斯多亚学派的一元论（参见本书 p. 8）。芝诺说宇宙是"一"（D.L. VII.143 = *SVF* I.97），而斯多亚学派捍卫的"存在的统一体"则可以通过麦加拉学派追溯到巴门尼德。

柏拉图的影响，除了那些来自苏格拉底的之外，更容易被识别，但我不会在这里详细列举它们。只要注意到芝诺的宇宙论原则，即"创造性的理性"和柏拉图神圣的工匠，或者世界灵魂之间清晰的联系就足够了。柏拉图《礼法》中的神学及其对神意强

---

① 第欧根尼·拉尔修的《第欧根尼传》中包含了许多柏拉图和犬儒派之间的论战和有趣的交锋。它们的真实性存疑。

有力的辩护，与斯多亚学派有着密切的联系，这并非偶然。这些共同点，以及后面将会提到的其他共同点，与柏拉图主义和斯多亚主义的世界观之间一些深刻的差异并行不悖。毫无疑问，芝诺对柏拉图学说的了解大部分来自他与波勒莫的交往。但是我们对波勒莫本人的教学知之甚少，无法对他的个人影响做出明确的评价（进一步的讨论参见本书 p. 225）。漫步学派的影响引发了进一步的问题，尽管原因完全不同。波勒莫的名字与芝诺联系在一起，但是并没有关于芝诺和特奥弗拉斯托斯或其他漫步派成员之间关系的古代证据。然而，芝诺有可能认识吕克昂学园里的个别成员，而且几乎可以肯定他曾经阅读过他们的一些作品。我已经讨论了早期希腊化时代亚里士多德作品的问题（本书 pp. 9-10），很难相信芝诺不知道其中的一些内容。我们在早期斯多亚学派中发现了亚里士多德的术语，还有一些似乎明显暴露出亚里士多德思想痕迹的学说。①

所有这些加上斯多亚学派承认的来自赫拉克利特的影响（参见本书 p. 145），我们或许可以自信地说，斯多亚学派从一开始就欣然借鉴了同时代以及更早期的哲学。这并非否认芝诺的原创性。他和他的继任者们都在各种学科上提出了新的理论，而受惠于既有体系的斯多亚的综合也有独属于自己的特点。但是斯多亚学派对待其他哲学家和整个希腊文化的态度与伊壁鸠鲁截然不同。至少到克吕西普斯的时代，斯多亚主义已经成为一种博学

---

① 更多参见 J. M. Rist, *Stoic Philosophy*, Cambridge 1969, pp. 1-21, 以及我的文章 "Aristotle's Legacy to Stoic Ethics," *Bulletin of the Institute of Classical Studies*, vol. 15 (1968), pp. 72-85。

的、高度技术化的哲学。伊壁鸠鲁肯定不只对一种潦草粗略的哲学方法论感兴趣，但不可否认的是他非理智主义的姿态。斯多亚学派对文学非常感兴趣，是他们首次在严格的基础上建立了语法，他们在理性思考和道德思考方面都有着广泛的影响。斯多亚学派的准则是：智慧的人通常都会参与政治，芝诺的门徒斯法洛斯（Sphaerus）以及克里安特斯（Cleanthes），担任过试图改革斯巴达社会的国王克莱奥美尼（Cleomenes）的导师和顾问（SVF I.622-623）。小加图、塞涅卡和马可·奥勒留则是斯多亚学派在公共生活中取得杰出成就的三个例子。从这个意义来说，斯多亚主义比伊壁鸠鲁主义更加接近古典希腊哲学的精神，它可以被认为是继承而非背离了柏拉图与亚里士多德的传统（参见本书 p. 226）。

芝诺死于约公元前 261 年，留下了一系列作品，比如《依据自然生活》（Life according to Nature）、《论情感》（Emotions）、《论恰当之物》（That which is Appropriate）、《希腊文化》（Greek Culture）、《普遍物》（Universals）、《荷马问题》（Homeric Problems，五卷）、《争论》（Disputatious Arguments，两卷）（D.L. VII.4）。雅典人授予的金冠、公费建造的坟墓、柏拉图学园和吕克昂学园内的丧葬浮雕以及马其顿摄政王安提戈努斯①（Antigonus）的崇高敬意都彰显了他死后的殊荣。他随后的继任者中，最重要的当属克里安特斯和克吕西普斯。我们不知道这些来自小亚细亚的人如何来到雅典。但是，斯多亚学派吸收了闪米

---

① D.L. VII.6, 10；参见 W. S. Ferguson, *Hellenistic Athen,* London, 1911, pp. 185-187。

特族思想这一旧有理论,并不能像以前一样,仅仅通过三个伟大权威的出生地得到辩护。斯多亚学派的理论中似乎并没有什么内容需要假设其受到闪族的影响。① 鉴于我们的证据,很难完全清楚地了解到克里安特斯和克吕西普斯的创新之处。但是克里安特斯的兴趣有可能集中在自然哲学和神学上。克吕西普斯,从公元前232年到公元前208/前204年去世一直是斯多亚学派的领袖,作为一名辩证法家在古代赢得了极大的声誉,上一章中的一句话提到了他:"没有克吕西普斯,就没有斯多亚学派。"这么说可能对芝诺和克里安特斯不太公平,而且克吕西普斯也并未自称是斯多亚学派的真正创始人。相反,我们应该把他看作斯多亚学派的伟大学者,一个提炼、澄清了芝诺教导的人。② 他本人必定做过许多创新,特别是在斯多亚学派的逻辑学上(*Fin.* IV.9)。在这个领域,他的精力是惊人的,他撰写了311部论著(D.L. VII.198)。对于晚期斯多亚学派来说,克吕西普斯成了正统中的典范,我们也有理由假设大多数以"斯多亚学派说……"开始的古代概括,都是在报告克吕西普斯或者他会同意的观点。不幸的是,大部分现存的残篇都只有几行,而且由于其中许多都被斯多亚主义的对手引用以进行论战,我们也许很难找到证据去判断克吕西普斯的最佳论证风格和质量。但他无疑是一位极其全面的哲学家。

在公元前3世纪后期,斯多亚学派一直与学园怀疑派和伊壁

---

① 波伦兹提到的几点——宿命论,道德义务的概念,善与恶的绝对区分(Pohlenz, *Die Stoa*, 2nd ed., Gottingen, 1959, vol. I, pp.164f.)并不能确定闪族的影响。

② 关于对克吕西普斯贡献的现代观点的研究,参见 Josiah B. Gould, *The Philosophy of Chrysippus*, Leiden, 1970, pp. 14-17。

鸠鲁学派进行论战，但是除了阿凯西劳斯反对芝诺的知识论的论证（参见本书 pp. 90f.）外，我们对这些争论的细节知之甚少。关于公元前 2 世纪的情况，我们的证据要好得多。这是卡内阿德斯的时代，他与斯多亚学派在许多方面展开了激烈的辩论。克吕西普斯本人在世的时候并没有回应卡内阿德斯的批评，但这导致了在克吕西普斯的继任者巴比伦的第欧根尼之后，斯多亚的领袖塔苏斯的安提帕特（Antipater of Tarsus）修改了伦理学理论（参见本书 p. 196），同时还有一些其他匿名的修改。这些修正的目的在于保护斯多亚主义免受卡内阿德斯的反对。事实上，安提帕特达成了一种不稳定的妥协，它既明显削弱了斯多亚伦理学的早期理想主义，也未能满足常识。早期的斯多亚学派似乎设置了一个人类无法企及的目标，这让他们成为了攻击的现成靶子，因此下一位重要的斯多亚主义者罗德岛的帕奈提乌斯（Panaetius of Rhodes，约前 185—前 109），以一种或许很新颖的方式发展斯多亚学派的实践方面，就不是一种偶然了。西塞罗的《论义务》（De officiis）基于帕奈提乌斯的作品，它提供了一套行为准则，并直接称之为"次优"（second-best）的伦理学体系，意在指导那些尚未成为圣人，但是有能力成为理想的斯多亚意义上的好人的人。帕奈提乌斯的中年生活大部分是在罗马度过的。他是西庇阿·阿非利加努斯（Scipio Africanus）的密友，共和国后期斯多亚主义在罗马人中间的传播可能要多多归功于他的影响。

从公元前 2 世纪下半叶开始，斯多亚学派在罗马牢牢立足。在雅典，斯多亚作为一所学园蓬勃发展，帕奈提乌斯于公元前 129 年接替安提帕特成为它的领袖。然而，此时的斯多亚学派在地中海世界还有其他一些中心。来自叙利亚奥伦特河畔（Orontes）的古城阿帕米亚（Apamea）的波西多尼乌斯（Posidonius，约前135—前50），在雅典跟随帕奈提乌斯学成后，在罗德岛建立了一所学园。公元前79年到公元前77年间，西塞罗来访罗德岛，对波西多尼乌斯产生了长久的钦慕。波西多尼乌斯是已知的最后一位对原创思考展现出极大兴趣的斯多亚哲学家。作为一位在历史和地理方面完成了重要工作的博学家，波西多尼乌斯对于我们来说仍然是一个模糊的人物。他无疑拒绝了克吕西普斯的心理学，转而支持柏拉图的灵魂三分，并因此赢得了盖伦的认可（《论希波克拉底与柏拉图的学说》IV, V）。在这之后，波西多尼乌斯以一种有趣的方式修改了斯多亚学派的伦理学。我们不清楚他对正统观念的其余主要偏离。我会在后面解释，波西多尼乌斯的一般哲学观念和他对科学的重视与亚里士多德之间的联系，比早期的斯多亚学派更加紧密。但是对于晚期斯多亚学派来讲，克吕西普斯的权威一直有着最强的影响。

　　导致斯多亚主义在现代被忽视的巨大困难之一是我们的证据。斯多亚的历史通常分为三个阶段——早期、中期和晚期，最后一个阶段最好地体现在塞涅卡、爱比克泰德以及马可·奥勒留的著作中，也是证据最充分的。关于早期斯多亚学派（从芝诺到安提帕特）和中期斯多亚主义（帕奈提乌斯和波西多尼乌斯），我们只能求助于后来作家们的引文和概要。在这两个阶段，没有任何斯多亚哲学家的完整作品存世。不幸的是，我们最好的证据来自于斯多亚主义已经成为了一种权威学说而非发展中的哲学体系的阶段。对于公元2世纪的爱比克泰德和马可·奥勒留来说，最重要的是斯多亚宇宙框架中的道德劝诫。他们很少谈到物理学、逻辑学或者知识论的细节。但是如果爱比克泰德和马可·奥勒留确证而非扩充了我们关于斯多亚理论的知识，他们还做了其他一些非常有价值的事情。通过他们，我们了解到在实践中成为一个坚定的斯多亚主义者意味着什么。因此，理论变得生动起来，早期斯多亚学说枯燥的总结也有了血肉。然而，这些作家中没有一个人打算从历史上准确地描述早期斯多亚学派，而且在某些情况下，例如他们对灵魂能力的处理，都偏离了克吕西普斯的方法论。① 但是如果我们谨慎地使用他们的证据，并将之与一些确定无疑地报告了早期斯多亚学派观点的文本相比较，就可以为关于芝诺和克吕西普斯的明确引用提供非常有用的补充。

　　我们对斯多亚学派前两个阶段的证据可以分为四个类别。第一，是赫库兰尼姆的莎草纸文献：一些破损严重的克吕西普斯的残篇得到了修复，对这些材料的进一步研究可能会提供新的证据，尽管从这些地方我们不能期望太多（特别参见 *SVF* II.131: 298a）。还有一份极佳的莎草纸文本，它保存了与爱比克泰德同时代的一位亚历山大里亚的斯多亚主义者，希罗克勒斯（Hierocles）的作品《伦理学基础》(*Foundations of Ethics*) 的大量残篇。② 这表明了伦理学与心理学之间的关系，并与早期斯多亚主义的证据完全一致。

---

　　① 他们都倾向于以一种柏拉图式而非克吕西普斯式的方式区分肉体和灵魂，参见塞涅卡：《书信》24.17；65.16；《安慰赫尔维娅》(*Cons. Helv.*) 11, 7；爱比克泰德：《论说集》II.12.21ff.；马可·奥勒留：《沉思录》X.11。

　　② 冯·阿尼姆发表并讨论了这一文本，Hierocles, *Ethische Elementarlehre*, Berlin, 1906。

第二，我们有后人的引用。其中许多都是归于某个人的，一个非常重要的例子是克里安特斯用六韵步诗体创作的《宙斯颂》（Hymn to Zeus, SVF I.537）。最常被引用的斯多亚主义者是克吕西普斯，最广泛的引用来自普鲁塔克，他在《论斯多亚学派的矛盾》和《驳斯多亚学派的普遍观念》中反复将克吕西普斯的两段话进行对照，以此揭露斯多亚主义中明显的不一致。盖伦在讨论灵魂的能力时，也经常引用克吕西普斯和波西多尼乌斯的话（SVF III.456-482）。西塞罗、第欧根尼·拉尔修、斯托比的约翰（John of Stobi，也就是斯托拜乌斯［Stobaeus］）和其他一些作家也保存了一些引文，但是大部分证据都来自学述传统（doxography）。我们还有一些无法归于任何个人的引文，公元 2 世纪末的著名亚里士多德主义评注家阿弗洛狄西阿斯的亚历山大（Alexander of Aphrodisias）在他的论著《论命运》（On Destiny）中记录了一些文本，其中一些相当长，在风格和内容上完全是斯多亚式的。但是亚历山大并没有指明作者，也从未在他的论著中明确提到"斯多亚学派"。①

第三，我们有大量的二手记载，它们的形式也许可以通过下面这段来自奥鲁斯·格利乌斯（Aulus Gellius）的文字来说明："芝诺认为，快乐是中性的（indifferent），也就是说既不好也不坏，他用希腊语中的 *adiaphoron* 这个词来表达"（IX.5.5 = SVF I.195）这种说法在所有已经提到的资料中都可以找到，诸如此类

---

① 我在"Stoic Determinism and Alexander of Aphrodisias *De Fato* (I-XIV)," *Archiv für Geschichte der Philosophie*, vol. 52 (1970), pp. 247-268 讨论了亚历山大的方法论。

的重要资料还有塞克斯都·恩皮里科、亚历山大的克莱门特和辛普里丘。

第四,我们还有一类记载,往往与前两类中的一类或者两类结合在一起,它们要么被归于"斯多亚学派",要么从其内容和作者的特征中被推断为斯多亚学派的。西塞罗的《论至善与至恶》为斯多亚伦理学的主要原则提供了一个重要的概述,但是在多数情况下没有提及个别的斯多亚哲学家。第欧根尼·拉尔修和斯托拜乌斯也是如此。但是这些明确记录了斯多亚学说的权威,比那些为了自己的目的使用材料却没有做出说明的作家造成的困难要少。在西塞罗或斯托拜乌斯那里,难题在于确定某些说法究竟是克吕西普斯的,还是其他斯多亚哲学家的。在这种情况下,我们知道某些斯多亚主义者持有这一观点,那么认为它属于克吕西普斯,通常也是一种公平的推断。但是在普罗提诺(Plotinus)和亚历山大里亚的斐洛(Philo of Alexandria)这些作家那里,我们就很难判断哪些是或者可能是斯多亚学派的材料。尤其是斐洛,他是斯多亚资料的重要来源,但是他试图调和犹太教教义与希腊思想,利用了柏拉图、亚里士多德和斯多亚学派的观点。对他影响最深的斯多亚主义者很可能是波西多尼乌斯。

至少早在公元前1世纪,就有对哲学学说进行总结的手册。教导奥古斯都(Augustus)皇帝的阿里乌斯·迪迪慕斯(Arius Didymus)写了一部斯多亚学派和漫步学派伦理学的概要,斯托拜乌斯在公元5世纪使用了这篇概要。第欧根尼·拉尔修对斯多亚学派的总结很可能也参考了阿里乌斯·迪迪慕斯以及其他相似的合集。西塞罗可能也这么做了,尽管他肯定直接参考了某些斯多亚作家（例如《论义务》参考了帕奈提乌斯）。事实上，西塞罗是我们了解斯多亚主义最古老的间接证据。辨别资料来源是一个很大的问题，我最好以解释我的方法结束本节，而不是花更大的篇幅讨论这个主题。

本书的核心关注是从芝诺到安提帕特的斯多亚学派的早期阶段。如果能够厘清个人的贡献，当然是最好的，但是在许多情况下很难做到。与其说"芝诺这样说"和"克吕西普斯的观点是这样"，说"这是斯多亚学派对德性的普遍看法"更好。在某些情况下，如果一个创新或者有分歧的观点有充分的记录，我将指出这一点。但是我的首要目的在于分析基本的斯多亚学说。在每一节中，如果合适的话，我会按照历史呈现资料，通过这种方式，斯多亚主义在它的第一阶段内就会显现出某种发展的意味。只要有证据支持，我就会使用特定的人名，否则我会用"斯多亚学派"，意思是我们有充分的理由认为这种观点是早期斯多亚主义的共同看法，或者是证据提到的是斯多亚主义者整体，这两家通常是一回事。第五章将讨论中期的斯多亚主义者帕奈提乌斯和波西多尼乌斯，我也会在那一章中讨论阿斯卡隆的安提奥库斯尝试过的在斯多亚主义与柏拉图主义和漫步学派的某些学说之间的折中式综合。

二、斯多亚哲学：范围与呈现

> 哲学的任何一个部分都不是独立于其他部分的，它们结合在一起，是一个整体。（D.L. VII.40）

斯多亚学派遵循柏拉图主义者色诺克拉底，在三个大类下处理哲学问题：逻辑学（logic）、物理学（physics）和伦理学（ethics）（D.L. VII.39）。这些英文词汇，尽管每一个都来自于它按惯例翻译的希腊文单词，但是都有误导性。斯多亚学派的"逻辑学"指的是某种包括知识论、语义学、语法学、文体学以及形式逻辑的东西。在斯多亚学派中，"逻辑学"的这些要素彼此联系，因为它们都以逻各斯为主题。逻各斯意味着言说和理性，而言说可以从语音和语义两个方面考虑。或者说，斯多亚学派会在"逻辑学"中讨论思想和有效论证的规则（即严格意义上的逻辑学），以及言词的各个部分——思想和论证通过它得以表达。在斯多亚学派中，认识某种事物就是能够断言一个可以证明为真的命题，因此从斯多亚学派赋予"逻辑学"的宽泛意义上来说，知识论是它的一个分支。

"物理学"的主题是 $physis$（自然），它也必须被广义地解释为物理世界和生物，包括神圣的存在、人和其他动物。因此，除了那些可能被宽泛地归为自然科学的主题，"物理学"还包括神学。斯多亚学派对这些主题的处理并非严格意义上的科学。早期斯多亚学派把它留给了像漫步学派的斯特拉托和阿基米德这样的人，他们取得了更具科学性的进展。斯多亚式的"科学"是思辨性的，即自然哲学，尽管其中大部分也根植于对特定现象的观察中。

最后是"伦理学"。斯多亚学派同伊壁鸠鲁和其他希腊哲学家一样，不仅仅是理论上的道德学家，更是实践上的道德学家。他们的确提供了对道德概念的分析，但这是为了做好准备去说明为什么这些概念是有效的,什么是人类幸福的基础,以及人们最好的生活是什么。

逻辑学、物理学和伦理学这三个主题,是斯多亚学派为了阐明他们的体系采用的。我将在下面遵循他们的方法。但是我们必须把哲学的这种划分仅仅作为一种方法论原则加以阐释。这并不是承认有三个相互分离的研究主题。相反,逻辑学、物理学和伦理学的主题是**同一个**东西,即这个理性的宇宙,只不过是从三个不同但是彼此一致的立场去加以考察。对于斯多亚学派来说,哲学是"智慧的实践"或"恰当科学的实践"(*SVF* II.35, 36),他们用一些比喻来解释哲学与其各部分之间的关系:"哲学就像一只动物,逻辑学类似它的骨骼和肌腱,伦理学类似血肉,物理学则是灵魂。"在第二个比喻中,哲学被比作一个鸡蛋,逻辑学是它的外壳,伦理学是蛋白,物理学则是蛋黄。根据第三个比喻,哲学像一块肥沃的土地,逻辑学对应四周的墙壁,伦理学相当于果实,而物理学对应土壤或者植被(D.L. VII.40)。

显然,这些奇特的类比主要目的在于表明哲学是一种有机的东西,它的每一个所谓的部分都做出了必要且不可或缺的贡献。它们不需要,我还会论证它们也不应当,被阐释为体现了学科间的等级关系。逻辑学和物理学拥有根本性的伦理意义,伦理学本身也和物理学、逻辑学完全结合在一起。当然,在某种意义上,我们可以说"活得好"的实践目标使得物理学和逻辑学在斯多亚学派中从属于伦理学。但是斯多亚学派的观点是除非一个人是好人或者智慧者,否则他就不能充分实践后面这些科目;反之,做一个好人或者智慧者需要在物理学和逻辑学方面拥有超高的能力。在最广泛的意义上，伦理学指导着斯多亚哲学的所有部分。但是作为斯多亚哲学的一个分支，伦理学指向一系列主题，例如德性、冲动和恰当的行动，这些都需要以物理学和逻辑学作为基础（D.L. VII.84ff.）。

埃米尔·布雷希尔（Emile Bréhier）令人钦佩地表达了物理学、逻辑学和伦理学之间的这种必要的联系：

> 它们不可分割地联系在一起，因为在辩证法中，是同一个理性（logos）将因果命题联系在一起，在自然中建立起因果连结，在行为中为行动之间完美的和谐提供基础……不可能在这三个领域中独立地实现理性。①

斯多亚学派中的两个基本概念是 logos（理性）和 physis（自然）。正是因为理性指导着整个自然，斯多亚学派才试图将哲学的所有方面统一起来。我们可以说，斯多亚哲学致力于一方面让语言和行为完全对应，另一方面又让它们和自然事件完美契合。②

第欧根尼·拉尔修说，将逻辑学、物理学和伦理学结合起来是一种惯例（VII.40），不同主题之间的相互联系一定要加以强调。但是他还说，芝诺和克吕西普斯最初从逻辑学出发，接着转向物理学，最后是伦理学。这种划分也许过于鲜明，并不能精确地对应早期斯多亚学派的实践。据普鲁塔克说，克吕西普斯曾经

---

① Emile Bréhier, *Histoire de la philosophie*, Paris, 1931, vol. I, p. 299.
② 克吕西普斯说人的目标在于"依据自然事件的经验生活"（D.L. VII.87）。

主张年轻人应该首先学习逻辑学，其次是伦理学，最后是物理学（《论斯多亚学派的矛盾》1035a = *SVF* II.42）。这种矛盾可能只是表面上的。克吕西普斯明确表示，伦理学取决于对最广泛意义上的自然的理解。他也许在讲课和研究的书面材料中，把对自然哲学的一般性理解作为处理伦理学的前言，把那些只有进阶的学生才去研究的详细问题留到最后。

斯多亚哲学的范围根据其代表人物的兴趣和能力一定有着很显著的区别。这一体系的道德目标以及晚期斯多亚学派对劝诫和决疑论（casuistry）的强调，不应被当作暗示了早期的斯多亚哲学家全身心地致力于灌输实践道德。克吕西普斯和波西多尼乌斯像亚里士多德一样对理论问题深感兴趣。理论和实践之间也没有实质的矛盾。亚里士多德认为沉思生活是对人来说最好、最神圣的活动（*E.N.* X.1177b24-1178a8）。而对于一个真正的斯多亚主义者来说，对自然任何方面的研究都会有助于实现他自己的情状和宇宙理性之间的和谐关系（D.L. VII.88）。

三、斯多亚学派的逻辑学

斯多亚哲学在本质上的统一性给那些试图撰写它的人带来了相当大的困难。如果不断地指出细节的意义，就有可能使读者感到困惑，让他们因为重复而感到厌倦。然而，如果认为细节是独立自足的，就会造成对斯多亚学派的片面呈现，这也不能令人完全满意。现代学者们曾以不同形式应对这一困境。本森·梅兹（Benson Mates）和玛莎·尼尔（Martha Kneale）以一种启发性的方式讨论了斯多亚逻辑学的形式方面。① 但是这两位作家都没有为构成斯多亚学派"逻辑学"的主题提供一个全面的论述，他们也没有展示"逻辑学"在整个斯多亚哲学系统中的地位。在这里，我准备对这个主题采取一种更加广泛的概述，集中讨论那些最能够体现斯多亚主义一般特征的主题。有些东西不可避免地会被仓促处理，另一些则会被完全略过。但是这一节的注释以及提到的延伸阅读，旨在弥补一些正文中的省略。

很可能是从克吕西普斯开始，斯多亚学派将"逻辑学"的主题划分为两类，修辞学和辩证法（D.L. VII.41）。要理解这种划分的意义，介绍一些历史背景是必要的。对于晚期古代哲学家来说，被称作逻辑学的东西是由亚里士多德的一组作品决定的，他们将这些作品命名为 *Organon*（工具）。亚里士多德并没有将这些作品归在单一的标题之下，但是他的评注者们相当明智地这样做了。《工具论》包括《范畴篇》(*Categories*)、《论题篇》(*Topics*)、《辩谬篇》(*De sophisticis elenchis*)、《解释篇》(*De interpretatione*)，以及最重要的《前分析篇》(*Prior Analytics*)和《后分析篇》(*Posterior Analytics*)。将所有这些作品结合起来的是亚里士多德对语言的关注，但这也是《形而上学》，以及《修辞学》和《诗学》的重要主题。同样地，形而上学也进入了逻辑学作品，尤其是《范畴篇》。形式意义上的逻辑学在《分析篇》中得到了最充分的处理，亚里士多德在那里阐述了三段论推

---

① Benson Mates, *Stoic Logic*, Berkeley, 1953, W. Kneale and M. Kneale, *The Development of Logic*, Oxford, 1962, pp. 113-176.

理的原则。《论题篇》和《辩谬篇》的主题是"辩证推理"。它与"论证推理"(《分析篇》的主题)的区别就在于它据以出发的前提：辩证法指的是以人的信念为前提的推理，而证明三段论的前提则是"真的和基本的"。语义学和关于肯定陈述与否定陈述的问题是《解释篇》讨论的两个主题，《修辞学》则处理真实的或表面的说服手段。亚里士多德在辩证法和修辞学之间建立了一种非常紧密的非柏拉图式的联系。他主张这两者都与那些属于人类一般知识的主题有关，因此它们都不是一种拥有具体主题的科学（epistêmê）。它们在各自的领域内都是一种提供论证的能力（《修辞学》I.1.1354a1-14）。

如果把这一切看作亚里士多德对逻辑学的贡献，那么我们就是在一种宽松且极其宽泛的意义上使用"逻辑学"。但是问题主要在于术语上。语言和推理是修辞学的两个基本性质，虽然不像证明性科学，修辞学的目标是实践性的。因此，当斯多亚学派把修辞学归到"逻辑学"之下时，他们并没有背离常规。相反，在主张"逻辑学"是哲学的**一部分**时，他们比亚里士多德更加系统化。在斯多亚学派中，或许我们最好将"逻辑学"描述为"理性论述的科学"（the science of rational discourse）。

斯多亚学派与亚里士多德的辩证法概念之间存在着一些极为有趣的差异。最根本的一点是，在斯多亚学派中，正如在柏拉图那里，辩证法是一门以事物的真实性质为研究领域的科学。这并不是说辩证法在这两个体系中指同样的程序。对柏拉图来说，辩证法家是一个通过问答过程找到正确定义的人，他用这种方式发现事物的本质。斯多亚学派认为问答是辩证法使用的方式之一，但是对他们来说，这个过程似乎是一种教育手段，而非做哲学的唯一正确路径。斯多亚学派的辩证法被定义为"关于什么是正确的，什么是错误的，什么是既不正确也不错误的知识"（D.L. VII.42）。因此，它是哲学家必备的能力，而且，斯多亚学派声称辩证法家必然是智慧者。第欧根尼·拉尔修简要说明了为什么是这样，这个说明也构成了他概述斯多亚学派逻辑原则的结论。在报告了只有圣人才是辩证法家之后，第欧根尼写道：

> 因为所有的事物都是通过用语言进行探究而直观到的，无论是自然科学的主题还是伦理学的主题都是如此……在这两种从属于德性的语言学研究中，一种考虑的是每种事物是什么，另一种则是它被称作什么。（D.L. VII.83）

言语、事物以及它们之间的关系——简单来说，这就是斯多亚辩证法的主题。我们不能忘记，修辞学作为"如何说得好的知识"（*SVF* I.491），也被当作更广泛的"逻辑学"主题。但是我在这里不会讨论斯多亚学派关于修辞手法和演说组织的理论。① 对我们来说，它们只具有非常边缘化的哲学意义，尽管古代的读者对此会有不同的判断。

---

① 对此的深入的研究，参见 Karl Barwick, *Prohleme der stoischen Sprachlehre und Rhetorik*, Berlin, 1957 这部杰出专著的最后一章。

1. 知识论

斯多亚学派的"辩证法"包括两个大的主题,"所指"(things which are signified)和"能指"(things which signify)(D.L. VII.62)。最重要的一类"所指"是词语、短语或语句的意义,即语言所"说"的东西,我们很快就会详细考察这个问题。但是斯多亚学派并没有将"所指"的范围限制在陈述和单独词语的意义上。他们还在这个标题下处理感觉印象和概念,而它们最初也许并不是由语言呈现或表达的。事实上,我们得知斯多亚学派在他们对辩证法的处理中将"印象"放在首位(D.L. VII.49)。

但"印象"与辩证法有什么关系呢?斯多亚学派的回答是,语言和思想不是被先验地赋予内容。说话和思考的能力在任何一个人身上都要经过长期的发展。刚出生的时候,心灵就像一张白纸(*SVF* II.83),它的精巧构造就是为了能够在上面留下印记。最初的印记就是感觉的结果。外部对象作用于感觉器官(参见本书 p. 126),在心灵中产生印象。如果这个印象是"认知性的"(我会在下文解释这个条件),它的发生就构成了感觉,即对真实或者实际的东西的意识。印象在心灵中留下了它们发生的记录,对同一事物或同一类型的重复记录产生了一般性的概念。① 在这一点上,斯多亚学派的理论几乎与伊壁鸠鲁的"前观念"一样。然而,有些一般概念并不是感觉的直接衍生物。通过各种心灵过程,"相似""类比""置换""构成"和"相反",其他概念可能得以形成(例如人马、死亡、空间的概念)。这也表明,斯多亚学派并没

---

① 关于普遍物的本体论地位,参见本书 p. 141。

有把"印象"这个词限制在对感性对象的认识上。为了能够意识到事物，必须有东西呈现在心灵之中。人形成一般概念的能力是与生俱来的，但是这种能力的实现需要经验，即对外部世界的经验，和自我意识，也就是对他本人心灵状态的意识。① 理智是人"自然地"从基础的感觉经验中建立起来的一般概念里面塑造和发展的。

　　这似乎是一个连贯的，并且普遍可接受的对心智发展的解释，现在必须给它加上一个语言学的维度，我们可以从转换语法（transformational grammar）的角度为斯多亚学派提供一种现代的回响。② 他们认为，每个生物都有自己的主导原则（*hêgemonikon*），而在人身上，当他成熟了，这个主导原则就是"理性的"。在这个阶段，我们不需要考虑人类"理性"的完全心理学意义（参见本书 p. 175）。我想强调的是，在斯多亚学派中，"理性"意味着使用语言说出事情的能力。这并不是它的唯一内涵：理性在斯多亚学派中是一个极其宽泛的概念。但是，在我们目前的语境中，重点在于思考和说话是对一个统一过程的两种描述或者两个方面（与此相似的主张，参见柏拉图：《智者》[*Sophist*] 263e）。我们可以把这个过程称为"说出的思想"（articulate thought）。

---

　　① 对概念形成的进一步讨论，参见 F. H. Sandbach, "*Ennoia* and *Prolepsis* in the Stoic Theory of Knowledge," *Classical Quarterly*, vol. 24 (1930), pp. 45-51 (reprinted in *Problems in Stoicism*, ed. A. A. Long, London, 1971, ch. 2)。

　　② 斯多亚学派会很乐于同意诺阿·乔姆斯基的观点，即"获得一种语言知识的人已经内化了一套规则体系，它以一种特定的方式将声音和意义联系起来"；Noam Chomsky, *Language and Mind*, New York, 1968, p.23。

印象学说与"说出的思想"之间的关系被非常清楚地表达如下：

> 印象领路，接着是能够说话的思想，用话语表达它作为印象的结果所经验到的东西。（D.L. VII.49）

这个说法在两种状态之间做出了鲜明的区分，一种是被动状态，即对某种事物的意识，另一种是主动状态，即用说出的思想对这种印象进行阐释。当然，印象被认为先于说出的思想。但我们不应当认为这总是意味着时间上的优先。斯多亚学派会同意其他经验主义哲学家的看法，即在某种意义上，心灵中并不存在之前感觉里没有的东西。但是这并不意味着说出的思想的每一个行为都直接以印象的发生为前提。这段文字中提到的优先性只是意味着我们不能对那些没有作为感觉印象，或者作为记忆形象，抑或作为某种基于先前经验的东西呈现出的事物进行有声地思考。印象和说出的思想通常是同一个心智过程的两个方面。

我们需要对"说出的思想"这个概念再多说几句。斯多亚学派认为，对经验的理性阐释需要语言。塞克斯都·恩皮里科的一段话以极具启发性的方式强调了这一点：

> 斯多亚学派说，人与非理性的动物不同之处在于内在的而非说出的言语，因为乌鸦、鹦鹉和鸟类也会发出清晰的声音。人与其他生物的区别也不在于简单的印象，因为它们也会接受这些印象，而在于通过推理和组合创造的印象。这意

味着人拥有一种"联系"的观念，他也因此掌握了信号的概念。因为信号本身具有以下的形式："如果a，那么b。"因此，信号的存在来源于人的本性和构造。（*Adv. math.* VIII.275f.）

在这里，印象与说出的思想的关系被置于逻辑学的语境下。人是这样一种生物，作为自然禀赋，他拥有看到联系（以及使用语言）的能力。要做到这一点，就是要把思想说出来，在自己的内部说话，对经验印象进行排序，并从中创造新的观念。对斯多亚学派来说，整个世界都是内在的逻各斯或理性的作品，而人因为拥有说出思想的能力，可以产生反映宇宙事件的陈述。语言是自然的一部分，为人类提供了表达他与世界关系的媒介。

接下来我们就可以讨论本节的主要问题了：在斯多亚学派中，什么是认识某物？根据芝诺的说法（*SVF* I.68），认识某物就是以这样一种方式来把握（apprehend）它，即他的把握不会被论证动摇。斯多亚学派用来表示把握的希腊单词是 *katalêpsis*，这个概念的某些方面在上一章讨论学园怀疑派的批评时已经考虑过了。现在我们可以把它放到恰当的斯多亚语境下。

斯多亚学派把感觉分析为一种心智行为，在其中，我们"认同"（assent）一些印象。外部对象造成围绕它们的材料（气或水）的扰动，在适当的条件下，这些中介材料中的运动被传达给我们的感觉器官。然后，它们在身体内部被传递到以心脏为中心的主导原则。这一过程的结果就是一个印象，克吕西普斯将其描述为一种主导原则的"修正"（*SVF* II.56）。至此，感觉被认为是外部对象作用于感知者之上的东西。芝诺用张开的手作为比喻来说明这个阶段。随后他部分地合上了手，这代表了主导原则对印象的回应：思维认同了它。接下来，他握紧了拳头，芝诺把这比作认知（"把握"）。最后他用另一只手握住拳头，他说："这就是知识的样子。"（*Acad.* II.145）

与我们直接相关的是前两个阶段。通过区分被动接受印象和认同的心智行为，斯多亚学派在单纯的意识和注意、感觉、关注之间做出了区分。得益于通过经验获得的概念储备，主导原则通常不是限于对印象的意识做出反应。它通过阐释和分类对印象进行回应，例如把某个东西看作一只黑色的狗，而不仅仅是一个具有特定颜色和大小的形状。① 斯多亚学派正确地将感觉视为一种判断：在认同印象的时候，我们承认我们的感觉经验与某些可表达的事实一致，例如我看到的是一只黑色的狗。

但是，我有没有可能犯错呢？斯多亚学派会承认这一点。仅仅是我将某种印象接受为"看见一只黑色的狗"，并不能保证这样的对象真的存在于我的意识之外。疾病、幻觉、光线差，这些以及其他条件都有可能扭曲我的视觉，让我做出的许多感觉判断发生错误。但是早期斯多亚学派声称，有一类印象能够让我不会在其基础上形成错误的判断（晚期斯多亚学派对这一主张进行了限定，参见下文）。"认知印象"是"被它所来自的对象印证和塑造的，带有如果来自它的确出自的对象之外的其他对象就不会具有的特征"（*Acad.* II.18，另参见 *Adv. math.* VII.402）。这些印象，

---

① 关于这一点以及一般的"认知印象"，参见 Sandbach, "*Phantasia Kataléptikê*," in Long ed., *Problems in Stoicism*, ch. 1。

就像这个措辞仔细的定义所说的那样，毫无疑问是值得信赖的，并且在认同它们的时候，我们就抵达了芝诺那个手的比喻的第三个阶段：我们把握了某种东西。

我们把握了什么呢？不仅仅是印象。印象是某种"揭示了自身及其原因"的东西（*SVF* II.54）。而且，在认知印象中，它的原因就是"真实的对象"。因此，在认同这种印象的时候，我们也把握了促使它们产生的对象。① 这是表达斯多亚学派理论的一种方式，但是在这么说的时候，我们提出了一个现在必须面对的难题。"真实的对象"只是对希腊语原文的近似翻译。对这个希腊短语最字面的翻译是"其所是"，表达"是"（*hyparchei*）的单词也带有"存在""真实"或者"是这样"的意思。② 在英语中，我们谈论存在或者真实的对象，因此既然认知印象的原因是一个物质对象，就可以合理地说认知印象使我们能够把握存在的或者真实的东西（参见 *Adv. math.* VIII.85）。但我们把握的也是"情况就是如此"，例如"我看到了一只黑色的狗"。事实上只有在一种隐喻的意义上，我们才能说"把握了对象"，因为我们并没有在身体上把握住它。我们可以把斯多亚学派的立场说成是："我们认同的确存在着一只我们所看到的黑色的狗这一印象。"

认知性呈现的特殊性在于"它可以被把握"。我们应该在直觉上承认这一点。认知印象本身并不能够提供给我们说"这是一只黑色的狗"所需要的所有信息。任何这种形式的陈述也需要事

---

① 参见 Sandbach, "*Phantasia Katalêptikê*"。

② 关于这一点更加详细的处理以及后续，参见我的论文 "Language and Thought in Stoicism," in *Problems in Stoicism*, ch. 5。

先获得特定的概念。认知印象保证了存在着某个与它准确对应的实际的对象。我们的一般概念使得我们对认知对象的认同，就是识别与它对应的对象究竟是**什么**。①

正如我们所看到的，学园怀疑派猛烈地抨击这种关于知识的反映论。他们认为，任何印象都不能保证它自身的可靠性。斯多亚学派回应说，除非某些印象是直接可信的，否则知识就没有坚实的基础。他们继续说道，某些印象就属于这种类型。但是我们如何能够绝对确定任何特定的印象必然对应一个特定的事实或对象呢？假如斯多亚学派不再主张"必然对应"，他们就能够抵挡住怀疑派的主要火力。但事实上，他们所捍卫的立场总是会遭到反驳，"你怎么知道这个认知印象就是认知性的呢？"面对这种反驳，晚期斯多亚学派承认即使是认知印象也可能由于外部环境而被误解。他们在对这一标准的说明中增加了"倘若它没有受到干扰"（*Adv. math.* VII.253）。当这个附加条件得到满足时，"清晰而醒目的认知印象就会抓住我们的头发，拽着我们去认同"（*Adv. math.* VII.257）。

这一修正后的学说意味着对认知印象的认同通常是即时的，而不是某种需要我们经过思虑进行选择的东西。这些晚期斯多亚学派心目中的"干扰"被塞克斯都称为"外部环境"（*Adv. math.* VII.254ff.）：从特洛伊归来的梅内劳斯（Menelaus）接收到了一个海伦（Helen）的认知印象，却由于相信海伦还在他的船上而没

---

① 因此一般概念也被称为真理的标准（*SVF* II.473）。参见 Gerard Watson, *The Stoic Theory of Knowledge*, Belfast, 1966, ch. 2。

有认同这一印象。事实上，他船上的海伦是众神制造出的形似真正海伦的幻影。这个例子提出了一个要点。如果我们对某种情况的信念是错误的，我们可能会看到不存在的东西，或者看不到存在的东西。但是假设我们说（晚期斯多亚学派也会这样说［参见 *Adv. math.* VII.258］），如果一个人想要掌握事物的真实情况，那么他必须采取一切措施来获得"清晰而醒目的印象"。如果他站在梅内劳斯的位置上，他的判断仍然会出错。对真理标准的要求是它能够建立确定性。但是除非我们事先知道，就像梅内劳斯没有做到的那样，当我们对认知印象的识别存在干扰时，这个学说就丧失了它全部的原创力量。我们就需要进一步的标准来确定我们的印象是认知性的，不论这在当时看来多么不可能。这一让步正中怀疑派下怀，因为它剥夺了认知印象无条件的可靠性。晚期斯多亚学派实际上是在做一个完全无益的声明："认知印象是对真实事物的检验，当且仅当它们被承认是真实的。"

在上一章中，我们提到了斯多亚学派对知识和信念的区分。在哲学中，信念通常被视为或正确或错误的东西，斯多亚学派也承认这一点。但他们以一种奇怪的方式来表达它。对于信念中的"正确"，他们用的词是"薄弱"（Weak），将信念归类为认同某物的行为，它们要么是薄弱的，要么是错误的。① 使用这个词的要点似乎首先是逻辑意义上的。在斯多亚学派中，知识必然是"可靠的"，任何缺乏这一属性的认知状态都不可能是知识。缺乏知

---

① 塞克斯都·恩皮里科调和了薄弱的和错误的谓语（*Adv. math.* VII.151），但是斯托拜乌斯正确地从"薄弱的假设"中区分了一种意见，即"对非认知印象的认同"，这是一种完全"错误"的意见（*SVF* III.548）。

识就是信念或无知，但信念并不是单一的状态。其中的一些明显是错误的，其余的则是对真实的认同行为。但是后者缺乏那种双手的"紧握"，即芝诺所描述的知识的特征。"薄弱的认同"描述了一个"把握"了对象或者真实情况的人的认知状态。但是对于芝诺来说，这还远远不足以构成知识，因此他把"薄弱的认同"等同于无知（*Acad.* I.41-42）。正如阿凯西劳斯看到的那样，斯多亚主义在知识和缺乏知识之间的确没有中间状态。除非你知道了某物，否则你就不是**真的知道**它（unless you know something, you don't *know* it）。这是严格的斯多亚学说。但是很显然一个把握了某个东西的人，无论这种把握多么薄弱，他都比一个完全无知的人更渴望获得知识。我们会在后面看到，斯多亚学派在德性和恶性之间提出了一个同样排他性的分界线，但是他们也承认，一个人在德性方面可能会比另一个人取得更多的进展。

要把薄弱的认同转化为知识，需要什么？我们提到了芝诺对知识的定义（本书 p. 126），知识也被描述为"一种接受不会被论证动摇的印象的情状"（D.L. VII.47）。这些文本暗示，知识有一些系统性的特征，使它能够抵御反驳。从一个人认同了认知印象 p 出发，并不能推出他能够在每一个论证下都为 p 辩护。就像柏拉图《美诺》（*Meno*）中的那个年轻的奴隶，他也许正确地认同了几何学证明的所有步骤，但是他最终达成的正确意见需要"被理性束缚"，才能算作知识。他必须能够证明为什么这个论证是有效的。在声称知识必定无可辩驳时，斯多亚学派主张知识的拥有者可以通过必然为真的命题来证明他所知晓的事物。

斯多亚学派在"真理"（truth）和"真的"（the true）之间做

了一个乍看起来很奇怪的区分（*Adv. math*. VII.38ff.）。① 然而，这与他们在知识和信念（即"薄弱的认同"）之间做出的区分一致。"真的"被称为"简单而统一"，它被应用于任何陈述事实的命题。但是"真理"是一个复合体，是许多东西的集合。"真理"不同于"真的"，它是智慧者特有的，它是有形的（corporeal），而"真的"却是无形的（incoporeal）。区分有形和无形的意义需要进一步考虑。但值得注意的是，"真理"与原因、本质、必然和逻各斯一同被用来表达同样的"实体"（*SVF* II.913）。它们中的每一个都描绘了宇宙的一个方面。马可·奥勒留也提到了这一宇宙的"真理"，他称其为"所有真的事物的第一原因"（《沉思录》IX.2）。它指的似乎就是必然的因果链条。了解这些就是了解必定发生的事情，因此也就是一系列必然的真理。这就是斯多亚学派那里智慧者的条件。他从不出错，从来都能够完全牢固地把握事物。他的知识在逻辑上等同于"真理"，因为它基于控制宇宙事件的因果关系。不同于普通人能说出一些真实的陈述却无法次次抵御试图推翻它们的攻击，智慧者的判断不会出错，因为他知道为什么它们每一个都必定是正确的。

在讨论斯多亚学派的更多细节时，我们应当始终牢记"知识"和"智慧者"的概念。斯多亚学派似乎将任何正确的陈述都追溯到作为起点的"认知印象"（*Acad.* I.42）。我们的大部分证据都将认知印象置于对感觉判断的讨论中，而且正如我们看到的，正是感觉提供了所有概念的基础。但斯多亚学派也承认一种"不可感"

---

① 更详细的讨论参见 Long, "Language and Thought in Stoicism," pp. 98-101。

的印象，不存在任何物理对象与之对应。"人是理性的动物"或者"50 是 10 的 5 倍"的印象就属于理性的或 "不可感的"印象。从塞克斯都对认知印象的批评（*Adv. math.* VII.416-421, VIII.85-87）来看，我们似乎可以肯定斯多亚学派最终必定诉诸这一学说来支持这种主张，对于道德概念的知识或许也是如此。然而，这是一个必须在斯多亚伦理学的一般背景下考虑的问题。就目前而言，我们需要注意的是"逻辑学"的其他方面。

2. 语法和语言学理论

尽管斯多亚学派将"印象"视为一组"所指"，他们也将这个表达更加狭义地应用在语言学上。什么是语言？语言可以用来表达什么？对于这些问题，斯多亚学派给予了相当多的关注。遗憾的是，关于他们的答案，现存的证据有着严重的缺陷，假如克吕西普斯和其他斯多亚主义者的某些语言学著作能够流传下来，许多模糊晦暗之处也许能够变得清晰。就我们所知，他们在这一领域的作品极具吸引力与重要性。有著作存世的第一位古代语法学家狄奥尼修斯·特拉克斯（Dionysius Thrax，公元前 2 世纪），深受斯多亚学派的影响，瓦罗（Varro）、普利西恩（Priscian）和许多其他人也是如此。宽泛地说，自前苏格拉底哲学家以来，语言一直是哲学讨论的主题。赫拉克利特的假设，同一个逻各斯决定了思想的模式和现实的结构，这或许是对斯多亚哲学最重要的影响因素。我们将在本节的末尾回到这一点。智者，尤其是普罗塔哥拉和普罗迪科（Prodicus），对"言辞的正确性"感兴趣，而智者对诗歌的阐释和修辞学教学也很自然地激发了人们对语义学和语法形式的讨论。① 柏拉图和亚里士多德做出了许多有洞察力的贡献，但是他们在逻辑学和对语言的哲学使用方面的成就，远超他们对语言结构和形式的洞见。在后面这个主题上，斯多亚学派是先行者。他们帮助系统化了许多以前不系统的东西，还建立了分析语言的方法，其中一些沿用至今。

"辩证法的研究从声音的主题开始。"（D.L. VII.55）巴比伦的第欧根尼（他的语言学作品极具影响力）区分了人类和动物的声音，将人类的声音定义为"说出思想的产物"（同上）。从物理学角度看，"声音"是"气的振动"，斯多亚学派将词语的语音方面视为物质对象。这一点很重要，因为它标志着语音和语言存在某些语义学上的差异：谓词或语句"所说的东西"是"无形的"。

有形与无形之间的区别是斯多亚学派的一个基本学说。它属于一个形而上学论题，即可以在严格意义上说"存在"着的东西只有物体。检验事物是否存在的标准是可以行动和受动的能力（参见本书 p. 153），只有物体可以满足这个标准。气和声音满足了这一条件，但语句的意义并不满足。为了说出某个有意义的东西，必须满足某些物质条件：必须以特定的顺序说出特定种类的词语，而这预设了一种理性生物的存在。只要他在思考，以一种能说清的方式思考或说话，那么某种有意义的东西就会与他的思想"并存"（*Adv. math.* VIII.70）。但是这种意义并非独立存在。就其本身而言，它既没有行动也没有受动。

---

① 关于希腊语言理论的大部分证据参见 R. Pfeiffer, *History of Classical Scholarship*, Oxford, 1968。

无形的意义这一概念需要进一步分析，因为我只给出了其形而上学含义最简单的概述。但是，在我们考虑斯多亚的语音和语义理论的一个相当不同的维度之前，给出一幅初步的草图就足够了。当哲学家们第一次开始严肃思考语言时，他们最感兴趣的问题是"词语和事物——物质对象——之间是什么关系？"或者更严格地说——因为他们没有与"词语"精确对应的词语——他们用"名称"（name）来表述这个问题：名称代表了什么？为什么？例如 *anthrôpos* 这个希腊语中人的名称。在正确表述关于词语和句子意义的问题之前，大多数思想家很可能都采用了天真的实在论概念，即一个名称的意义就是被命名的事物或物质对象。但是对于事物如何拥有人类应用于它们的名称，并没有普遍的共识。在公元前 5 世纪，智者们提出了关于人类社会制度的自然或习俗基础的重要问题。这场辩论尤其关注道德价值的基础，但是它也扩展到了包括语言在内的其他主题。柏拉图的《克拉底鲁》（*Cratylus*）介绍了支持和反对"名称是自然的，因为它们以语言的形式代表了所指称的事物的实际属性"这一观点的发言人。在这篇对话中，苏格拉底对下面这种观点表现出了一些同情，即某些名称的组成部分有一种自然的适宜性。但是他也论证，习俗和名称未命名对象的自然相似性一样都是构成名称的重要原则。不同于克拉底鲁想要主张认识名称就是认识被命名的事物，名称提供了唯一一种传授事物本质的有效形式，苏格拉底认为我们的学习应当从事物本身而非名称开始（435d-439b）。

《克拉底鲁》对语言的理解取得了许多重大进展。其中一个被亚里士多德和斯多亚学派以不同的方式加以阐释，即"名称"

和"所说的东西"之间的区分。在柏拉图那里它既体现了名词和动词之间的语法区别,也体现了主语和谓述之间的逻辑区别。但是柏拉图留给斯多亚学派最重要的遗产是他自己对此有些模棱两可的建议,即某些名称及其组成部分(字母和音节)拥有与它们所命名的事物共同的属性。这篇对话最长的段落是苏格拉底对拟声词半严肃的证明,他用大量自己认为的词源来支持这一证明:例如,anthrôpos 被解释为一个原始句子的变形,意思是"仰望其所见之物的东西"(399c)。苏格拉底提出,有些名称是"基本的",另一些由它们组成,而对事物的"表达"就是这些基本名称的特殊功能(433d)。随后,他对这一理论提出了反驳,但斯多亚学派正面使用了这个理论。不同于亚里士多德将所有的词语都视为来自习俗的符号,斯多亚学派认为"基本的声音模仿事物"(SVF II.146)。

我们没有斯多亚学派关于这些"基本的声音"的清单,但从后来的语法学家那里可以清楚地看到,它们包含了那些至少可以用拟声词来加以合理解释的单词。《辩证法原理》(Principia dialecticae)的作者,通常被认为是奥古斯丁,注意到斯多亚学派选择了那些"所指对象与声音的意义相协调"的词语。他使用了拉丁语中的例子,tinnitus(叮铃声)、hinnitus(嘶鸣声)等等(Patres latini XXXII.1412, ch. 6)。这种分析被扩展到单个字母和音节,而且斯多亚学派认为的"基本的声音"可能是这些,而非由它们复合而成的单词(参见 SVF II.148)。瓦罗写道(fr. 113G),"有些音节很刺耳,其余的则平顺,刺耳的有 trux, crux, trans,平顺的有 lana, luna"(crux 的意思是刑罚意义上的

"十字架", *lana* 是 "羊毛")。这种对语言的严格拟声解释只被认为适用于 "基本的声音" 或词语。用《辩证法原理》中的术语说，这就是 *similitudo* ("相似性" 原则)。这部作品还提到了其他构词原则：*contrarium* ("对立性" 原则)，比如用 *bellus* (美丽) 来解释与之相反 *bellum* (战争)；*lucus* (小树林) 以同样的方式来源于 *lux* (光)！这些词源是斯多亚式的，或许是巴比伦的第欧根尼最早引入了后来被语法学家所接受的原则。尽管其中有一些显得奇异荒诞，但是也有多种原因令它们值得我们关注。特别是，《辩证法原理》中提到的某些词源学原则和我描述过的斯多亚学派的概念形成方式相一致 (本书 p. 124)。这并非偶然。如果词语和它们所意指的东西之间有自然的联系，我们就可以合理地推测，在词语的形成方式和概念的形成之间存在着某种对应关系。

斯多亚学派对词源学的关注证明，他们将这视为理解**事物**和词语的关键。这里一个奇怪的例子是克吕西普斯对第一人称单数代词 *egô* 的解释。在发出这个词的第一个音节时，下唇和下颌指向胸部，克吕西普斯认为意识的中心是心脏而非大脑，他将 *egô* 的这个 "词源" 用作支持这一心理学理论的论证 (*SFV* II.884)。很自然，一些古代批评家对这种词源学毫不尊重，但我们在对他们一笑置之的时候应当记住，正确的词形学原则直到现代才被掌握，而许多词语的词源仍然是模糊的。古代批评家攻击斯多亚词源学的许多尝试是正确的，但他们并没有拿出什么正面的东西代替它。

芝诺和克里安特斯对语言和事物之间的自然关系，可能进行了比他们的后继者更加严格和更少自省的捍卫。芝诺的大致准则是铲子应当被称作铲子，这种观点符合那些认为这就是依据自然适合使用的词语的人（*SFV* I.77）。然而像柏拉图一样，克吕西普斯也意识到语言会随着时间变化，一个词语和它的意义之间不可能存在一一对应关系。他认为，"每个词语依据自然都是模糊不清的，因为同一个词语可以有两种或两种以上的含义"（*SVF* II.152）。他还着重指出了"反常"，即两个不同的词语可以有相同的含义，相似的词语可以有不同的含义（*SVF* II.151）。从这些观察中可以看出，我们不能够仅仅通过分析一个人言辞中的语言成分来确定他在说什么。基于一份莎草纸残篇的证据，克吕西普斯似乎在一个人的思想或他想说的话，与听者可能认为他说出的话之间做了区分（*SVF* II.298a, p. 107, col. x）。

劳埃德在最近的一篇论文中提出，"在斯多亚学派的意义理论和词源理论之间存在着一种潜在的、未被承认的冲突"①。他所指的冲突是"无形"的意义和语言要素与世间的事物自然相似这一理论之间明显的差异。我也认为这里存在冲突，事实上还有些混乱，但是这也许可以用两件事来解释：首先是克吕西普斯的创新可能被移植到了早期斯多亚学派的理论中；其次是对语言要与之符合的对象及其属性做形而上学的分析。

斯多亚学派语义学理论中的基本概念是某种他们称之为 *lekton* 的东西。这个词可以被翻译为"所说的"或者"可说的"，"意义""事实"或者"事态"可以作为对其在希腊文中诸多用法的英文阐释。在这里我倾向于保留它的转写形式。*Lekton* 可以区分为两种：一种是"不完整的"，以缺乏主语的动词为代表，例如

---

① A. C. Lloyd, "Grammar and Metaphysics in the Stoa," in *Problems in Stoicism*, ch. 4.

"写"或者"爱";另一种是像"加图在走"这样句子所表达的"完整的"陈述(D.L. VII.63)。后一种 *lekta*(复数形式),也只有它们,才有对错。完整的 *lekton* 是由一个谓述,例如"在走",和一个被称为 *ptôsis* 的东西组成的(D.L. VII.64)。*ptôsis* 通常被翻译为"主语",但是它的字面意义是"语格",即主格、宾格等。

语格和句法当然是有意义的话语的必要成分,但是在传统上它们并没有被视为我们表意的一部分。斯多亚学派认为在意义和语法形式之间存在着非常紧密的关系,甚至可以说是同一性。但是我们必须记住他们对有形和无形的区分。作为字母和音节的排列,语法形式是质料属性,是话语的属性。一个句子"所说的"是 *lekton*,某种无形的东西,为了表达它需要词语,这些词语以一种确定的方式被变位和排列。

名词(以及形容词)拥有 *ptôsis*,它们从未被说成意指"不完整的 *lekta*"。它们可以被说成意指(signify)*ptôsis*,一种语格,或者根据它们是普通名词还是专有名词,意指"共同或者特殊的性质(qualities)"。① 斯多亚理论中的性质是有形的,是物质的排列或安排。但是正如我们所见,*lekta* 是无形的。这种令人困惑的说法可以通过塞涅卡的一段话加以澄清:

> 存在着物质的自然,例如这个人、这匹马,它们与思想的运动相伴,这些思想对它们做出肯定。这些运动包含了其自身特有的、区别于物质对象的东西。例如,我看见了加

---

① 参见 *Adv. math.* XI.29;D.L. VII.58,以及我在 "Language and Thought in Stoicism," p. 104ff. 的讨论。

图在走。视觉告诉我这件事，而思想则相信它。我所见到的是一个物质的对象，而我的眼睛和我的思想指向的正是一个物质对象。然后我说"加图在走"。现在我陈述的并非一个物质对象，而是对一个物质对象的肯定……因此如果我们说"智慧"，我们认为这指的是某种物质的东西，但如果我们说"他是智慧的"，我们就是在对一个物质对象做断言。你是直接**指**（refer）这个人，还是**谈论**（speak about）他，这之间有着显著的区别。（*Ep.* 117.13）

按照我对这段话的理解，塞涅卡的意思是，单独的一个词"智慧"的含义**是**一个物质对象（正统的斯多亚主义认为，精神和道德属性是有形的）。这与名词意指性质的观点相吻合。只有当我们在说话时想要把一些谓词赋予句子的主语时，lekta 才会在实际的话语中发挥作用。在完整的 lekton 或者"加图在走"中，我们不仅仅是在指称（denote）某个对象，我们在说关于它的某些事情。在现实世界中，不存在加图和加图在走这两个事物。词语"加图"的含义是一个人。但是在"加图在走"这个句子中，我们从现实的人身上抽象出了一个没有独立存在的事物（他的走），并通过使用一个指称词（加图）和一个"说了些什么"的词（在走）来表示它。我们并不完全清楚完整的 lekton 总体上为什么是无形的，因为它确实且必定包含一个指代词。但我猜想，斯多亚学派认为名词，依据它们被作为单纯的名称还是作为意指句子主语的手段来使用，具有不同的功能。在后一种情况下，名词和动词结合起来，构成了一个句子，它的含义并非一件事物而是一种抽象，不是加图这个人加上其他东西，而是"加图在走"这个陈述。

很可能是斯多亚学派非常强有力的假设——只有物体才能存在，导致他们区分了仅仅指称某物和做出陈述。陈述不可能被认为是一种有形的存在，而事实上许多名称的对象却是物体。所有的属性必然是物质的安排，因此也必然附着于某个物体，这个形而上学概念，和语言学上说描述本身毫无意义是平行的。如果描述要讨论真实或者虚假的世界，就必须谓述一个实际存在的主体。现存的大部分斯多亚学派的词源讨论都是关于名词的，"基本的声音"有可能被认为只是名词或者名词的组成部分。因为名词意指现实的东西，它们可能被认为自然具有表象性（representational），而斯多亚学派不太容易用这种方式去捍卫动词以及言语的其他部分。但这是一种猜测。最根本的一点是，他们承认一个句子的含义就是它被用来表达的东西，这种东西不能被还原为任何事物的物质或者心理状态，尽管它依赖这两者。在下一节中，我们还将看到，斯多亚学派的形式逻辑作为陈述之间的关系系统，需要 *lekta* 作为主题。

斯多亚学派的语义学理论最有趣的特点之一就是，它允许在意义（sense）与所指（reference）之间进行区分。[①] 这个区分最早由德国逻辑学家戈特洛布·弗雷格（Gottlob Frege）在技术层面上提出，取得了极其丰硕的成果。他用的一个例子最能说明这一

[①] 第一个提出这一点的学者是 Mates, *Stoic Logic*。Watson, *The Stoic Theory of Knowledge* 对斯多亚学派的含义理论也有深刻的讨论。

点。在"晨星与昏星相同"这个陈述中，我们用"晨星"和"昏星"描述同一个事物，一个特定的天体。但是这句话和"晨星与晨星相同"显然不同。弗雷格对这一区别的解释是说，"晨星"和"昏星"是两个所指相同但意义不同的专名。有一些斯多亚学说要求我们做出类似的区分。他们的公理之一，"好"和"有利"只能被用于评价德性或者有德性的行动（D.L. VII.94, 102）。"好"和"有利"有相同的所指。但是"好就是有利"这个句子表达的意思（lekton）和"好就是好"不同。斯多亚学派使用前一个句子不是为了表达同义反复，而是为了断言任何"好"指代的事物也被"有利"指代，反之亦然。这句话有争议，不是因为它的含义，而是在于它指代或所指的是德性。因为说只有德性是有利的，无疑是有争议的。但是，回到弗雷格那里，我们应当小心不要把他的意义理论与斯多亚学派的理论等同。斯多亚学派没有与弗雷格使用的 Bedeutung（所指）明确对应的词语。它在斯多亚学派中的位置由"物体"（被指代的事物）或"语法主词"（ptôsis）代替。

斯多亚学派在语法上提出了许多敏锐而又有影响力的观察。到了克吕西普斯的时代，他们区分了四种"语言的部分"：名词（普通名词和专有名词有不同的术语）、动词、"连词"（包括介词），以及"冠词"（包括代词和指示形容词）。[①] 形容词被归于名词之下，后来，副词被认为是语言的第五个部分。斯多亚学派最伟大的两项语法成就在词法领域。他们分辨并命名了希腊语名词和形容词

[①] 证据参见 R. Schmidt, *Stoicorum Grammatica*, Halle, 1839 (Amsterdam, 1967 重印)。

的五种变位，而他们所使用的术语（主格、宾格等），已经成了权威。同样值得注意的是他们对时态的分析，他们也确定了我们使用的术语（现在时、完成时等），把动词分析为表示不同时间关系的手段。"只有现在是真实的"确实是一个斯多亚学说，不过他们认为"现在"包括过去和将来（SVF II.509, 517）。这种说法表达了时间是连续的，只能通过语言的方式将它切割为不同的关系。时间像 lekta 一样没有独立的存在，是理性存在者用来解释物体运动的东西。

在我们继续讨论形式逻辑之前，对斯多亚学派的语言学理论作一个大致的评价也许会有帮助。斯多亚学派同他们的前辈们一样，未能明确区分语法和语义学或逻辑学理论（逻各斯这个词同时服务于句子和陈述）。但是他们为未来的研究奠定了令人钦佩的基础。基于语言和客观现实天然相关的前提，他们与此一致地寻找语言现象和自然特征之间的联系。即便这使得斯多亚学派在词源学方面误入歧途，并阻碍他们将句法本身作为研究对象，我们也应当充分肯定他们精微的意义理论，以及正确而又系统地指出了语法的一些基本要点。当然，如果没有系统性，斯多亚学派将一无所有。这既是他们的优势，也是他们的劣势。在这个简短的综述中，我已经提到了一些属于"自然哲学"而非"逻辑学"的细节，在之后的内容中我们还会考虑定义的方法，以及斯多亚学派的范畴理论。从我们的角度来看，把这些作为形而上学的话题来处理更容易，但是它们的语言学意义也会显而易见（参见本书 p. 162）。

3. 陈述、推理方法与论证

现在我们来谈谈斯多亚学派在他们"理性话语"的科学中讨论的最复杂、最有争议的主题。在斯多亚学派中,"逻辑"这个词的含义比它的现代用法要宽泛得多,但毫无疑问斯多亚学派也在可辨认的现代意义上讨论逻辑学的某些方面。第欧根尼·拉尔修总结的第 65—82 节讨论了四个主题:不同种类的陈述,从一个陈述推导出另一个陈述的规则,应用于陈述的真、可能性与必然性,以及论证方法。对这些主题的呈现非常系统,斯多亚学派清楚地意识到(而这是他们 19 世纪的解读者没有做到的),语言的精确性和形式的一致性是逻辑学的基本属性。本森·梅兹展示了如果我们没有在翻译中重现斯多亚的形式体系,可能会产生的错误,他的《斯多亚逻辑》考虑到了现代逻辑学理论,对古代哲学研究做出了宝贵贡献。尽管他的大部分工作具有权威性,但一些学者最近提出,现代逻辑学也许并非理解斯多亚或者其他古代逻辑学理论的最佳钥匙。[①]争论仍在继续,我们需要记住的重点是斯多亚学派的逻辑学对认识论、语言学、形而上学甚至伦理学的影响。这并没有削弱梅兹和其他人注意到的它与现代理论在形式上的相似性,但它的确影响了对某些细节的阐释以及所有对斯多亚逻辑学体系的整体评价。

斯多亚主义的形式逻辑以 *lekton*,"有意义的描述"为起点。

[①] 参见 W. H. Hay, "Stoic Use of Logic," *Archiv für Geschichte der Philosophie*, vol. 51 (1969), pp. 145-157; Charles H. Kahn, "Stoic Logic and Stoic *Logos*," *Archiv für Geschichte der Philosophie*, vol. 51 (1969), pp. 158-172。我的"Language and Thought in Stoicism"进一步尝试发展斯多亚逻辑的一些一般含义。

拥有完整形式的 lekton 由一个主语和一个谓述组成，斯多亚学派区分出了九种满足这一条件的断言。它们包括问题、命令、祈祷和誓言，但最重要的一个是 axiôma（陈述）。axiôma（通常翻译为命题）是指可以且必须进行真假判断的 lekton（D.L. VII.65）。axiôma 这个名词由一个动词而来，字面意思是"宣称"。一个斯多亚式的句子体现了这个词源的力量："如果一个人说'现在是白天'，他似乎是在宣称现在是白天这个事实。"（D.L. VII.65）我们根据这些主张与实际事态的对应关系来对它们加以确证。

斯多亚学派将"现在是白天"这一陈述归为"简单"的。"简单"陈述包括三种肯定的类型：第一种是"确定的"，比如"这个人在走"。第二种是"范畴的"（或"居间的"），比如"苏格拉底"（或者"一个人"）"在走"。第三种是"不确定的"，比如"某个人正在走"（D.L. VII.70）。这个区分的意义是形而上学和认识论的而非逻辑学的。在第一种类型的陈述中，主语由一个指示形容词来表示，这个词的作用是"指向"，或者说，由于词语并不能严格地指向，"这个"在语言上就相当于一个指向的姿态。在理解斯多亚学派的时候，我们需要记住由感觉记录的"印象"先于有关它们的陈述。事物的存在或现实是由"认知印象"的经验标准而非逻辑建立的。"当简单的确定陈述的谓述，例如走，属于指示词所指的事物，它就是真的。"（*Adv. math.* VIII.100）这个"指示词所指的事物"是处于某种状态的物理对象，即两条腿交替移动，因此也就是在走。这就是"认知印象"所揭示的处于不同状态的物体。确定陈述的特殊地位似乎是由于它明确指示了一个实际的事物。这就像我们说"这里的这个"。其他表示主语的方式涉及越来越多的不确定性（*SVF* II. 204-205）。因此范畴陈述和不确定陈述的真依赖相应的确定陈述的真。

在斯多亚学派中，一个为真的肯定陈述要求它所描述的东西存在：如果现在是白天，那么"现在是白天是正确的"（D.L. VII.65）。在斯多亚学派处理由一个普遍词语，例如"人"引入的陈述中，我们看到了一种奇怪的含义。斯多亚学派认为所有存在物都是特殊的，他们将普遍物还原为思想或者概念，否认世界上存在与普遍词语"人"对应的事物。那么，他们怎么看待"人是一种两条腿的理性动物"这种陈述的真假呢？显然，对于斯多亚学派来说，这并非一个严格意义上的"陈述"，它是一句有意义的话，但是证据表明它既不真也不假。这个断言的所指是某个人思想的内容，而不是一个存在于外部的事物。为了做出与他们的形而上学不冲突的普遍陈述，斯多亚学派将"人是……"这种形式的句子改写为条件句，"如果某物是一个人，那么它就是……"（*Adv. math.* XI.8）。这样一个"不确定"的前置词将某个个体存在物设为主语，斯多亚学派说："如果谓述'是一个人'确实由某物**例示**（instantiated），那么我们就可以说这个'某物'是一个'两条腿的理性动物'。"

条件句的主语给我们带来了进一步的逻辑分类：斯多亚学派区分了七种复合陈述句的类型。一段来自第欧根尼的总结可以让我们了解斯多亚学派手册中阐述逻辑学的方式：

> 非简单的"条件"陈述……通过条件关系词"如果"来构造。这一关系断言第二部分由第一部分引出，例如，"如

果现在是白天，那么天是亮的"。推理是一种陈述……通过"因为"这一关系词来构造……例如，"因为现在是白天，所以天是亮的"。这种关系断言第二部分由第一部分引出，并且第一部分为真……选言句是指通过选言关系词"或者"将其分开的陈述，例如"现在要么是白天，要么是夜晚"。这种关系表明其中一个陈述为假。(D.L. VII.71ff.)

这段删减后的引文清楚地表明，斯多亚学派对某些陈述的**逻辑形式**很感兴趣。现代逻辑学发展出了一个被称为"真值函数"的系统，斯多亚学派经常被认为预见了这一系统。简言之，真值函数系统是一种呈现真值条件的方式，这些真值条件支配着某种特定逻辑形式的陈述。这些陈述的逻辑形式由"变量"和"常量"共同表达。变量通常用字母表示，代表一个陈述，其他符号则用于表示常量，例如不、和、或者等等。该系统的价值在于其通用性。斯特劳森写道："任何具有 p∨q（p或者q）形式的陈述，当且仅当构成它的陈述中至少有一个为真时，它为真；当且仅当构成它的陈述都为假时，它为假。"① 真值函数系统中逻辑规则的这种表达与斯多亚学派对选言陈述的定义有一些相似之处。但是他们的某些定义并非真值函数，而是引入了我们所谓的外逻辑概念（extralogical notions）。②

斯多亚学派对形式推理的论述与亚里士多德的三段论逻辑

---

① P. F. Strawson, *Introduction to Logical Theory*, London, 1952, p. 67.
② 参见 W. Kneale and M. Kneale, *Development of Logic*, p. 148。

有相似之处，但这两个系统之间的差异更加显著。① 同亚里士多德一样，斯多亚学派对论证的模式给予了极大的关注，在这种模式中，从作为前提结合起来的两个命题，可以推出第三个命题作为结论。但亚里士多德的逻辑学是一个在构成前提和结论的主语和谓述的词语之间建立联系的系统。例如："如果所有人都是有朽的［大前提］，苏格拉底是人［小前提］，那么苏格拉底是有朽的［结论］。"在这个论证中，"是有朽的"是一个谓述，它通过"人"这个"中项"经过推理应用到"苏格拉底"身上。亚里士多德用字母来表示三段论中每一个格中的变量，不过字母表达的是词语。斯多亚学派的逻辑学是一个在构成前提和结论的句子所表达的命题之间建立关系的系统。斯多亚逻辑学中的变量由数字而非字母表达，要用完整的句子而非词语来补全。例如："如果现在是白天，天就是亮的；现在是白天；因此天是亮的。"这个论证模式以这样的形式表达："如果1，那么2；1；所以2。"（例如 *Adv. math.* VIII.227）亚里士多德用条件句来表达三段论的原则，"如果所有的人都是有朽的……"，但亚里士多德三段论的推理形式并不是假言的。我们可以去掉"如果"而不改变三段论的形式有效性，而且亚里士多德特将三段论推理与"假言论证"区分开，在后者那里，命题q建立在如果p，那么q为真这一假设之上（《前分析篇》I.44）。亚里士多德的继任者特奥弗拉斯托斯可能已经预见到了斯多亚学派对假言推理模式的形式化，但无论他做了什

---

① 有关斯多亚学派和漫步学派围绕逻辑学体系的争论，参见 Ian Mueller, "Stoic and Peidpatetic Logic," *Archiv für Geschichte der Philosophie*, vol. 51 (1969), pp. 173-187。

么，都是基于亚里士多德的词项逻辑。斯多亚学派的论证形式中只有一部分采用了条件句作为前提，但是如果以论证的前提为条件，以论证的结论为结果的假言命题为真，那么每个斯多亚学派的论证都是有效的，在这里真被解释为："绝不会出现条件为真而结果为假"（*Adv. math.* VIII.415ff.）。

斯多亚的推理理论最有趣的特点就是主张所有的论证都可以被还原为五种基本模式。这些模式是"没有证明的"或"不可证明的"，这被理解它们的有效性"不证自明。"（*Adv. math.* VIII.223）它们是（用字母而非数字代表命题）：

1. 如果 p，那么 q；p；所以 q。
2. 如果 p，那么 q；非 q；所以非 p。
3. 非（p 且 q）；p；所以非 q。
4. 要么 p 要么 q；p；所以非 q。
5. 要么 p 要么 q；非 q；所以 p。

从克吕西普斯逻辑学著作的标题来看，他在这五种推理模式的基础上证明了大量定理，用于分析复杂的论证。① 遗憾的是，几乎没有关于这些定理的证据流传下来。斯多亚学派的古代批评家批评他们对逻辑形式和严格分析过于吹毛求疵。但正是这些品质为斯多亚学派赢得了现代逻辑学家的钦慕。

但斯多亚学派并非现代逻辑学家，认识到这一事实以及我们

---

① 参见 Mates, *Stoic Logic*, pp. 77-85; Kneale, *Development of Logic*, pp. 164-176。

的证据有很大缺陷非常重要。最近，一些研究将人们的视线引向斯多亚逻辑学中的困难，如果我们把它当作纯粹的逻辑学的话。其中一个问题涉及判断一个假言命题为真的标准。有人认为，克吕西普斯并没有明确区分（或者根本没有区分）条件和结果在逻辑和经验上的相容性，这个批评很可能是正确的。[①] 如我们所见，卡内阿德斯也可以批评克吕西普斯将逻辑关系和因果关系等同。但是，克吕西普斯无疑会按照以下方式回应卡内阿德斯：在一个由逻各斯支配的宇宙中，因果关系在某种意义上就是逻辑关系，反之亦然。在原因和结果之间的关系，与前提和结论之间的关系中，都是普遍的逻各斯在发挥作用。斯多亚学派当然对逻辑学问题感兴趣，他们的成就也应当受到钦慕。但是斯多亚主义者不会把对纯粹逻辑学的兴趣作为研究逻辑学的理由。逻辑是自然的一部分，这也是为什么斯多亚学派的圣人需要运用逻辑学。斯多亚学派自身也许把他们不加证明的推理模式的自明之理视为某种"自然的"东西，而非现代意义上逻辑学。原因和结果之间的关系在斯多亚学派中是**必然的**（它由普遍的逻各斯支配），却没有证据表明斯多亚的逻辑学涉及另一种必然性。[②] 我们可以推测，推理模式是用于解释陈述之间关系的自然法则。

如果这些思想是正确的，它们会实质性地影响我们对斯多

---

① Josiah B. Gould, "Chrysippus: on the Criteria for the Truth of a Conditional Proposition," *Phronesis*, vol. 12 (1967), pp. 156-161.

② 在众多文本中，有两个可以用来说明这一点。斯托拜乌斯指出（*SVF* II.913），真理、原因、自然、必然和逻各斯都指向同一个"本质"（即宇宙）的不同方面。马可·奥勒留写道："一个神、一个本质、一个法则，共同（或普遍）的逻各斯和一个真理"（《沉思录》VII.9），他将"真理"描述为所有真实事物的第一原因（IX.2）。

亚逻辑学的阐释。斯多亚式的宇宙是一个由法则，即内在的逻各斯决定的世界。这是斯多亚学派的一个基本概念，它贯穿了其哲学的全部三个方面。无论如何，这三个方面只是呈现某种东西的方面和方式，这种东西最终是一个统一体——自然、宇宙，或者神。在语言中，这些不同的方面可以得到辨认，从它们在现实中的共存里抽象出来，而正是因为要将这个事物（即世界）和我们关于它的说法区分开来，斯多亚学派才预示了含义和指称之间的区别。但是，按照我对证据的理解，除非精确地呈现事物的某些真实状态，否则任何陈述都不可能为真。"真"（true）就是"真实"（real）在命题中的对应。对于斯多亚学派来说，逻辑学的基础体现在整个宇宙中。它们不仅仅是一个系统，某种由人类思想构建的东西。由于事物的存在方式，演绎推理是可能的。人类"联系的概念"在思想和语言的层面上呈现了原因与结果之间的自然联系。宇宙是一个由物质成分组成的理性结构。在自然事件和逻辑中，当且仅当条件和结果之间的联系是"真的"，条件才能推出结果。所有关系的"真理"就是自然、神，或者宇宙逻各斯的作品。

4. 斯多亚学派与赫拉克利特

斯多亚学派自己承认从赫拉克利特那里汲取了许多思想。通过研究其中的一些借用，我们可以将这一部分不同的线索串联起来，并引入下一部分的主题。

这里有三个包含逻各斯（logos）这个词的赫拉克利特残篇：

不要听我说，而要听逻各斯的，同意（homo-logein）一

切是一——是智慧的。(fr. 50 DK)

　　尽管所有的事物都按照这个逻各斯发生,但人们就像不认识它一样,即使当他们经历了我所阐述的言语和行动,依然根据每件事物的性质来区分它们,并指出它的样子。(fr. 1)

　　尽管逻各斯是共同的,大多数人还是好像对它抱有私人的理解。(fr. 2)

从这些段落可以清楚地看到,逻各斯是某种可以听到的东西,它被用来解释事物,对所有人来说都是共同的,等等。

　　赫拉克利特的另一个基本概念是"和谐"(Harmony)。他似乎把世界看作是各种事物的结合体,这些事物由它们共同的逻各斯统一和调节。这一概念在斯多亚学派中十分重要。对于赫拉克利特来说,是逻各斯让世界成为了一个有秩序的结构,一个 *kosmos*(有序的宇宙)。但是米利都的哲学家们也设想了类似的东西,他们试图用单一的物质原则的转变来解释所有事物。希腊人不必为了表达自然中的秩序概念而讨论一个施加控制的逻各斯。尽管赫拉克利特肯定认为世界是一个有序的结构,但是当他说所有事物都依据逻各斯发生的时候,他的意思远不止如此。在我看来,他的意思是宇宙事件和人类思想或话语之间存在着一种基本关系,如果人们理解到了这一点,就会在自己思考和说话的能力中拥有某种将他们与世界联系起来的东西,这个东西也会为认识事物的真实本质提供线索。

　　赫拉克利特的风格反映了对立和联系,他认为这是世界本身的特点。关于这一点最好的例子也许是残篇48:"弓(*bios*)的名称是生命（bios），但它的作用却是死亡。"对于赫拉克利特来说，bios 这个词的模糊性象征着自然本身的模糊性：拉开的弓或竖琴构成了一个统一体或者一种和谐，但这是一个由弦和框之间的张力或冲突产生的统一体。正如语言可能是谜一般的、模棱两可的、自相矛盾的，对立面也共存于这个世界，统一体是多样性的产物，是冲突带来的和谐。我并不是说赫拉克利特通过对希腊语的思考得出了他关于世界的理论。但 logos-legein 作为"有意义的话语"，必然与他认为逻各斯支配万物的主张有关。他认为世界是一个对立面的统一体，一种对立力量的和谐，这种和谐可以用这些陈述来表达："神是日与夜、冬与夏、战争与和平"（fr. 67），"向上的路和向下的路是同一条"（fr. 60）。赫拉克利特设计出了这些相反谓述的并置，以显示被日常语言掩盖了的自然中的联系。

斯多亚学派并没有大量使用赫拉克利特的对立统一概念，尽管我们找到了这方面的痕迹。但是他们从他那里获得了一种指导万物并由所有人共享的逻各斯概念。火在赫拉克利特那里是逻各斯的象征或载体，也被芝诺采纳为斯多亚学派物理学的基础。最重要的是，斯多亚学派系统发展了由逻各斯指导的宇宙的语言和逻辑含义。试图在这一切中找到赫拉克利特的具体影响是一种异想天开。但斯多亚学派的"依据逻各斯生活"（homologoumenôs）的概念，强调了一种应当存在于人与世界之间的关系，这是一种赫拉克利特式的观念。

宇宙是一个有秩序的结构，这一假设是希腊哲学的特点。在柏拉图和亚里士多德那里，正如在斯多亚学派中，秩序与目标或目的结合在一起。但柏拉图和亚里士多德都不会同意斯多亚学派的观点,即这一秩序是一种在地上现象和天体运动中都完美体现的因果秩序。斯多亚学派中没有任何与柏拉图的理念对应的东西,也没有任何与亚里士多德区分天上与月下领域相对应的东西。斯多亚学派没有像柏拉图那样给实在区分出不同的程度,也没有像亚里士多德那样对必然和偶然做出区分。在斯多亚学派中,感知的对象都是"存在之物"的完美实例,即物体。鉴于因果联系决定了所有的事物,它们就都必然存在。

柏拉图或亚里士多德与斯多亚学派在方法论上的差异,部分来自斯多亚学派的逻各斯概念。将所有事件的原因,以及思想与话语的工具统一在同一个概念之下,导致斯多亚学派放弃了某些哲学分析的模式,在他们看来,这些模式没有任何对应物。语言和思想是自然的,它们必定与自然现象匹配。普遍物没有客观存在,不能成为哲学研究的对象。作为概念,它们为我们提供了一种对事物进行分类的便捷方式,但它们并没有界定现实的结构。自然向我们揭示的是特殊的对象,而非普遍物。对于哲学家来说,语言的价值在于它描述世界的能力。在一个由逻各斯支配的世界里,我们需要的是联系,是找到正确的描述,也就是紧紧扣住自然恰当部分的描述。

四、斯多亚学派的自然哲学

自然是技艺之火,它走在创造之路上。(D.L. VII.156)
除非符合普遍的自然和它的理性(逻各斯),否则任何

具体的事物都不可能存在，无论它多么微不足道。(*Stoic rep.* 1050b，引用克吕西普斯)

宇宙的本质拥有自主的运动、努力和欲求……它的行动与这些相一致，就像我们被自己的思想和感觉驱动一样。(*N.D.* II.58)

斯多亚学派的自然哲学是一个巨大的主题，可以从不同的角度探讨。在本书中，我将主要从概念性的角度来看待它。斯多亚物理学的历史背景和斯多亚学派在科学史上的地位，近年来当之无愧地引发了人们的兴趣。① 但就本书的目的而言，它们不如以下问题重要："斯多亚学派试图用来理解世界的概念结构是什么？"为了回答这个问题，我会提到一些历史的考量，最后必须研究一个特殊的现象——人。但是为了展示一幅全面的图景，斯多亚学派的宇宙学、气象学、神学和其他学科的诸多细节我会略过。

到目前为止，我们主要关注的是逻各斯这个概念，但现在我们需要找到平衡，更多强调一下自然（*physis*，拉丁语是 *natura*）。首先我们来看斯多亚学派使用这个词的一些例子：(1) 塑造和创造万物的力量或原则（*SVF* II.937）；(2) 统一世界并赋予世界连贯性的力量或原理（*SVF* II.549, 1211)）；(3) 自我推动和生成性的火性气息（或技艺之火）（*SVF* II.1132ff.）；(4) 必然性与命运（*SVF* II.913）；(5) 神、天命、匠人、正确的理性（*SVF* I.158, 176, III.323）。斯多亚学派赋予自然两个主要功能，这些功能包含了这

---

① 尤其参见 S. Sambursky, *Physics of the Stoics*, London, 1959。

里提到的一些用法。他们说，自然既是将世界联合起来的东西，也是让地上的事物生长的东西（D.L. VII.148）。但是这个说法并没有彰显（5）中体现的自然的功能。自然不仅仅是一种导致稳定和变化的物质力量，也是一种被赋予了卓越理性的东西。将世界联合起来的是最高的理性存在——神，他出于必然是好的目的指导所有的事件。世界的灵魂、世界的心灵、自然、神，这些词指的都是同一个事物：走在创造之路上的"技艺之火"。

我们稍后将回到"技艺之火"这个概念。接下来我们要谈谈自然和斯多亚学派的另一个关键概念逻各斯之间的关系。在斯多亚学派中，自然和逻各斯通常被说成同一个事物，当然，它们常常指代同一个东西——神、技艺之火等等。但是它们并非两个含义完全相同的术语。（在这里，我们必须又要像斯多亚学派那样，把一个词语的意义和它所指的事物区分开。）"自然就是逻各斯"并不是一个同一性陈述，一句空洞的同义反复。本节开头引用的一段话表明，斯多亚学派写的可能是"自然和它的逻各斯"。每个词都有它自己的内涵，当它们应用于同一事物时，并没有丧失这些内涵。这一点的意义可以通过一个生物学例子来澄清。斯多亚学派认为，植物的主导原则是 physis（自然），非理性动物的主导原则是"灵魂"，在人类那里则是逻各斯（理性）（SVF II.714）。在这里，我们把三种类型的生命视为独立的对象。事实上，这三种生命都由自然统治，不过自然在与每一类事物的不同关系中展示自身。自然本身始终是理性的，但就这些生命个体而言，主导植物或者非理性动物的自然并不是理性的。只有在成熟的人身上，自然的理性才作为某种属于他们自然的东西呈现出来。理性地行动不是植物的自然，而是人的自然。在这里，我们瞥见了"自然"的某些通常的内涵，以及斯多亚学派的自然和逻各斯之间的概念关系。作为一个整体和所有事物的主导原则，自然等同于逻各斯。但是如果我们考虑特定的生物，尽管它们都拥有"自然"，但只有某些生物拥有作为自然能力的理性。

神的存在或者自然的神性（在斯多亚学派中是一回事），是斯多亚学派致力于证明的一个论题。他们同意伊壁鸠鲁的观点，人类神性观念的力量和普遍性为一神或者诸神的必然存在提供了证据（*N.D.* II.5），但他们还使用了许多其他论证，这些论证拥有悠久的神学历史。克里安特斯的主要兴趣是神学，通过多种因素解释宗教信仰，西塞罗记录了其中四个：预言和占卜的有效性，人从大地上获得的好处，由闪电和地震等现象激发出的敬畏，以及天体美丽、有序的运动（*N.D.* II.16）。在克吕西普斯提出的一系列论证中，下面这个值得注意：

> 如果世界上有一些东西是人类的理性、力量和能力所不能产生的，那么产生它的东西一定比人更好。但是，天体和一切展现出永不停息的规律性的事物不可能由人类产生。因此，产生这些事物的东西比人更好。除了神，你还能赋予它什么名称呢？（*N.D.* II.16）

许多斯多亚版本的设计论证（argument from design）被记录下来，所有这些都在试图表明这是所有可能世界中最好的一个，它有一个内在的神圣目的，并服务于理性存在的利益。

我们稍后再讨论这种乐观主义的神学在斯多亚学派中引起的困难。他们极力维护神意，完全颠倒了伊壁鸠鲁学派的态度。斯多亚学派在对待希腊传统宗教方面也与伊壁鸠鲁学派有很大差别。他们不赞成仪式性的方面，拒绝献祭、神庙和偶像。但他们将个体的诸神阐释为自然现象的名称（比如赫拉或朱诺是"气"），为奥林匹亚的众神找到了一席之地。这些自然现象是一个终极神的神圣表现，这个终极的神就是自然，也叫宙斯。从根本上来说，斯多亚学派的神学是泛神论。群星和过去伟大英雄的神性代表了宇宙理性在其最完美形式下的运转。

1. 历史背景

斯多亚学派提出的宇宙原则不仅是可理解的，而且非常睿智，这个原则与伊壁鸠鲁学派的截然不同。但是在希腊哲学传统中，伊壁鸠鲁学派才是别具一格的例外。除了原子论者之外，大多数前苏格拉底哲学家都在自然现象中找到了理性的证据。阿那克萨戈拉认为心灵是万物的第一原因，比他稍微年轻一点的哲学家，阿波罗尼亚的第欧根尼（Diogenes of Apollonia），试图以气来解释世界，赋予气智慧并将其等同于神。他认为气**渗透**并**安排**万物，气本身也有温度、湿度和速度的变化（DK 64B5）。第欧根尼像他一百年前的前辈阿那克西美尼（Anaximenes）一样，将人类灵魂视为气，那么根据他的原则，灵魂就是神的"部分"。在一段辛普里丘保存下来的残篇中，他写道：

> 因为如果没有理智，一切都不可能被如此分配，以保

持万物的量度——冬季和夏季，黑夜与白昼，雨、风与好天气。如果人们愿意反思，就会发现其余的一切都以最好的方式被安排。(DK 64B3)

尽管斯多亚学派对物质世界的描述比第欧根尼的要复杂得多，但他们与他有许多共同之处。他们也把一种无处不在、等同于神的理智物质，作为他们的主动原理，并通过其自身的分化解释具体事物的区别。第欧根尼的气在生物学和心理学上扮演了和斯多亚学派的火或者普纽玛（pnuema，火性的气息）相似的角色，他们也将人类灵魂视为神的"分支"。最重要的是，他们和他接受同一个观点，即自然现象的有序性为世界的卓越提供了毋庸置疑的证据。①

斯多亚学派自然哲学的一个显著的特点是它的生物学取向。毫无疑问，斯多亚学派受到了前苏格拉底哲学家思想模式的影响。但前苏格拉底哲学家只是影响斯多亚学派自然哲学的因素之一。这并不是许多早期学者所认为的倒退的体系。相反，斯多亚学派利用了广泛的材料，包括当时的医学，而且他们自己的自然哲学与柏拉图和亚里士多德的概念之间也有着明显的相似性。

在晚期柏拉图那里，我们发现了许多预见了斯多亚学派的内容。柏拉图经常用天体的有序运动来支持他的主张，即世界是理智指导下的产物。无论是在《蒂迈欧》中用比喻方式描绘的工匠神，还是在《礼法》第十卷中用更加字面的方式论述的"世界灵

---

① 西塞罗在 N.D. II.16-39 记录了一些斯多亚学派对世界的卓越和理性的论证。

魂"，柏拉图坚信世界是由智慧出于好的目的指引的。《礼法》中的一段文字颇具"斯多亚学派"的特点：

> 让我们用论证说服年轻人，所有的事物都是由宇宙的监管者安排好的，目的在于整体的安全和卓越。宇宙的各个部分都根据它们的能力恰当地行动或受动。每个部分直至其状况或行动的最小特征都处在统治力量的指导下，它完善了每一个最微末的细节。而你，你这个顽固的人，是其中的一部分，尽管你很渺小，这些部分永远促进整体的好。你没有看到，每一个创造的行为都是为了宇宙而发生的，让它可以享受幸福的生活。创造不是为了你而发生，而是你为了宇宙而出现……你很恼怒，因为你没有意识到对你来说最好的东西为什么对宇宙和你自己最好。（903b-d）

这段话放在爱比克泰德或马可·奥勒留那里都很合适。柏拉图对部分和整体的区分对斯多亚学派的伦理学来说具有核心意义，他们的区分也拥有相同的宇宙论基础。当克吕西普斯写道，伦理学需要"普遍的自然"作为它的出发点（*Stoic. rep.* 1035c）时，他用的是《礼法》第十卷的语言。从物理学的角度来看，柏拉图的宇宙和斯多亚学派的宇宙之间当然存在很大的区别。对于柏拉图来说，灵魂像理念一样是某种无形的东西。斯多亚学派拒绝理念论，让灵魂和他们的"技艺之火"一同成为有形的实体。但这些差异并不影响他们在对待宇宙的态度及其伦理意义上拥有共同的基础。

斯多亚学派与亚里士多德的宇宙论之间的联系相当不同。与斯多亚学派一样，亚里士多德是一个彻头彻尾的目的论者，他在《物理学》第二卷阐述的"自然"概念，是一个"为了某种事物"的原因，与斯多亚学派的 *physis* 在表面上有相似之处。但亚里士多德并不认为自然是一个理性的行动者。对他来说，自然是每一个有机体内部的因素，解释了它为了完善自身的努力。尽管亚里士多德有时候说自然是"神圣的"，但是他不可能在成熟的体系中把神和自然等同起来，因为神并不在"世界之中"。对于亚里士多德来说，神这个不动的推动者是一个纯粹的心灵，它并不直接作用于世界，而是通过天体的中介来发挥作用，这些天体的运动引起了地上领域的变化。亚里士多德那个专注于自我的第一推动者和大地上目标导向的过程之间的确切关系，是其体系中比较模糊的要素之一。斯多亚学派通过将自然 / 神置于世界之中，将亚里士多德分开的功能统一在一个单一的原则之下。斯多亚学派的自然是作为所有事物终极原因的理性行动者，在这一点上类似于亚里士多德的第一推动者。但是斯多亚学派也把自然视为一种物质实体，即"技艺之火"，它渗透万物，推动了它们的持存与变化。

有趣的是，与芝诺差不多同时去世的亚里士多德主义者斯特拉托，以一种相当不同的方式回应了亚里士多德的宇宙论。斯特拉托并没有将神等同于自然，他迈出了相反的一步，否认神在解释宇宙时发挥任何功能。在斯特拉托那里，自然成为了所有现象的终极原因，他用机械论的方式来理解它（*N.D.* I.35）：自然是对立力量的相互作用，从根本上来说是"热"和"冷"。斯多亚学派处在这个光谱的另一端，但只是在一个意义上是这样。斯多亚学派同意斯特拉托在世界之中寻找变化的终极原因，而且斯多亚学派的普纽玛（pneuma）概念很有可能受到了斯特拉托冷热理论的影响。

斯多亚学派的自然哲学在某些方面看起来与亚里士多德的宇宙论相当不同，但是在许多细节上，很明显地受到了他的影响。亚里士多德对"质料"和"形式"的区分，以及他相互转化的"元素"概念，这两个观点被斯多亚学派修正并吸收进他们自己的体系。这两种理论都不接受虚空。亚里士多德和斯多亚学派在反对伊壁鸠鲁主义者，支持一种连续的、有目的的宇宙上是一致的。

2. 事物的结构：物体、普纽玛、元素

以上就是大致的历史背景。我们到目前为止主要关注的"自然"概念，在斯多亚学派中指的是一种物体，"技艺之火"（或者普纽玛）。不同于柏拉图主义者和漫步学派，斯多亚学派将"存在"限制在物体上（*SVF* II.525）。他们的立场由这样一种假设来证成，即某物存在就意味着它必然能够产生或经历某种变化，满足这一条件的只有物体，即能够抵抗外部压力的三维物体（*SVF* II.359, 381）。芝诺用这个存在的标准来驳斥早期思想家关于无形实体的主张（*Acad.* I.39）。芝诺论证，假如心灵是这样一个实体，它就不能进行任何活动。这是对《智者》（246a-247e）中柏拉图论证的一个有趣反转。在那里，爱利亚访客反驳了那些"把存在限制在可以触摸到的东西上"的人，这些人把物体等同于存在，而爱利亚访客则将讨论转向道德品质。唯物论者承认有灵魂，也承认灵魂可能是正义或者不义的。接着，访客引导他们承认正义的灵

魂是正义存在于其中的灵魂，而凡是能在某种事物中存在（或者不存在）的东西必然是真实的。据泰阿泰德（Theaetetus）说，不愿意放弃其立场的唯物论者现在含糊其词，既不接受（无形的）道德品质是不真实的这一推论，也不认同它们是物体。接着，爱利亚访客提议，唯物论者应该摒弃他们之前的存在标准，采用一种新的"实在的标志"，即"任何真实存在的事物都拥有某种导致其他事物变化或者经历变化的力量"（247e）。

斯多亚学派远没有因为柏拉图提出的"实在的标志"而感到困窘，而是接受了它和它的结果。他们抓住了柏拉图的唯物论者不敢触碰的弱点，大胆宣称正义和所有道德品质**都是**物体，就像其他所有存在物一样。普鲁塔克引用了克吕西普斯的一个论证（*Stoic. rep.* 1042e），该论证在讨论德性的可感知性时暗示了存在的标准，即"施动和受动的力量"：德性与恶性是感觉的对象。我们能够看到盗窃、通奸、怯懦和善良的行为等等。因此，我们可以推断，德性和恶性的力量可以作用在我们的感觉之上，而感觉需要感知者和对象的物质接触。

但是显然，德性或者善良的行为，与人或者桌子不是同一种东西。为了理解斯多亚学派如何能够用一种可理解的方式把德性当作有形的实体，我们必须转而考虑他们的两个所谓的"原理"或"起点"，以及它们之间的关系。

这些"原理"之一我们已经遇到了："主动原理"就是自然或神。但它永远与一个"被动原理"相关，它被称为"质料"或者"没有性质上的确定性的实体"（D.L. VII.134）。塞涅卡简洁地描述了这两个原理："质料是惰性的，可供一切事物使用，但除非有东西推动它，否则它将处于休眠状态。""主动原理"或"原因"塑造了质料，随心所欲地推动它，并且用它制造出不同种类的产品（*Ep.* 65.2）。斯多亚学派的"质料"概念来自亚里士多德。在亚里士多德的形而上学中，"质料"是没有确定性的基质，它"潜藏"在具体事物所具备的形式或属性之下，是"它们的来源"。在亚里士多德那里，质料本身没有形式，如果没有一些限定，不可能在这个世界上遇见它。我们通过与具体事物的材料（比如雕像的青铜、床的木头）进行类比来认识质料。同样，在斯多亚学派中，质料和主动进行塑造的原理从不会单独存在。它们共同构成了所有的存在物，只能出于概念分析的目的而被分离。

"存在"的两个原理或者部分之间的物质关系是混合："神与质料混合在一起，渗透进整个质料并塑造了它。"（*SVF* II.310）两个事物完全交融的概念很难理解，但是我们可以暂时接受它。一个更紧迫的问题是，为什么斯多亚学派会提出两个而非一个原理。没有斯多亚学派的文本能提供明确的答案，但最佳线索是他们的存在标准，即"能够施动或者受动"。如果物体满足这一条件，那么它必然可以被分析成主动和被动的部分。因为它作为一个整体不可能同时既对自己施动又自己受动。因此，斯多亚学派中的"质料"不等于有形性：它是有形性的一个方面，在任何物体中都与主动的部分相结合。

由于质料是完全没有确定性的，它可以被主动原则施加给它的任何形式或者安排所限定。将斯多亚学派描述为"唯物论者"是一种误导。在斯多亚学派的体系中，物体是"质料"和"心灵"（神或者逻各斯）的复合物。心灵不是某种不同于物体的东西，而是它的一个必要组成部分,是质料中的"理性"。我们最好将斯多亚学派描述为生机论者(vitalists)。他们的自然,就像斯宾诺莎的上帝或者自然,可以把思想和广延都归于它。

芝诺和克里安特斯把逻各斯等同于火。他们的推理基于这样的假设,即热是一种有生机的、主动的东西。西塞罗在呈现这个斯多亚学派的论证时,参考了克里安特斯:①

> 所有能够孕育和生长的事物在自己的体内都包含生命之热,没有它,它们就无法持续地孕育和生长。因为一切热和火性的事物,都是由它自己的能动性唤醒和推动的。(*N.D.* II.23)

热或者火是前苏格拉底哲学思想的一个基本概念,并持续影响后世。亚里士多德认为热是生长的原因,存在于每一个种子中,早期斯多亚学派将这一生物学概念加以推广,用来解释整个宇宙中的运动和变化。自然是技艺或创造之火,这一思想的精髓表现在这句话中:"神是宇宙'生殖性的'(seminal)逻各斯。"(D.L. VII.136)热或火在斯多亚学派中从未失去过这种优越性。"火性"是"质料"因为与逻各斯相联系而被永久赋予的一个特征。② 但

---

① 西塞罗参考的是克里安特斯,而不是人们通常认为的波西多尼乌斯,这一点参见 F. Solmsen, "Cleanthes or Posidonius? The Basis of Stoic Physics," *Mededellingen der koninklijke Nederlandse Akaddemie*, vol. 24, 9 (1961)。

② 结束每个世界周期的 *ekpyrôsis*(毁灭世界的大火)将所有的东西都转化为火。在这一阶段,最高的神,也就是逻各斯或自然,"完全沉浸在他自己的思想中",就像亚里士多德的第一推动者那样(*Ep.* 9.16)。

是从克吕西普斯之后，斯多亚学派在每个世界周期（world-cycle）并不是把逻各斯的等同于纯粹的火，而是等同于火与气的复合物，即普纽玛。

几乎可以肯定，是当时的生理学促成了对早期学说的这一修正。① 普纽玛，字面意义是"气息"或"呼吸"，它被医学家们当作通过动脉传递的"生命"精气（vital spirit）。亚里士多德使用了这个概念，芝诺在他的灵魂定义中把火和气息联系起来（"热的气息"）。显然，将逻各斯等同于火的推理同样也适用于气息，如果这两种事物都是生命原理必需的。克吕西普斯迈出了这一步，让普纽玛成为了逻各斯的载体。

选择"逻各斯的载体"这一表述，是因为主动原理并不是气与火简单的化学复合物。它是"理智的普纽玛"（或早期表述中"技艺之火"），它既是世界的一个物质部分，也是一个能够进行理性行为的行动者。这种功能的模糊性是赫拉克利特的"火"的特征，但在斯多亚学派中，并不存在概念上的混乱。普纽玛是一个动态的实体。我们很快会讨论到它的持续运动，使得普纽玛更像是"力量"或"能量"，而非一个物质对象，斯多亚学派强调了其结构的纤细和精妙（*SVF* II.p. 155.33f.）。也许"燃气"（gas）是最不具误导性的现代类比。

在赫拉克利特的宇宙论中，世界的物质成分是火的转变或者变化（fr. 31）。斯多亚学派深受这一思想的影响，但在他们的

---

① 参见 Solmsen, "The Vital Heat, the Inborn Pneuma and the Aether," *Journal of Hellenic Studies*, vol. 77 (1957), pp. 119-123。

体系中，有一个赫拉克利特没有认识到的概念，即"质料"，还有一种悖离了亚里士多德思想的对"元素"的定性理论。在克吕西普斯的描述中，唯一永远存在的"元素"是火（*SVF* II.413）。但是火，作为"质料"的动态性状，导致它除了热之外还具有其他特征，即冷、干、湿。这样处理后的物质分别成为了气、土、水。这四种"元素"（希腊哲学家的传统四分）被认为构成了两对，一对是主动的（火和气，即普纽玛），另一对则是被动的（土和水）。一旦宇宙之火赋予气正面的确定性，这个衍生的元素就会与火结合，构成物体的主动部分，而土和水则构成被动的部分（*SVF* II.418）。因此主动和被动，或者逻各斯和质料之间的概念区分，得到了普纽玛与土和水这些元素之间的经验性区分的支持。当然，后一对也不是单纯的质料，一个逻辑上的抽象，而是火导致的质料的性状。

这两对元素又有进一步的区别。普纽玛的属性之一是"赋予凝聚力"，"凝聚"另一对元素土和水（*SVF* II.439f.）。宇宙本身是一个球体，它的所有部分都倾向于向球心移动，但真正拥有重量的只有土和水（*SVF* I.99）。普纽玛不同于被动元素，渗透在整个宇宙之球中，并将球心和四周联系起来。它赋予整体凝聚力，让宇宙不至于在其沉重部分的引力拖拽下崩溃。普纽玛在宏观宇宙中的这一功能同样作用于每个物体。有机物和无机物的同一性和各种属性都归因于普纽玛。它的两个组成部分，火和气，在不同的事物中以不同的比例混合。普纽玛的一种排列是动物的灵魂，植物的结构是另一种排列，而一块石头的凝聚力又是另一种（*SVF* II.716）。无论普纽玛如何配置，它都通过在各个部分之间建立起的"张力"合而为一（*SVF* II.441, 448）。

"张力"的概念有一些模糊不清的地方。这是斯多亚学派从赫拉克利特那里继承来的概念，尽管他们对其"后转"（back-turning）或者"后延"（back-stretched）的和谐（DK fr. 51）的阐释无疑超出了赫拉克利特的想法。斯多亚学派中的"张力"描述了一种"运动"，明显不同于位置的改变。阿弗洛狄西阿斯的亚历山大，站在亚里士多德的立场批评斯多亚学派，认为斯多亚学派的普纽玛是"同时从自身出发运动和向着自身运动"（*SVF* II.442）。与此类似，内梅修斯（Nemesius）写道："据斯多亚学派所说，躯体中有一种'张力'运动，同时向内和向外运动。向外的运动产生了量和质，向内的运动则产生统一性和实体。"（*SVF* II.451）有时，张力运动被描述为两种相反运动的交替（*SVF* II.450, 458），但这可能是斯多亚学派对自己观点的修正，因为很难将两个同时进行的相反运动归于同一事物。① 事实上，如果把普纽玛的运动分析为它的两个组成部分运动的函数，那么同时性的问题就可以得到大体上的解决。

普纽玛是火和气的混合物，其运动的两个方向被解释为由冷（气）导致的"收缩"以及由热（火）导致的"膨胀"（*SVF* II.446）。因为它的组成部分，在空间上连续的普纽玛，持续地活动着。它使宇宙成为一个动态的连续体，所有部分都相互联系，尽管它们根据渗透其中的普纽玛的混合与张力而各不相同。质料在通过它与普纽玛之间的联系而作用于它的力量的平衡下凝聚、

---

① 盖伦对"张力运动"的使用很有趣，他用它来解释肌肉的活动（*SVF* II.450）。

稳定。从这种普纽玛概念产生的世界图景明显区别于伊壁鸠鲁和亚里士多德的物理学。伊壁鸠鲁宇宙的终极部分是虚空和原子。所有的变化都是无限的不连续、不可分的物体的运动和其他必然属性的结果。斯多亚学派的宇宙将这个体系置于其上。个别物体的运动和属性是一个单一的、渗透万物的动态实体作用的结果。亚里士多德的宇宙论中没有这样的东西，它有一连串的推动者，其中居于首要位置的神，与宇宙没有任何空间上的关系。对亚里士多德来说，运动需要有一个连续的空间中介存在。但他并没有赋予这个中介本身任何主动的功能。

近来对斯多亚物理学的研究指出了普纽玛理论和现代科学概念之间一些有趣的相似之处。① 自 177 世纪开始，科学家提出了无处不在的以太（aether）代替斯多亚学派的普纽玛所发挥的某些功能。普纽玛也可以与施动与质料的"力场"（field of force）概念进行比较。更广泛地说，我们注意到一件有趣的事，有两个现代作家以一种必然会赢得斯多亚学派认可的方式来描述事物的性质：

> 物质和能量只是同一个基本现实的不同方面，它们在所有的表现中都服从不可抗拒的宇宙法则……从宇宙的一端到另一端，存在着单一的统一系统，归根结底，一切都是能量［斯多亚学派会说是"普纽玛之力"］。它的大螺旋是星系，小涡流是太阳和行星，它最柔和的运动是原子和基因。

---

① Sambursky, *Physics of the Stoics*, pp. 29-44.

根据爱因斯坦的定律,在所有形式的物质和生命的表现下,都有能量的统一体在跳动。然而,这个统一的存在物不仅将自己扭转成众多种类的物质,它还可以产生更加复杂的生命模式——从原始等离子体中的气泡到……人类大脑最高的复杂性。①

从概念的角度来看,斯多亚学派的物理学体系最有趣的特点是将对象之间和对象内部所有质的区别还原为与质料互相作用的普纽玛的状态或组织。斯多亚学派并不是严格意义上的科学家,但是他们的理论在原则上可以通过普纽玛运动的量度,以及通过对普纽玛的复合物进行分析,来表达事物的物理状态。然而,在一个重要的细节上,古代和现代作家都注意到了一个根本性的困难。据克吕西普斯所说,普纽玛通过完全渗透质料而与它相互作用(*SVF* II.473)。但是普纽玛和质料都是有形的,而且物理学的一个基本原理就是两个物体不可能同时占据同一个空间。那么,我们如何想象普纽玛可以完全渗透质料呢?斯多亚学派意识到了这个困难,他们试图通过区分不同的混合模式来解决它。

3. 混合

亚里士多德在《论生灭》(I.10)中讨论过混合。他区分了两种基本的混合:第一种是"复合"(combination, *synthesis*),它是例如大麦粒和小麦粒"混合"在一起形成的状态。在亚里士

---

① Barbara Ward and René Dubos, *Only One Earth*, Harmondsworth, 1972, p. 83.

多德看来，这并不是真正的混合，因为各个成分都保留了自己的属性。斯多亚学派在这一点上遵循亚里士多德，他们使用"并置"来指这种机械性的复合。亚里士多德说的第二种混合是"合成"（blending, *mixis* 或 *krasis*）：它的特征是被混合的各种成分结合起来，形成了某种同质的东西，它的属性由被混合的各成分之间的相互作用来决定。因此，青铜是铜和锡混合的产物。但是如果一个部分比另一个大得多，就不会产生新的复合物："较弱"的部分，比如一滴酒不会和千万倍之多的水混合。酒失去了它的酒性，成为水的一部分。斯多亚学派在这一点上与亚里士多德不同，他们区分了两种更进一步的混合模式。

其中之一是"完全融合"（complete fusion），阿弗洛狄西阿斯的亚历山大对它描述如下：

> 当物体在整个实体和成分的属性方面一起被破坏时，就像在药物中发生的那样，被混合的东西同时被破坏，就会产生一个新的物体。（*SVF* II.473）

亚里士多德的某些"复合"的例子就属于"完全融合"，尽管亚里士多德的学说基于潜能与现实之间的区分，而斯多亚学派并不承认这一区分。但是比斯多亚学派的前两种混合模式更重要，同时也更令人困惑的是第三种。以下是亚历山大的说法：

> 当物体在彼此的实体和属性方面完全相互延伸，同时在这种混合物中保持它们原有的实体和属性时，某种混合物就

会出现。克吕西普斯专门把这个称为混合物的"复合"。(*SVF* II.473)

像"并置"一样,这种混合物的成分可以分离,因为它们始终保留着自己的属性。但在"复合"中,这些成分完全相互"延伸",它们中的每个粒子都共享了混合物的所有成分。

斯多亚学派诉诸经验的例子为这种两个物体相互之间完全渗透的理论辩护。他们认为,酒和水的混合,不仅仅是酒滴和水滴的并置,但也并非它们的完全融合,因为如果把一块涂了油的海绵放在这样的混合物中,两种成分就能够被分离(*SVF* II.472)。这一观点明显是说,这种混合物,无论它的体积多么小,其中的成分都必然会展现出同样的属性以及彼此间的关系。因此克吕西普斯反驳了亚里士多德的主张,即一滴酒不可能与极其大量的水混合(*SVF* II.480)。在斯多亚学派看来,两种成分的相对大小或者质量与它们能否混合无关。在这里,我们看到斯多亚学派如何为一个物体完全渗透进另一个物体的理论进行辩护。他们非常感兴趣的例子是普纽玛和质料之间的关系。这两者都是有形的,但普纽玛是一种极其细小的物体,并且完全渗透在质料之中。为了解释这一点,我们有必要考虑混合的不同模式。斯多亚学派似乎认为,普纽玛极其细微,一定体积的普纽玛可以同时占据一块质料所占据的空间。他们的理论通过一种假设而变得更加合理,即在任何复合物中,普纽玛的数量总是远远小于物质的数量:"如果整体延伸进整体,最小的部分延伸进最大的部分,直至延伸的极限,那么其中一个无论占据什么位置,这个位置都会被两者共同

占据。"(*SVF* II.477)

如果斯多亚学派把物质力量的概念从物体的概念中解放出来，就可以避免这种虽然精巧但是难以成立的混合理论带来的后果。然而，这需要对他们的基本原理进行彻底的修正，因为普纽玛驱动和塑造质料的力量来源于它是有形的实体。斯多亚学派并不承认超距作用的可能性。他们的因果关系理论背后的模式是，一个东西触碰到另一个东西才能施动于它。但是我们把混合物的问题搁置在这里，进一步研究斯多亚学派基于普纽玛对性质做出的区分。

4. 范畴

辛普里丘和普罗提诺是斯多亚学派"范畴"理论的主要证据来源。[①]亚里士多德有一组十个"范畴"，他对这些范畴的使用横跨了逻辑、语言分析和形而上学分析。斯多亚主义也是如此，但这两个范畴体系之间存在重大差异。亚里士多德的范畴是对我们谈论事物的方式所做的完全分类，例如：某种大小、在某个地方、在某个时间、施动、受动。斯多亚学派的范畴只有四个，它们更加抽象。简而言之，它们是一系列标题，用于分析和描述现实的两种成分，普纽玛和物质，以及它们之间的相互关系。

第一个范畴是"基质"(substrate)或"实体"(substance)，它对应着"质料"(matter)。但是斯多亚学派中的"质料"无法

---

① 参见 *SVF* II.376-404 中的文本。有一种普遍而且或许正确的假设，即克吕西普斯是第一个提出这一学说的斯多亚主义者。更详细的讨论参见 J. M. Rist, "Categories and Their Use," *Stoic Philosophy*, pp. 152-172 (= *Problems in Stoicism*, ch. 3)。

在没有限定的情况下存在，因为它总是被普纽玛渗透。这一事实说明了斯多亚学派的第二个范畴，"有限定的"（qualified）。世界上的任何事物都必然是一个实体，即一个物质对象，但是如果没有普纽玛的限定，它也不能作为一个物质对象存在。"实体"与"有限定的"是两个必然可以描绘所有存在物的一般谓述。① 它们应用在宏观上，就说明了世界是一个单一、独特而有限定的实体。它们也适用于所有具体事物。因为质料是连续的，在斯多亚学派中个体性并不是指离散的原子式的对象，而是指形状或者形式，它们将物质的一段与另一段区分开。普纽玛赋予质料整体的限定也是区分质料不同部分的手段。对质料的这些不同的区分就是我们所说的个体，这个人、这匹马。它们每一个都因为普纽玛而获得个体性，普纽玛这样限定了质料，使得每一个所谓的个体都拥有这个宇宙中其他事物所不具备的一些特征，并且只要它持续存在，这些特征就会一直持续下去。②

因此，每一个有限定的实体都有一个"个体化的性质"（individuating quality，*SVF* II.395）。这是对"限定"进行分析的一部分。但是斯多亚学派也承认，一个个体拥有的某些属性，可以和其他个体拥有的那些属性划分到同一标题下。苏格拉底和柏

---

① 正如我们所见，无形之物（lekta、时间、虚空和地点）并不存在，但它们也并非毫无意义。它们可以构成思想的内容，也许可以被称作"存在"（subsist）。斯多亚学派把一类事物命名为"某物"（the something），既包括实体（物体），也包括无形之物（*SVF* II.117）。

② 斯多亚学派坚持认为，没有两样东西是完全相同的，他们以毛发和沙粒为例（*Acad.* II.85）。关于他们对莱布尼茨的不可区分之物的同一性原理的预见，参见 Sambursky, *Physics of the Stoics*, pp. 47f.。

拉图共同拥有两足、理性以及动物的属性。这些"共同性质"在我们的资料中几乎没有记载，我们也很难确定斯多亚学派对它们的明确看法。但是世界上可能没有与它们直接对应的东西，因为本质上只有实体的具体差异是存在的。"共同性质"也许是通过普遍化得出的概念，这种普遍化提供了一种对具体事物的限制进行分类的方式。这与斯多亚学派对名词的讨论密切相关。专有名词意指个体化的性质，共同名词则意指共同性质（参见本书 p. 136）。后者不是个体，而是某种属于许多个体的东西。

斯多亚学派的第三个范畴，"处于某种状态"一般被翻译为"情状"（disposition，*SVF* II.399-401）。从一个角度来看，斯多亚学派似乎将任何区分都描述为"某种状态下"的普纽玛或质料。但是他们也用这一表达来区分相对而言非永久的或者偶然的个体情状。灵魂是"某种状态下的普纽玛"，但每种动物都必然有一个灵魂。德性与恶性也是某种状态下的普纽玛，但并非一切拥有灵魂的事物都是有德性或恶性的。这些谓述只适用于成熟的人类。它们指的是一种普纽玛的"情状"，它已经处于一种构成灵魂所必需的状态中。在它作为一个范畴的使用中，"情状"分析的不是个体具体和永久的特征，而是某个个体允许我们将其描述为在某地、在某时、在行动、有某个大小、有某个颜色等等。当然，任何个体都必然在某时处于一种我们可以对其进行描述的状态。但是人开始和停止行走、学习新事物、遗忘其他事物，经历或者不经历道德的提升，这些描述在斯多亚主义中是可能的，因为渗透万物的普纽玛既是它持续不变的原因，也是它在不同时段处于不同状态的原因。"加图在走"这个句子描述了一个特殊物质对象的一个情状。加图在走是使得加图成为加图的普纽玛的一个具体状态。这一情状不能与这个人本身分离,但是在语言中我们可以在一个句子的主语和对它的描述之间做出区分。加图在走指的是一种物理现实,但是他的"走"并非某种离开加图也能存在的东西。它描述了一个物质对象在某时某地的情状。

斯多亚学派的第四个,也是最后一个范畴是"相对情状"(relative disposition,*SVF* II.402-404)。这个范畴的功能是界定**一种事物相对于**其他事物所拥有的属性。因此,一个人也许拥有作为父亲的属性,但是这区别于他很白的属性,原因在于作为父亲蕴含了他与其他事物,他的一个或几个孩子之间的关系。左与右、父与子,这两对中的每一个都"需要外部事物以维持其存在"(*SVF* II.403)。相对情状这个范畴,可以帮助我们分析对某种事物能够真正谈论的东西在何种程度上依赖于其他事物。但是导致斯多亚学派提出这一范畴的原因很可能是形而上学的而非逻辑学的。宇宙的所有部分都通过普纽玛彼此联系。相对情状为描述所谓的"宇宙共感"(cosmic sympathy)提供了范畴。

出于这个原因,斯多亚学派的第四个范畴具有最广泛,也最有趣的含义。所有的事物都是相互依赖的,这种看法在今天已经有了特殊的生态含义,而关系的概念就是一个基本概念。在斯多亚学派中,要成为一个好人,一个幸福的人,就要以某种方式与自然或者神相联系。斯多亚学派敏锐地察觉了与自己、社会、世界相联系的心理需求。像威廉·詹姆斯(William James)、荣格(Jung)或者弗洛姆(Fromm),斯多亚学派发现了一种"在宇宙中宾至如归"的包罗万象的欲求。斯多亚学派的自然哲学为个人身份提供了一种宇宙的指向性,这种身份并未忽视人与人之间的联系,而是将它们隐含在一种依据理性的生活中。"我们的存在是为了合作"(马可·奥勒留:《沉思录》II.1);"一个理性存在者的好在于集体的联合。"(V.16)个人主义,在其辉格派的意义上,与斯多亚主义是对立的,正如它与许多现代心理学家和哲学家对立一样。

5. 原因:决定论、人类行动、宇宙中的恶

在这里提到社会和伦理学理论并非离题。因为它们与斯多亚学派的自然概念密切相关。但是一个更加严格的物理维度的关联仍然有待考虑。自然联系并决定了一切,正是这一自然观念使斯多亚学派成为第一批系统地坚持宇宙原因法则的哲学家。这条法则被罗素表述为:

> 在同一时间或者不同时间的不同事件之间存在着这样一种不变的关系,即给定整个宇宙在任何有限时间内的状态,无论多么短,每一个先前和随后的事件在理论上都可以被确定为该时间内既定事件的函数。①

现在,考虑下面两段引文:

> 前面的事件是后续事件的原因,所有事物以这种方式相

---

① Bertrand Russell, *Our Knowledge of the External World*, London, 1914, p. 221.

>互联系，因此，世界上发生的任何事情，都不可能没有其他事物作为它的结果或原因……任何发生的事情，总会产生作为结果必然依赖它的事物。（SVF II.945）
>
>如果有人察觉到了所有原因的联系，那么就没有任何东西能够欺骗他。因为任何把握了未来事件原因的人必然也把握了一切未来的事物……时间的流逝就像绳索的松动，不会带来任何新的事物。（SVF II.944）

这几段文字显示，斯多亚学派严格坚持一切发生的事情都有某些条件，给定这些条件，就不可能发生其他事情。"偶然性"只是未被发现的原因的名称（SVF II.967）。所有的未来事件理论上都是可预测的，占星术和占卜被用作因果关系有效性的证据。"可能性"在且仅在人们对于事件之间因果联系的无知这种意义上存在（SVF II.959）。一个可能的事件"即使没有发生，也不会被其他事物阻碍发生"（SVF II.959）。但是有一种东西阻止所有未发生之事发生——那些确实发生之事的原因。只是人类对原因的无知导致他们断言未发生之事的发生不存在任何阻碍。

斯多亚学派将他们的决定论建立在这样一个命题上，即每个事件都必然有一个原因。他们认为，宇宙是一个统一的系统，任何没有原因的事件都会破坏其一致性（SVF II.945）。正如我们在上一章中看到的，他们还错误地论证，除非所有事物都是先行原因固定序列的结果，否则没有命题可以进行真假判定。但是除了这些具体的原因之外，斯多亚学派还因为他们赋予自然本身的属性而坚持决定论。自然作为渗透一切的普纽玛或逻各斯，它是理智的万物的指导者。如果某些事件是偶然的，或者超出了自然的力量范围，那么就不能完全根据自然法则来分析世界。但是斯多亚学派的基础就在于这是可能的。此外，斯多亚学派极力主张的神意，预设了神或者自然拥有一种创造良好作品的能力。斯多亚学派认为，这是所有可能世界中最好的一个，尽管各处还有明显的不完美，但自然如此组织每一个部分，使它们和谐地存在于整体之中。马可·奥勒留经常提到这一概念的心理学和道德意义，而且一个事实似乎是，许多人在这样的信念中找到了很大的安慰，即无论发生什么，他们的生活都为某种宏伟的宇宙计划做出了贡献：

> 对整体有利的东西，不会对部分有害。因为整体不包含任何对它自身不利的东西……只要我记住我是这样一个整体的一部分，我就会对一切发生的事情感到满意。（《沉思录》X.6）
>
> 哦，宇宙，一切适合你的东西，也适合我。任何对你来说适时的事物对我来说都不会过早或者过晚。（《沉思录》IV.23）

威廉·詹姆斯不愿意把这种说法归为对宗教经验的描述。但这可能只是一个言辞之争。马可·奥勒留的情感至少展示了某种类似与自然和谐共生的欣喜。斯多亚学派的态度得到了18世纪作家沙夫茨伯里（Shaftesbury）等人的推崇，这不是一种盲目的顺从。他们相信人性的基本属性——理性——来源于宇宙中的主动原理，是它不可分割的一部分。考虑他们对恶与人类行动原因的看法时，我们需要牢记这一点。

斯多亚学派并没有像亚里士多德那样区分不同类型的因果解释（质料因、形式因、动力因和目的因），但是他们提出的那一个原因可以被看作这四种原因的合体。塞涅卡写道：

> 我们斯多亚学派寻找一个首要且普遍的原因。它必然是单一的，因为质料是单一的。我们问这个原因是什么？答案是"创造的理性"，也就是神。（*Ep.* 65, 12）

"创造的理性"最终解释了所有具体实体和所有事件。就像斯宾诺莎《伦理学》（*Ethics*）中的神一样，逻各斯是"居于所有事物之内的原因"。宇宙普纽玛的一部分存在于每个实体中，从而将实体构成为某种个别的东西，比如一块石头、一个人。但是每个个体事物所处的环境也可以用普纽玛解释。根据普纽玛的不同情状，它既是内部原因也是外部原因。这种对内部与外部的区分对于克吕西普斯解释行动至关重要。关于他的理论，现存的证据表明，他是第一个深入探索原因问题的斯多亚主义者。他也许是被劝说这么做的，以回应斯多亚学派的决定论取消了一切人类行动自由的批评。但是他提出的观点也适用于无生命物体的运动。

在阐述他对原因的区分时，克吕西普斯以一个滚动的鼓为例（*De fato* 39–44）。我们可以设想这个鼓放在平面上。据克吕西普斯所说，它的滚动必然可以用两个原因来解释。首先，某个外部动力：放在平面上的鼓不会自己开始滚动，除非有其他的东西推动它们。其次，除非鼓有某种形状，否则它不会滚动。不论怎么用力推，方形的盒子都不会滚动。因此，鼓的滚动既是外部推力的结果，也是它自身固有性质的结果。克吕西普斯将第一类原因称为"辅助和近似的"；第二种，鼓滚动的能力，则是一个"主要且完善的原因"。其中任何一个原因都不足以带来结果，除非另一个原因也在。但是克吕西普斯的措辞表明他认为就因果解释的目的而言，事物的固有性质比外部的刺激更加重要。

克吕西普斯的区分显然是有用且重要的。如果我们考虑某个物理对象的运动，例如一辆汽车，仅仅用引擎的转动来加以解释，说"某个人打开了点火器和启动器"是不充分的。没有燃料，引擎就不会运转，而且除非它是一个以正确方式制造出来的机器，拥有将燃料中的能量转化为转动的能力，否则它也不能运转。当有燃料并启动它的时候，各个部分的组织就必然决定了它会如何运转。克吕西普斯认为，每个自然的实体都有一个结构，它构成了任何关于它的可预测的事件的原因。任何事物要有所行动，都需要有一些外部刺激。但是自然实体对这种刺激的反应方式必然由其固有的结构决定（*SVF* II.979）。

西塞罗在《论命运》中展示了克吕西普斯如何将这个因果理论用于解释人类行动。① 难题在于要在这种因果关系中保持某种人类的自主性。克吕西普斯试图通过论证在每个行动中我们都要区别外部的刺激和心灵的反应来解释自主性。他似乎声称，外部

---

① 对这一主题更详细的处理，参见我在 "Freedom and Determinism in the Stoic Theory of Human Action," in *Problems in Stoicism*, ch. 8 中的讨论。

原因负责"印象",它们为心灵提供一条可能的行动路线。但是要如何回应这个印象,取决于这个人自己。外部原因是命运作用的表现,但它们并不足以使我们的行动成为必然:

> 尽管除非认同的行为由感官印象推动,否则不可能发生,但是……这是认同的近似原因而非首要原因……正如那个把鼓向前推,让它开始运动的人,而非滚动的能力,这个视觉对象……会在心灵中留下印象。但是认同存在于我们的能力范围内,而且……一旦它受到了外部的刺激,就会通过它自己的力量和自然来推动其余部分。(*De fato* 42-43)

这个论证留下了很多模糊不清的地方。比如,它没有阐明"在我们的能力范围内"是什么意思,而且显然并非所有促使行动的"印象"都有外部原因。但是其他证据表明,"在我们的能力范围内"意味着不能指向任何外在于我们的事物(*SVF* II.1000)。这允许我们问,一个人在认同某事的时候,他是否拥有采取其他行动的自由。斯多亚学派的答案是没有。鼓滚动的能力属于鼓而非其他事物,但它是鼓的结构的一个**必要**组成部分。就人而言,他的自然决定了他对外部刺激的回应。这里的自然是一个复杂的概念。它既指所有人共有的因素,比如认同的能力,也指个人的品格。所有人都通过给予或者保留同意来回应刺激,但任何特定的人给予或者保留的同意由他是什么样的人决定。

把经过思虑的行动解释为印象和内部回应的结合,在这一点上克吕西普斯和亚里士多德的立场大体一致(《论灵魂》III.10-

11）。斯多亚学派像亚里士多德一样，并没有在"**现在**可以自由采取其他行动"中寻找自愿行动的标准（*SVF* II.984）。他们对人类能力的检验不是采取其他行动的自由，而是思虑后再行动。尽管区分了内部原因和外部原因，个体的品格还是属于普遍的因果法则。因为品格是遗传和环境的结果。一个人与生俱来的能力是"命运（即宇宙自然）的赠礼"，它塑造了每个具体的事物（*SVF* II.991）。人一旦出生，就会开始接触环境，他获得的品格由其内在能力和外部事件的相互作用决定。① 说到底，这两者都由同一个事物决定，因为逻各斯渗透一切。但这只是一个角度。从主观的角度来看，决定了每个人结构的逻各斯是**他的**逻各斯。我们可以这样表达，即普遍的因果原理在每个人那里拥有具体的特性。而且，因为个人的逻各斯是他真实的自我，外部和内部的区分就是有意义的。说一个人的品格由逻各斯决定，相当于说它是自我决定的。斯宾诺莎的自由概念也许可以和斯多亚学派的进行比较："被称作自由的事物，仅仅依靠自身本质的必然性而存在，它在行动中也只由它自己决定。"（《伦理学》第 1 部分，定义 7）

斯多亚学派的自然哲学试图从一个与宇宙共存的单一实体的理智活动出发，来理性地解释一切事物。宇宙的历史是一个事物的历史，它可以用许多不同的名称加以表述。永存不灭的自然、神、普纽玛，或者普遍的逻各斯，在一系列永远循环的世界周期中行动。每个世界周期以纯粹的火开始和结束，以此实现主动原

---

① 这一点在 *SVF* II.1000 中非常明显。斯多亚学派在解释品格发展时非常强调环境因素，他们将道德败坏的原因追溯到"外部事物的劝诱"和"与［坏的］熟人的交往"（D.L. VII.89，参见 *SVF* III.229-236）。

理的目标。在每个周期内，自然以不同的形式呈现，包括动物、植物以及矿物。自然给一种不完美但可以完善的动物，也就是人，分享了它自己的本质，也就是理性。因为自然这个整体是完美、理性的存在，它所有的行动都值得其他理性存在者推崇。

但是，如果"世界是为了理性存在的利益而设计的"，那么其中就没有任何不好的东西吗？恶的问题最大限度地考验了斯多亚学派的才智。[①]尤其是克吕西普斯，他提供了许多不同的解释，普鲁塔克记录并批评了它们。[②]一方面，他认为除了道德上的软弱，没有什么事物是严格意义上坏的。我们也将看到，对道德软弱的解释引发了它自身的问题（本书 p. 181）。但是这种将恶局限在道德软弱上的做法并没有为疾病、干旱、地震等现象提供答案，这些都不能归咎于人的堕落。克吕西普斯没有否认这些事情在某种意义上也可以被合理地称为坏的，他也不认为它们是由自然以外的东西造成的。但是他宣称，它们并没有损害自然的神意：

> 出现在严重灾害中的恶有它的原理（逻各斯）。因为在某种意义上，它也是根据普遍理性发生的，可以说，就整体而言它并非没有用处。因为没有它，就没有好。（*Comm. not.* 1065b，引用克吕西普斯）

应该公平地说，克吕西普斯很清楚通过解释消除宇宙之恶的困

[①] 我在 "The Stoic Concept of Evil," *Philosophical Quarterly*, vol. 18 (1968)，pp. 329-342 讨论了斯多亚学派恶的概念。

[②] 特别参见 *Stoic. rep.* 32-37。

难。上面引用的似乎是他能提出的最好的论证。由此可见，疾病和自然灾害本身并不是自然的目标本身，而是好的事物（这些确实是目标本身）不可避免的结果。克吕西普斯使用的一个例子是人类头部的脆弱性（*SVF* II.1170）。据说为了实现头部的功能，它是由非常细小的骨头制造出来的。头部的脆弱并不是好事，不过脆弱而好的头部，总好过坚硬而坏的头部。这个例子选得很好，因为它体现了这样一个事实，即自然在任何因果解释中都扮演着双重角色。在斯多亚学派中，说某物是自然的，就是将描述和评价结合起来。自然同时包含了事物存在的实然和应然方式。重要的是要记住，自然被设想为一个"工匠"（技艺之火）。要理解一位工匠的工作，我们既要知道他在做什么（比如刨出一个平面），也要知道他为什么要这么做（为了做一张桌子）。工匠在有目的地工作。与此类似，自然的产品也是为了一个目的而设计的，因为自然拥有正确的理性，它的目的必然是好的。斯多亚学派将自然的神意视作某种不容否定的东西，如果否定了就会出现矛盾：它就像热量之于火，甜味之于蜂蜜那样自然（*SVF* II.1118）。

如果自然的神意包罗万象，那么任何造成伤害或者痛苦的东西，都应该被解释为某种假如知道了所有事实，那么理性的人就会承认它有益的事物。正如追随沙夫茨伯里的波普（Pope）写下的："所有的不和谐，都是不被理解的和谐；所有部分的恶，都是整体上的善。"[①] 但是人们不可能知道所有的事实，因此必须要相

[①] Basil Willey, *The English Moralists*, London, 1964 讨论了"自然"作为一种和谐的秩序，宣告了神的作品的看法。

信许多发生的事情的价值。这种无论自然事件看起来多么可怕，都乐观对待的态度，是斯多亚学派最不讨人喜欢的特点之一。承认人类的视野有限，无法把握完整的宇宙视角是一回事。但即使在其最崇高的时刻，在爱比克泰德或马可·奥勒留的作品中，斯多亚学派的信念中还是有一些冷酷的、不通人情的承认，比如他们认为一切最终都是好的。他们是唯一试图为一切事物在他们完美、包罗万象的自然概念中找到解释的希腊哲学家。

6. 灵魂与人的自然

是什么让人有别于其他物质对象？哲学给出的传统答案是人有心灵（灵魂）。但心灵是什么呢？对于这个问题，人们提供了各种扑朔迷离的答案，从将身体还原为心灵的彻底唯心论，到将心灵还原为身体的彻底唯物论。在这两种极端之间，还可以找到大量的中间立场。柏拉图和笛卡尔将身体和心灵看作两种相当不同的事物，这种理论当即引起了它们中的一个如何驱动另一个，或者被另一个所驱动的问题。吉尔伯特·赖尔（Gilbert Ryle）在他颇具影响的著作《心灵的概念》（*The Concept of Mind*）中，认为当我们讨论心灵的时候，并不存在一个内部实体，从而打破了"笛卡尔神话"。对于赖尔来说，谈论心灵就是描述一个人可以公开观察到的以各种方式行事的情状。最近，人们试图表明，没有充分的理由否认心理过程就是中枢神经系统的纯粹物理过程。[①]这只是一场旷日持久的辩论中两个瞩目的例子，无论这场辩论的

---

① 一个著名的例子是 D. M. Armstrong, *A Materialist Theory of Mind*, London, 1968。

最终结果如何，都不可能给柏拉图主义者和笛卡尔主义者带来多少安慰。斯多亚学派的心灵理论在当代哲学氛围中获得了新的价值。

行为主义者和唯物主义者对心灵的描述都与斯多亚学派的观念有密切关系，但是这两个术语都不能充分描述斯多亚学派的理论。正如我们所见，在斯多亚学派的自然哲学中，心灵和质料是同一事物（物体）的两个组成部分或者两个属性，这个分析适用于人类和其他一切事物。人是一个统一的实体，但构成他的东西并不统一。在他的物质框架（肌肉、血液、筋腱等等）和他感觉、说话等能力之间，存在显著的区别。归根结底，人的所有属性都是由普纽玛和质料的相互渗透造成的。但是斯多亚学派将他们对质料和普纽玛的区分应用在传统的对身体和灵魂的区分上。人的灵魂是弥漫在整个宇宙中的有生气的、理智的、温暖的气息的一部分（D.L. VII.156）。就人来说，普纽玛渗透的是他的身体，而身体则属于质料。①

我们应该提醒自己，尽管普纽玛是一切质的差异的原因，但它并没有赋予万物生命。只有当个体事物的普纽玛拥有某种"张力"，它才会拥有生命，而生命的种类取决于张力的程度。在那些有生命的事物中，根据它们是植物、动物还是人，普纽玛也展现出不同的形态，而且只有后两种生物才有灵魂（*SVF* II.714-716）。

---

① 大多数斯多亚主义者认为在死亡时与身体分离的灵魂，还会存活一段时间；参见 R. Hoven, *Stoïcisme et Stoïciens face au problème de l'au-delà*, Paris, 1971。

斯多亚学派谈到了灵魂的部分、性质或能力。其中有八种，包括五种感觉、生殖的能力、说话的能力以及某种被称为"主导原则"（hêgemonikon）的东西（SVF II.827）。这个词语在语法形式上是一个形容词，在斯多亚学派之前被大量使用，意思是"能够命令"。但他们是最早用这个词构成一个名词来指灵魂某个部分的哲学家。正如它的名称所暗示的那样，主导原则是"灵魂中最具权威的部分"（D.L. VII.159），位于心脏中，就像亚里士多德在《论自然诸短篇》（Parva naturalia）将感觉能力集中在心脏一样。它将灵魂的其他部分如同"温暖的气流"（pneumata）一般从心脏传遍全身，管理它们，并通过它们管理身体。在一个比喻中，克吕西普斯将主导原则描绘成一只蜘蛛，蛛网的线对应灵魂的其他部分（SVF II.879）。蜘蛛对它用脚控制的网上的任何干扰都很敏感，主导原则通过它管理的气流接收有关外部世界和内部身体状态的信息。

主导原则是意识的所在，所有我们赋予大脑的功能都属于它。其中一项功能就是斯多亚学派所谓的"冲动"（impulse），即"灵魂朝向或者远离某物的运动"（SVF III.377）。冲动是灵魂在收到某些印象（phantasia）时可能发起的运动。印象和冲动一起为动物指向某个目标的运动提供了因果解释。

但是这么说有点过于简化了。假定所有动物都展现出目标导向的行为，它们为什么会追求某些东西而避免其他东西呢？斯多亚学派对这个问题的回答非常有趣。他们论证，每一种动物"在基因上"就被决定了只展现出那些适合它们自然构成的偏好和厌恶（SVF III.178-188）。所有的生物都由自然构造而成，"以自身为导向得到良好的安排"（well-disposed toward themselves）。翻译为"得到良好的安排"（oikeios）的这个词在希腊语中通常被用来表示"相关/亲缘/属于"，但斯多亚学派表达的是一个专门的概念，公平地看这个概念可以被认为是他们原创的，尽管如果我们相信安提奥库的说法，那么芝诺提出这个概念可能受到了学园派的波勒莫影响（Fin. IV.45）。① Oikeiôsis 决定了一个动物与其环境之间的关系，但是对它良好安排的首要对象是它自身（D.L. VII.85）。它的自我意识是一种情感关系，所有的行为都可以被阐释为同一个原则的延伸或者表现。因此，决定动物冲动的方向的既有它感觉到的东西，又有认识属于它自己的事物的内在能力。如果我们看一只狗冲着骨头跑去，我们可以合理地推断，它看到了骨头，并且有一种咬它的冲动。但是，它之所以有这种冲动，可以追溯到这样一种倾向，即认识到什么是属于自己作为一只狗的东西。

狗的行为还涉及另一个因素。它对骨头有一种感觉印象，但这种印象的来源可能是一块看起来像骨头的石头。假设狗走到石头前，然后转身离开。这一明显的意图变化将由主导原则的另一种能力，"认同"来解释。我们的感官任何时候都在汇报无数的信息，我们只会注意到其中的一小部分，即那些"我们认同"的部分。认同一个感官印象就是注意到一个消息并确定其来源。因此认同是冲动的一个必要条件（SVF III.171）。我们不会被那些我们无法识别为有利或有害来源的事物所推动或者击退。当狗走向

---

① 详细讨论参见 S. G. Pembroke, "Oikeiôsis," in Problems in Stoicism, ch. 6。

像骨头的石头时，它认为它看到的是一块骨头。它认同了这一印象，并经历了一个冲动，因为它有一种啃骨头的倾向。再仔细一看，就有了不同的反应，狗不再认同石头是一块骨头，它的行为模式也相应地发生了变化。

到目前为止，我们描述的能力还是动物和人共同的（*SVF* II.979, 991）。拥有主导原则就意味着有能力从环境中选择生物自我保全所必需的东西。它并不一定意味着拥有理性。[①] 理性只是主导原则在成熟的人身上体现的特征。婴儿"尚未拥有理性"（*Ep.* 124.9），因为逻各斯需要用 7 年（或 14 年）的时间来发展。冲动是动物行为的主要决定因素，也是主导幼年人类的能力，因此他们的首要念头就是自我保全。但是随着孩子成长，他的主导原则逐渐被理性或逻各斯的积累从根本上加以修正。按照克吕西普斯的话说，"理性作为工匠指导着冲动"（D.L. VII.86）。他故意选择这种语言，以提醒我们普遍的因果原理在这里发挥作用。

理性作为后期的开发者，是一种能力，它塑造但不破坏那些先于它出现的能力。在斯多亚学派对人类发展的观点中，先天的冲动被理性的发育矫正，不再作为一种独立的能力存在。它们被理性取代。人类的自然就是从非理性和动物性的东西发展为一个完全受理性支配的结构。这个观念在斯多亚学派的伦理学中非常重要。理性的发展带来了冲动方向的改变。新的欲求对象优先于对基本身体需求的满足。德性被认为是在更根本的意义上比食物、水、住所等等更加"属于人"的东西（*Fin.* III.20ff.）。但是

[①] 关于动物普遍的主导原则，参见 *N.D.* II. 29；*Ep.* 121.10。

在人和野兽都会自然地寻找"属于"它们的东西这个意义上，是同一个过程在发挥作用。

我会在下一节全面讨论这种走向道德生活的"自然"发展。因为它引入了一个规范性的维度，在我们完成对心智能力的描述之前，无法充分理解它。但是在斯多亚学派中，事实和价值终究不能彼此分离。爱比克泰德的一段文字非常明显地展现了这一点，它与我们当下的讨论有关：

> 你会发现仅在人类身上有许多理性动物特有的需求，但人类也有许多我们和非理性动物共有的东西。它们理解事件之间的关系吗？当然不理解。需要和理解是两种完全不同的事物。神让动物的需要去使用印象，让我们的需要去理解对它们的使用。因此，对它们来说，吃、喝、休息和生殖就足够了……但是对我们这些被神赋予了理解能力的人来说，这些事情就不够了。除非我们正确且有序地根据每个人自己的自然和构造来行动，否则我们就无法实现自己的目标。因为生物的行为和目标随着它们不同的构造各不相同……神让人成为他自身及其作品的观察者，不仅仅是观察者，还是阐释者。因此，人类始于和止于与动物相同的东西就是可耻的。相反，他应该开始于和动物一样的地方，止于自然给我们的终点。（I.6.12-20）

这段话中对人性的观察大体上是非经验性的。有道德意识，经验希望、喜悦、敬畏、遗憾，以及认识到世界是多维的，这些意味着什么，这些都不是在通常科学的意义上可以确定的人类自然。①但是它们构成了作为一个人的重要部分，以至于任何全面的人性理论如果不能容纳它们，就是没有价值的。斯多亚学派对这一点非常敏感。他们的人性概念既是描述性的，也是规范性的。一方面，它包括一些心智能力，它们解释了事实上的人类行为。但它也规定了一种行为模式，即根据普遍自然设计的目的去使用能力。

7. 人的理性与激情

理性的实现改变了一个人主导原则的整体结构。在正统的斯多亚主义中，人类的行为不能像柏拉图的模式规定的那样，用三个独立的心理部分加以分析。根据克吕西普斯的说法，"不存在欲望和意气的要素，因为整个人类主导原则都是理性的"（SVF III.115）。乍一看，这句话有点奇怪、难以置信，古代人和现代人都是这样阐释它的。②波西多尼乌斯拒绝接受克吕西普斯的理论，主要理由是它没有考虑到人类经验中的"非理性"要素。③看起来柏拉图早就提供了这样一个理论，他把欲望当作灵魂中不同于理性的部分，它能够服从和反抗理性。许多学者指责克吕西普斯过分理智主义。④这些批评有一定道理，但是它们来得太草率了。

---

① 一本很有启发的书发展了这一点：Peter L. Berger, *A Rumour of Angels*, Harmondsworth, 1969。

② 盖伦借鉴了波西多尼乌斯的观点，详细批评了克吕西普斯（*Plac.* IV-V）。

③ Edelstein and Kidd, eds., *Posidonius*, vol. I., frs. 31-35.

④ 更加同情的处理，参见 Gould, *The Philosophy of Posidonius*, pp. 181-196; Rist, *Stoic Philosophy*, pp. 22-36。

克吕西普斯是一流的哲学家,我们在把他的任何理论当作无意义的东西加以否定之前,必须首先认真对待它们。

很多困难的出现都是因为"理性"(或者希腊语的 logikos)这个词不够精确,它往往是一个表达感情的词。对克吕西普斯的主要指控是他藐视常识,否认欲求或恐惧以及计算或思虑之间的区别。但真的是这样吗?答案取决于理性是什么意思,而克吕西普斯的意思很清楚。主导原则的理性可以被分析如下:所有人类行为——感觉、生殖、说话、欲求——都受到这样一个事实的影响,即人是一种可以看到事物之间关系的生物,他们有办法以"说出的思想"来表达这些关系。① 现在让我们考虑一下这如何影响克吕西普斯对欲求或冲动的讨论。

冲动除了是"灵魂朝向或者远离某物的运动",还可以被描述为"一种认同的行为"和"命令人行动的理性"(SVF III.171, 175)。第一个描述是一种物理描述,冲动是某种作为命令呈现给意识的东西。为了阐明这两种进一步的描述,我们来看一个例子。任何感觉都涉及同意,比如说我看到了一个橙子。但是假设我不仅看见了一个橙子,还抓起来开始吃它。克吕西普斯对第二种情况的解释是,当我认同自己看到了一个橙子时,我也向自己发出了吃它的命令。我为什么这么做?因为我是一个喜欢吃橙子的人。在这种情况下,我对我所见之物的认同不是一个单纯的感觉行为(尽管它完全可以是这样一个行为),它还包含了欲望的要素。橙子让我觉得它"对我有好处",这就意味着我欲求它。我的

---

① 例如,参见本书 p. 125 引用的文本。

冲动是主导原则的行为，它是隐含在**那种推动行动的**判断中的命令，在这个意义上它是理性的。这让我的冲动不仅是一个臆想的欲求。像克吕西普斯那样描述它，就是在分析欲求的概念。对命题"X 对我来说好"的纯理智认同和命题"我欲求 X"之间的区别在于，只有第二种情况会产生灵魂的运动。①

克吕西普斯的激情学说也遵循类似的思路。② 激情被定义为"冲动"加上其他东西。冲动一旦"过度"，就会成为激情（*SVF* III.479），其过度表现在心脏的运动中（*SVF* II.899）。激情的"过度"可以类比为一个跑步的人"超过"了一个走路的人。克吕西普斯还说，激情是错误的"判断"，它们以非常好或非常坏为谓述（*SVF* III.466, 480）。恐惧是"对似乎无法忍受的即将到来的恶的判断"。就激情涉及价值判断而言，它们与冲动没有区别。它们之间的区别是以"理性"来分析的。激情与单纯的冲动不同，是"不理性的"。

但是在这里我们似乎得出了一个矛盾。如果人类的主导原则只允许理性的情状，激情又如何可能呢？表面上看，这个难题通过区分"正确"的理性和"错误"的理性得到了解决（*SVF* I.202）。一个人所做的任何事情在某种意义上都是理性的，这是一个分析性的真理，因为人是"理性的动物"。但是在另一种意义上，

---

① 冲动不像广义的判断，它只能被某种具有绝对或者相对价值的东西驱动（*SVF* III.118-121）。尽管所有的冲动都是认同的行为，但是我们也没有理由推断斯多亚学派认为所有的认同行为都是冲动。

② 这段话并没有考虑到所谓的"良好的情感状态"——喜悦、愿望和谨慎，它们是完美的理性主导原则的伴生物（*SVF* III.431-342）。

圣人或者好人是理性的标准,因为只有他们拥有"正确的理性"(*SVF* III.560)。灵魂允许不同程度的张力,如果一个人的逻各斯不能持续地拥有正确程度的张力,他就不会拥有完美的理性(*SVF* III.473)。在这个意义上,他的情状是不理性的。他拥有一个不牢靠的逻各斯。"激情不是逻各斯以外的东西,这两者之间也没有分歧,而是一个逻各斯转向了两个方面。由于变化的突然和迅速,没有引起注意。"(*SVF* III.459)这里我们有斯多亚学派对理性与激情之间冲突的解释。它与柏拉图的区别主要是时间上的。斯多亚学派认为,人不会同时受到两个不同力量的影响。如果他不是一个生活始终保持平衡状态的圣人,他的主导原则很有可能会突然发生变化或者波动。在某一时刻,他可能会认同真正的斯多亚学派命题"痛苦不是坏事"。但是如果这个判断的基础不牢固,它就没有强大到足以拒绝相反的判断"痛苦非常糟糕",当牙医开始钻他的牙齿时,后一个判断就会伴随着身体反应出现在他的心灵中。斯多亚学派通过逻各斯的前后一致性,区分好人和其他人。在最坏的情况下,一个人也许会有一个从来不理性(在"正确"的意义上理解的"理性")的主导原则。但这是一种非常特殊的情况。克吕西普斯会说,我们大多数人在部分时间里被基本正确的理性统治,在另一部分时间里被错误的理性统治,这种缺乏与正确理性的一致性决定了我们是"愚蠢的"人或坏人。我们在这两种情况之间摇摆,当两种情况相伴而来时,我们的欲求就有可能发生冲突。我们的道德进步不是通过消灭所有情感和欲求体现的,而是通过主导原则与正确的理性越来越一致,由此产生的欲求和感受来体现。斯多亚学派非常强调需要抵制病态的情感(参见本书 p. 206）。

如果"正确的理性"让读者感到模糊甚至有些武断，从心智健康的角度来思考可能会有所帮助，而且这肯定也是斯多亚式的（*SVF* III.278）。心智健康是一个如今经常使用的概念，我们大多数人可能都有一些不易明言的判断什么是"正常"的标准，我们用这些标准来判断他人的行为。在我们的社会中，有一种很明显并且可能越来越大的倾向，那就是把我们的祖父母会称之为道德上应受谴责的情状当作人格缺陷。在弗洛伊德的影响下成长起来的一代人，意识到我们可能忽视了会对儿童发展造成的伤害，因而对自己作为道德判官的能力不那么自信了。健康和疾病这类词汇没有必然的道德内涵。比起"好"和"坏"，斯多亚学派更愿意把人分成智慧和愚蠢两种。愚人的特征是误解或无知，而非先天的邪恶或罪恶。我在前面已经提到，斯多亚学派诉诸环境因素来解释理性的"扭曲"。同样，教育和练习可以让一个人走上德性之路。没有人生来就是智慧者，也没有先天的捡选。但是人的自然是这样的，如果一个人认识到自己理性的全部含义，他就能获得真正的幸福。我在前面几页已经给出了关于这些的线索，我会在下一节的讨论中发展它们。

显然，斯多亚学派对人类自然的分析可能存在几方面的问题。他们对欲求和激情的描述，即使按照我建议的思路来阐释，对人类行为的某些方面仍然是缺乏认识的，这些方面在任何寻常的意义上都不能被还原为理性。人们还可以抱怨说，他们未能用无关价值的语言来描述心智能力。这第二个指控也适用于柏拉图，在较弱的意义上也可以用来批评亚里士多德。如果提出这个指控,我们应该认识到,我们今天缺乏一种可称全面的人性理论。这也许是一件好事,因为人性理论经常被用于不利于人类幸福的目的。重要的是意识到这样一个事实,即心理学、人类学、社会学、生物化学这些特殊科学,以及哲学和宗教,都试图谈论"人"这同一个东西的不同方面。斯多亚学派像其他希腊哲学家一样,能够比我们更大胆地去尝试。他们没有受到日益增长的知识碎片化的不良影响。在精确科学的意义上,他们知道的东西很少,但是他们肯定将他们知道的东西用于至今仍有启发的目的。

五、斯多亚学派的伦理学

> 幸福之人的德性和美好的生活包括:所有的行为都基于他自己的精神和宇宙指导者的意志之间的和谐原则。(D.L. VII.88)

在斯多亚学派用来说明其哲学各个分支关系的一个比喻中,伦理学被比作"花园中的果实"(*SVF* II.38)。这是一个恰当的比喻。逻辑学和自然哲学为伦理学奠定了基础,读者会注意到,我在讨论前两个主题时,经常会提到道德学说。"物理学家"和辩证法学家从特定角度研究自然,在斯多亚学派中,自然也是一切有价值事物的最终来源。因此克吕西普斯写道:"除了普遍的自然和宇宙的安排,没有任何可能或者更合适的方式来认识好事和坏事、德性和幸福这些主题。"(*Stoic. rep.* 1035c)自然(神、普纽玛、原因、逻各斯或者命运)是完美的存在,世界上任何其他事物的价值都取决于它和自然之间的关系。与自然一致就是正面的价值，与自然矛盾就是负面的价值。

1. 部分与整体

但什么是符合或不符合自然呢？这显然是一个根本问题，对它的分析需要我们做出一些区分。首先，我们需要明确我们谈论的是什么。如果我们讨论的是植物，那么我们知道说一株植物长得茂盛是什么意思。与此相似，在一群猫中区分出状况良好的猫和状况不佳的猫也相对容易。当一株植物和一只猫以某种方式生长和行动时，它们符合植物或猫的自然。这种方式定义了什么是同类事物中好的，参照这种"自然"规范，可以区分出对植物、动物和人来说什么是合适的，什么是不合适的。根据这个分析方法，符合普遍的自然指的是适合我们正在讨论的那类事物的自然。[①] 普遍自然的概念必然是一个复杂的概念。吃草对马来说是自然的，对人来说则不是。马吃草和人说语言都符合普遍自然。但是前者不适合人，后者不适合马。普遍自然为特定的事物（植物、动物和人）确定了规范，根据这个规范，我们可以说它们有没有达到各自的目标。

我们可以把这种分析方法称为"部分视角"。但是，普遍自然容纳了所有特定的自然，这些也可以从第二个，也就是整体的视角加以描述和评价。[②] 一个明显的事实是，许多生物没有经历

---

① 参见 N.D. II.120ff.; Ep. 124.7-24 中的程序。
② 从这个视角分析具体事物是马可·奥勒留的特点，例如《沉思录》VIII.46, V.8 等。

过适合其特定自然的事物。疾病、干旱和饥荒制造了一些限制，让许多个体生物无法成功发挥功能。这种情况是否违背了自然？我们已经看到了斯多亚学派对这一问题的回答。从长远的角度看，这种情况并非独立于自然的规定。如果独立于和整个宇宙的关系来考虑一个事件，那么对于受其影响的生物来说，它可以被评价为自然的或者不自然的（或者既非自然也非不自然）。从部分视角看，贫穷和不健康对人类来说是不自然的。但是只有将人的自然从普遍自然中抽离出来，这种分析才有可能。从整体视角来看，即使是这样的条件也并非不自然，因为所有自然事件都为普遍的幸福做出贡献。

许多斯多亚学派的文本将这两种观点汇集在一起。"很多外部的事物可能会阻止个体的自然完善自身，但是没有任何东西可以阻挡普遍自然，因为它凝聚并维持着所有的自然。"（*N.D.* II.35）宇宙作为一个整体是完美的，但是它的完美和一定比例的不自然事物（如果仅考虑部分视角）是相容的，甚至需要它们。马可·奥勒留写道："欢迎一切发生的事情，即使它看起来很残酷，因为它促进宇宙的健康，宙斯的安康与幸福。因为除非对整体有利，否则他不会让它降临到一个人身上。"（V.8）从整体视角来看，一个人所遭遇的任何事情都不会对他本人或整体造成不利影响。从部分视角看，某些违背自然的事物可以被称为不利的。如果自然能够安排一个没有这些事物的完美世界，它就会这么做。自然并非为了苦难而制造苦难，它们是整体的经济所必需的。

从目前所说的来看，"不自然"是对事件的一种评价和描述，只有当这里的自然单纯指向具体事物的成功进展时，这一评价和描述的机制才适用。斯多亚学派似乎更关注从宇宙视角来看，一切发生的事物都符合自然，因此都是正确的。但这样一来，就没有什么是错误的了（马可·奥勒留：《沉思录》II.17）。然而，斯多亚学派坚定地认为，"坏"这个词是有某种有效用法的。有些东西根据任何分析都必须被判断为违反自然。他们解决这一明显矛盾的尝试涉及一个进一步的概念区分，但在我们研究这个问题之前，克里安特斯《宙斯颂》中的一些诗句有助于我们更好地看到这个困境：

> 神啊，地上没有任何事情离开你发生，
> 天上也没有，海上也没有，
> 除了坏人的愚蠢行为，
> 但是你知道如何让奇数变成偶数，
> 让不和谐的变为和谐，对你来说陌生就是相熟。
> 就这样，你把一切好的和坏的融为一体，
> 因此，出现了所有事物的永恒的逻各斯，
> 他们既看不到也听不到神的普遍法则，
> 遵守这个法则，他们就可以享受幸福的生活。（*SVF* I.537, 11-21）

这种观点从最早期到最晚期的斯多亚学派中一直存在。爱比克泰德在克里安特斯之后大约四百年复述了它：

> 宙斯规定，为了整体的和谐，必须要有夏天和冬天、富

足和贫穷、德性和恶性，以及所有这样的对立。(《论说集》I.12.16）

关于这些观点的前斯多亚背景有很多可以讨论的，但我不能在这里深究这个有趣的主题。① 根据克里安提特所说，一切都与宙斯（或自然）一致，仅有一个例外。"坏人的愚蠢行为"违背了宙斯的意志。但在接下来的一句话中，克里安提斯对这一论断进行了限定。宙斯从不和谐中创造了和谐。这样看来，一切事物，包括坏人的行为，最终都与宙斯（或自然）一致。

很难拒绝这样的结论，即斯多亚学派把一切都归结为一个单一原理的愿望，在这一点上产生了根本性的不一致。但他们会回应说，宇宙作为一个整体的和谐，超越了任何从部分视角看待世界的尝试。如果我们认为自然的活动是矛盾的，这是因为人类视野的局限性。此外，坏人的行为并非自然的意愿。自然的工作是调和不和谐，而非创造不和谐。

最后一个论断是什么意思呢？克吕西普斯认为，没有恶性，德性也无法存在（*SVF* II.1169f.）。我们可以说很难看到其中一个词有什么用处，除非另一个词适用于其他事物。他还说带着败坏的理性生活比不活更恰当（*SVF* III.760）。这些说法对于理解斯多亚学派的伦理学至关重要。不同于其他的自然存在，只有人被自然赋予了理解宇宙中的事件并通过自己的努力促进自然理性的能

---

① 尤其参见赫拉克利特的残篇 67："神是日与夜，冬与夏，战争与和平……"残篇 102："对于神来说，一切都是正义和正确的，但是人把某些事物判断为正确，另一些错误。"有关早期的文学背景，参见 Hugh Lloyd-Jones, *The Justice of Zeus*, Berkeley, 1971。

力。但是同时人也是唯一有能力以一种不符合自然意志的方式行动的自然存在。这些对立的能力让人成为了一个**道德**行动者，即可以用"好"或"坏"来评价其行为和品格的人。① 通过赋予人理性（逻各斯），自然确保每个人都会成为好人或者坏人，做好事或者坏事。但是自然的分配并非道德中立。人依据自然具有"朝向德性的冲动"或者"知识的种子"，这一配备足以引导人类理性走向正确的方向（SVF I.566; *Ep.* 120.4）。但是自然本身并没有更进一步。② 获得良好的品格需要人付出最艰苦的努力，而且正如我们所见，外部的影响可能（通常的确如此）妨碍他发展与自然本身完美和谐的理性情状。

为了让德性可以实现，也必须允许恶性的可能。自然创造了这些条件，并通过使人成为宇宙理性过程有意识的参与者而赋予人道德行动者的地位。这样做的结果是在大多数人面前设置了一项任务，但是他们过于"愚蠢"，无法按照自然希望的方式完成这项任务。但是如果这些目的包括一种经过思虑选择与自然和谐的生活，那么他们的"坏"并不妨碍宇宙的终极目的。按照斯多亚学派对世界的看法，做一个有机会获得德性的恶人要好过被剥夺获得德性的可能性。

从部分的视角看，当自然赋予人理性时，也让人成为一个自主的行动者（参见本书 p. 168）。一个人形成的品格，虽然属于因果法则的范畴，却也是他自己的品格，而非自然的品格，因为一

---

① 关于只有理性的存在能够实现**好**这一观点，参见 *Ep.* 124.13ff.。
② 西塞罗：《论法律》I.27; 塞涅卡：《书信》49.11。

个人不对他置身其中的环境负责，但是他与环境相关的行为方式却属于他。斯多亚学派强调以可欲的结果为目标而非实现它的重要性。①道德判断和人类的幸福与行动者的内在态度，即他的心灵状态有关。他们通过一只拴在车边的狗的比喻，来说明外在结果和意图之间的区别。车代表一个人所处的环境。他不能独立于此行动，但是他们认为，决定他是自愿地跑还是被拖着的不是他的环境而是他本人。"宙斯啊，引导我，而你，命运，无论你将我引向何处。因为我将自由地追随，即使我变坏，表露出不情愿，也会继续追随"（克里安特斯，*SVF* I.527）。②

但是在这里，我们当然会触及另一个关键的难题。一个人在生命中遭遇的许多事情都不能与他本人的意图分开。斯多亚学派经常写道，似乎所有的外部环境都是个人力量无法改变的。但是如果一种被指定的生活概念要和道德判断兼容，那么只有把一组非常有限的环境看作是神或自然的安排才说得通。把一个惯犯看作好人，这肯定是反斯多亚主义的。罪犯的行为不能被解释为分派给他让他自愿遵守的任务，因为那样的话它们在任何情况下都会发生。当斯多亚学派主张接受外部环境时，他们并不是要强调被动性，他们也不认为一个好人的行为带来的结果和一个坏人的行为结果具有同等价值。但是，拥有神意的自然所保证的内在自由和对好坏的区分，很难与命运的自然所确立的必然性相一致。斯多亚学派试图通过强调教育的重要性来克服这个难题。一个人

---

① 参见下文 p. 198。

② 我在 "Freedom and Determinism in the Stoic Theory of Human Action," *Problems in Stoicism*, ch. 8, pp. 192f. 讨论了这段文本以及它的道德意义。

最初的潜能应该是这样的，通过严格的训练，他可以获得一种完全按照事物的事实秩序与道德秩序行动的情状。但是成功与失败似乎取决于自然和外部环境，而非任何个体可以被合理地赞扬或指责的东西。

在勾勒出斯多亚伦理学的一些特点和问题之后，我将尽可能地按照斯多亚学派的方法论来讨论细节。我们不可能在这里讨论他们的历史背景（参见本书 p. 111），但是熟悉苏格拉底、柏拉图和亚里士多德伦理学的读者会注意到许多与斯多亚主义的连接点。

2. 从首要冲动到德性

第欧根尼·拉尔修告诉我们，从克吕西普斯开始，斯多亚学派将"哲学的伦理部分"划分为若干个小部分（D.L. VII.84）。从第欧根尼引用的安排来看，他排除了芝诺和克里安特斯的名字，尽管他注意到"他们确实划分了伦理学、逻辑学和物理学"。最早的斯多亚学派与后来的斯多亚学派的不同之处在于，他们"没那么有条理"地处理伦理学。我们对芝诺和克里安提斯了解太少，无法对克吕西普斯本人的伦理学创新做出准确的评价。他不可能在实质的问题上与他们大相径庭。斯多亚道德哲学的完善和系统化很可能是他在这一领域的首要目标。在接下来的几页中我所使用的大部分证据肯定或者可能来自克吕西普斯的学说。我们可以合理地认为，这里讨论的大部分学说都是希腊化时代中期的斯多亚主义者会支持的学说。

克吕西普斯对伦理学的区分列举了三大范畴：第一个是"论

冲动";第二个是"论好事与坏事";第三个是"论激情"。① 第一个范畴又被分为"德性"和"行动的目标";第二个范畴有"首要价值""道德行动"和"恰当行动"几个部分。最后,在"论激情"之后,第欧根尼提到了"告诫和劝阻",这可能被视作附录,在已经确定的理论基础上给出规定和禁忌。第欧根尼本人的概述、西塞罗《论至善与至恶》的第三卷,还有斯托拜乌斯收录的阿里乌斯·迪迪慕斯的汇编,比较一致地呈现了对主题的这一安排。可以合理地假设,现存的斯多亚伦理学手册反映了斯多亚学派自己呈现这一主题的顺序。

在我们的这几份概述中,从哲学角度来看,内容最丰富的无疑是西塞罗的。我们不知道他的资料来源是谁,但西塞罗提到了所有早期斯多亚学派主要成员的名字,尤其是克吕西普斯。西塞罗的书最有趣的形式特征是它的逻辑一致性,或者可能的逻辑一致性。论证的质量参差不齐,但这一点和一些模糊之处可能是由于西塞罗本人而非斯多亚作家的原因。不可否认的是,西塞罗试图呈现一套道德真理,它们彼此紧密相关,最后一条与第一条完全一致。整本书大量使用了逻辑连接词,比如"由此可见","因为……所以必然……","如果……并不能推出……"等,整部作品似乎旨在通过语言展示斯多亚学派所主张的自然的一致性。这个程序,就像一些思想本身,让人想起了斯宾诺莎的 *mos geometricus*(几何学方法)。当然,斯宾诺莎更加形式化,但他将命题、证明和推论组成一条连续的推理链条,这样的做法必定

---

① 策勒也采用了这一伦理学范畴的解读,参见《希腊哲学史》vol. III.2 p. 206 n. 1。

会赢得克吕西普斯的坚定赞同。这些相似之处并非偶然。像斯宾诺莎一样,斯多亚学派试图从描述一个完美的自然所具有的全部性质的前提推论出伦理结论。

斯多亚伦理学的起点是一个新生生物的"首要冲动"。第欧根尼·拉尔修关于这一点的证据值得全文引用:

> 斯多亚学派说,动物把自我保全作为首要冲动的对象,因为自然一开始就让它亲近自己,正如克吕西普斯在《论目标》(*On Goals*)第一卷中所说的:"每个动物亲近的第一个东西就是它自己的构成以及对此的意识,因为自然不可能让动物疏远自己,也不可能在创造它之后不给予它疏远或亲近的态度。因此,在构造了动物之后,自然让它亲近自己,故而动物拒斥对自身有害的东西,追求适合(或类似)自己的东西。"
>
> 斯多亚学派证明,认为快乐是动物首要冲动的目标是错误的。他们说,因为快乐,如果它真的存在,也是当且仅当自然本身找到并采用了适合动物构成的事物时带来的副产品,这样的快乐就像动物的繁荣和植物的盛放。自然在动物和植物之间没有做出绝对的区分,因为自然也指引植物,虽然它们没有冲动和感觉。在我们身上也发生着某种植物性的过程。但是因为动物拥有额外的冲动能力,它们通过使用这种能力寻找适合它们的东西,因此动物被冲动引导是符合自然的。而且,因为符合更加完美的规定的理性被赋予了理性存在,那么依据理性的生活就正确地成为符合它们的自然生

活，因为理性作为冲动的工匠伴随其中。（D.L. VII.85-86）[①]

关于这段文本中使用的冲动和自我亲近的概念，前面已经谈到了一些（本书 p. 172）。关于它们的论证在更加技术性的斯多亚学派论著中得到了更详细的展开，我们可以从希罗克勒斯的《伦理学基础》残篇中看出这一点（参见本书 p. 116）。作者极力证明，一个生物最先意识到的不是外部世界中的事物，而是它自身。他认为，自我意识是感知外界的先决条件，但是意识到自己的同时，也是在描绘自己与其他事物的关系。[②] 婴儿的自我意识通过他与母亲乳房的关系表现出来。因此，婴儿对乳房的感知是他感知自身的一个不可或缺的部分。如果我们问"一个生物对自己持什么态度？"答案必定是喜爱。因为所有的生物，在它们的能力范围内，都在努力保全自己，避免有害的东西。

最后一句话可以被视为经验性的观察，但在第欧根尼保存下来的克吕西普斯的引文中，它也被描述为自然的工作。这意味着，动物保全自身的首要冲动不仅是一个客观事实，还是那个在所有方面都很完美的存在所规定的。首要冲动，因为它有自然的保证，为斯多亚学派的伦理学提供了逻辑起点。他们推论的过程非常有趣，完全有资格被称为原创。

假如人类没有推理能力，那么按照克吕西普斯最初勾勒的方向，自我保全将会是唯一自然的东西，因此也是人们正确或恰当

[①] 对这段话详细的逻辑学分析，参见我的论文 "The Logical Basis of Stoic Ethics," *Proceedings of the Aristotelian Society* (1970/1971), pp. 85-104.

[②] 更多讨论参见 Pembroke, "*Oikeiôsis*," p. 118f.。

地追求的东西。采集食物、抵御敌人、繁衍后代，这些都是非理性动物认为属于自己的活动。当它们投身这些活动时，它们就在依据自然活动，即按照自然设计的方式活动。它以此保全自己，也就是保全它认为构成自己的东西。但是这样的活动对人类来说不也是自然的吗？斯多亚学派对这个问题的回答很复杂，我们最好通过《论至善与至恶》中的一段详细的引文来理解它：

> 让我们继续讨论。因为我们已经把自然的这些出发点确定下来，下面的内容必须与它们一致。一个结果是这个主要的分类：斯多亚学派说，拥有价值的东西要么本身符合自然，要么能够带来符合自己的情况。相应地，它值得被选择，因为它拥有在充分的时间内被看重的东西，而它的对立面则不会被看重。这样，我们就确立了基本的原理，即那些符合自然的事物因其自身之故而被获取，相反的东西则被拒绝。生物的第一个恰当功能就是在自然条件下保全自身。其次，它应该占有那些符合自然的事物，抛弃那些相反的东西。一旦发现了这个选择和拒绝的过程，后续的就是进行适当的选择，接着是持续进行这种选择，最终是绝对稳定且完全符合自然的选择。在这一点上，真正可以被称为好的东西第一次出现在一个人身上，并得到理解。因为人首要亲近的是那些符合自然的事物。但是，一旦他获得了理解的能力，更精确地说是理性概念的储备，并且看到了行为的规律与和谐，他就会把它看得远远高于他之前喜爱的一切，他会得出理性的结论，认为它构成了最高的属人的好，它因其自身之

故值得赞美，值得欲求。在这种和谐之中包含着作为万物标准的好，因此德性的行为和德性本身被认为是仅有的好，尽管起源较晚，却是唯一因其内在的自然和价值而被欲求的东西。自然亲近的首要对象里，没有一个因其自身之故值得欲求。（*Fin.* III.20-21）

这段话概括了斯多亚伦理学的基本学说。"什么是可以真正被称为好"的知识和德性的行动，被视为理性存在者发展的最高阶段。从人的婴儿时期开始，自然就制定了一种适合人类（和其他生物）的行为模式，但这种模式随着人的成熟而改变，人从一个只有动物性和本能反应的生物，成长为一个完全具有理性的成人。西塞罗勾勒出的五个阶段中每一个都为人类分配了一种适合他们的功能。人的自然，按照定义是一种不断发展的现象，这一概念赋予斯多亚伦理学独特的品质。早期阶段合适的东西，后期也依旧合适。但是它们与人类功能之间的关系，随着人的变化而变化。每一个新的阶段都会增加一些修正此前功能的东西。进步的目标是与成熟的人的自然相一致的生活，即一种由与普遍自然的理性、目标和过程完全和谐的理性原则支配的生活。

这里概述的各个阶段对人类自然的发展给出了一个规范性的论述。大多数人从未完全达到最后一个阶段，其中许多人甚至没有达到第四阶段。如果这是一个关于从婴儿期到成熟期演变的纯粹描述性的陈述，那么愚人或坏人就不会存在了。然而他们的确存在，因为正如我们所见，人类自然的完善并不是独立于他本人的努力被决定的，那是他首要的本能冲动。但一个人的终极目标或功能是自然的完善。

"功能"这个词在前两页中多次出现,把道德行为指定为人的功能似乎有些奇怪。问题在于西塞罗的术语 *officium*,它是斯多亚学派的希腊术语 *kathêkon* 的拉丁语翻译。关于这一概念,需要再多说几句。"功能"在我看来是目前的语境中对这一术语最没有误导性的翻译。*officium* 是一个模糊的词。就像它的英语衍生词 office,在拉丁语中 *officium* 经常被用作任务、功能或者某个官员(比如执政官、军团指挥官等)的义务。执政官受其职务的约束,或者有义务履行某些责任,但人们不能说婴儿的义务,更不能说动物和植物的义务,但是斯多亚学派也赋予它们 *kathêkonta*。根据斯多亚学派的看法,一个成熟的人的确有义务,这也是从第三阶段到第五阶段对 *officium* 的恰当阐释。但让它们成为义务的是,它们是一个理性存在者的功能。没有任何东西能在道德意义上强迫一个非理性的生物以某种方式行动。因此,最好自始至终都将 *officium* 翻译为"功能",同时记住它的内涵由这种生物的自然决定。

3. 好的与可欲的(自然的益处)

一般性的讨论到此结束。西塞罗的文本也为处理一些基本的细节提供了很好的跳板,我们可以按照文本的顺序处理它们。首先,他简要陈述了某种东西拥有"价值"是什么意思,在对斯多亚学派的阐释中,这是一个成问题的概念。① 西塞罗解释道,在

---

① I. G. Kidd, "Stoic Intermediate and the End for Man," *Classical Quarterly* (New Series), vol. 5 (1955), pp. 181-194 = *Problems in Stoicism*, ch. 7 给出了很有启发性的讨论。

斯多亚学派中任何事物的价值都要参照自然（Nature）规定。通过大写这个词，我希望表示普遍意义上的自然，但是正如之前解释过的，自然可以也经常必须被分析为适合具体事物的结构和行为，比如植物的自然、动物的自然等。任何符合一种生物自然的东西都必然拥有正面价值，任何与一种生物的自然相反的东西必定具有负面价值（我避免使用明显更简单的"好"与"坏"，原因会在稍后说明）。任何事物的**自然**只是普遍自然所规定的适合或符合有关生物利益的结构和行为模式。

尽管一切，首先是德性，都因为符合自然而具有价值，但是从芝诺开始的正统斯多亚学派使用"符合自然的事物"这一表述来指一类特殊的有价值的对象，其对立面被称为"违背自然的事物"（*SVF* III.140-146）。这类对象也被划分，它们中的一部分被标记为"符合（违背）自然的首要事物"。让我们先来看看后者。"首要"这个词指的是时间上的优先性，我们看到每一种生物都有保全自己的首要冲动。它被本能驱使去追求和避免的那些东西，就在这个首要的意义上符合或者违背自然，它们包括某种类型的食物、住所，以及父母的爱。但是随着人类的发展，比起非理性动物，他们对很多事物都会体验到自然的亲近。在符合与违背自然的事物清单中，我们看到了技术能力、健康、美貌、财富、很高的荣誉、高贵的出身，以及它们的对立面（*SVF* III.127）。这份清单可以继续扩充，但这些例子表明，它包括心智和身体的性质，还有外在的东西，所有这些在古代都被视为"好的"东西，今天亦然。人应该喜欢它们，拒绝相反的东西，这符合人的自然。

西塞罗说的第二个阶段，获得"符合自然的事物"，拒绝相反的事物，就描述了这一功能，因为一个小孩子也会恰当地运用它。我们并不期待小孩子仔细地辨别他们喜欢的东西。正是通过对事物的尝试和拒绝，孩子学会了通过辨别进行选择。

在我们考虑西塞罗的第三个阶段之前，应该注意，对符合自然的事物进行分类的方法并没有囊括世界上的一切。一个人这样还是那样打手势无关紧要（SVF III.118）。人的自然构成让他不会对这样以及类似的事情有任何内在的偏好或厌恶。

年幼的儿童"尚无理性"，但理性的发展是一个持续的过程，我们必须认为它在西塞罗的第三个阶段已经开始进行了，尽管并不完善。根据小孩子的功能本能地去追求或者避免的事物，以及其他**自然**会吸引更成熟的人的事物，现在都成为了理性选择和拒绝的对象。在这个阶段，西塞罗的文本并没有出现"理性"一词，但其他证据让我们可以补充它。当一个人获得了理性，其自然的改变就规定了一种新的恰当行为的模式。现在，人的功能就是采取"恰当的行为"（kathêkonta），它的起点不是单纯的冲动或本能，而是理性（逻各斯）。恰当的行为被定义为"理性说服人去做的事"（D.L. VII.108），或"做了之后有合理证成的事情"（D.L. VII.107）。不恰当的行为则以相反的方式定义。

第欧根尼·拉尔修给出了"恰当行为"的例子：尊敬父母、兄弟和祖国，正确关照自己的健康，通过散步锻炼身体，献祭自己的财产。其中最后一种行为只在特定的情况下恰当，而正确关照自己的健康被认为是"无条件恰当的"。但是，所有这些行为的恰当性都取决于它们符合理性存在的自然。也就是说，一个人从理性的开端就应该认识到这种行为的实施与他"相配"。随着理性的发展，那些"适合"他的行动的范围会大大增加。西塞罗汇报了斯多亚学派的观点，"自然为了公民的联合把我们联系和团结在一起"（*Fin.* III.666）。斯多亚伦理学的社会原则来自于这种由自然植入以形成家庭和超家庭关系的冲动（*De. off.* I.12）。但是决定这种行为的原则在种类上与驱动明显利己行为的原则并没有什么不同。正义的起点是 *oikeiôsis*，即被属于自身的事物所吸引的态度（*SVF* I.197；参见本书 p. 172）。根据最简单和最基本的分析，在斯多亚学派看来，道德发展就是承认共同体生活和德性是最属于人类自然的东西。

那么，我们是否可以说任何履行了"恰当"行为的人都活得很好呢？答案是否定的。遵循理性的命令是成熟的人的恰当功能，但是正如我们所见，理性允许有"正确"或"错误"，"健全"或"不健全"的谓述。任何采取措施保持身体健康的人所做的事在理性原则上都是可以辩护的。但是他这么做本身并没有告诉我们任何关于他道德品格的事情。他强身健体可能是为了抢银行，或者一个人可能仅仅为了获得爵位而表现得非常爱国。当然，这些例子都是极端情况，斯多亚学派是否会认为这种行为在任何意义上都是恰当的，这一点值得怀疑。但是它们有助于表明，为什么一个理性的存在者根据自然做出选择，还只达到了获得道德知识的中间点。这当然是德性行动的必要条件。好人尽其所能地促进国家的福祉，他也会喜爱那些"符合自然的事物"。但关于他，除了他是一个理性的存在者，他选择这些事物并拒绝它们的对立面之外，还有更多可以讨论的东西。

好人的选择是"持续"的。他不会为了促进自己的健康和尊敬父母，而忽视国家的利益。他的所有行为是一系列连续的恰当选择和拒绝。一开始断断续续、反复无常的东西，变成了一种在自然理性提示的基础上持续行动的情状。但是持续性并不保证未来的绝对稳定。好人"与自然完全一致"，这是一种超越了"持续"的阶段。在西塞罗的表述中，这意味着他的价值尺度发生了变化，或者有了一个新的维度。他对自然的有利之物（即做出恰当的行动）的选择越来越稳定，这让他认识到某些东西的价值远远大于这些，不管这些东西单独还是集体存在。德性不是由它在世界上带来的结果定义的，而是一种行为模式，必然来自一种与自然的理性完美一致的情状。以这样的方式行动的情状与更早的人类功能并没有冲突。像所有人一样，斯多亚学派的圣人也有照顾自己的健康和财产的倾向。但他并不认为这些自然的有利之物因其自身之故值得欲求。当且仅当他的理性命令他这么做是正确的，他才会选择它们。正确的事情就是符合德性的事情，这就相当于说它符合一个完美的理性存在的自然。只有德性拥有绝对或内在的价值。自然的有利之物可能用得好或不好，自然的不利之物也是如此（*SVF* III.123）。如果贫穷降临到圣人头上，他会很好地利用贫穷；而愚人有可能会把财富用得很糟糕。这并不影响财富比贫穷更可取的客观事实。但是财富并不是德性的一个组成部分。选择财富的道德价值完全取决于行动者的行动原则和方式。

斯多亚学派通过一些语言和概念上的区别来表达德性与其他事物在价值上的差异。德性和财富都符合自然，但它们符合自然的方式不同。德性符合自然指的是，拥有德性是理性存在者的特殊功能或者目标（D.L. VII.94）。这么说与任何情境无关。它绝对而明确地适用于所有成熟的人。财富符合自然则在于，如果一个理性存在者可以在财富和贫穷之间自由选择，那么他会自然地倾向于选择财富而非贫穷。财富是一种在客观上比贫穷更可取的状态，但财富并非理性存在者的特殊功能。财富的价值是相对于贫穷而言的，但财富相对于德性来说没有任何价值。从道德上讲，财富和贫穷是中立的，因为一个人是富有还是贫穷对他的道德价值（或福祉）来说没有任何区别（SVF III.145-146）。为了让德性的价值明显区别于诸如财富这类自然的有利之物的价值，斯多亚学派将"好"与"坏"，"有利"与"不利"，"有用"与"无用"这些普通的希腊文单词分别限定在德性和恶性内。（"好的"和"有利的"在逻辑上是等同的 [参见本书 p. 138]。）就道德判断而言，其他的一切都是中立的。但是在这些"中立物"的范畴中，自然的有利之物被说成是"可以偏好的"或者"可取的"，它们的对立面也同样被归类为"应该拒绝的"。同样的区别也体现在其他方面：只有德性是"值得选择"或"值得欲求"的。自然的有利之物是"被选择的"或"被采纳的"。

　　古代斯多亚学派的批评者认为这些区别琐碎又不连贯。但在我们表态支持或反对他们之前，引用一些有助于阐明斯多亚学派观点的文本是有益的。斯多亚学派中最接近犬儒派的一位，阿里斯同，拒绝对德性和恶性之外的任何事物做价值判断（SVF I.351-369）。这种非正统的立场在西塞罗的《论至善与至恶》中受到了批评：

下一个主题是区分事物的方法，如果没有它，生活就会乱作一团，就像阿里斯同那样，也找不到智慧的功能或者工作。因为（根据阿里斯同的程序）那些影响生活的事物之间将完全没有区别，我们也没有责任区分这些事物。因此，尽管已经充分确定了德性是唯一的好事，恶性是唯一的坏事，斯多亚学派依然希望有一些东西来区分那些对生活的实际幸福与不幸没有意义的事物。这样一来，其中的一些事物得到了正面的评价，另一些则是负面的，还有一些既不正面也不负面……假如我们设想行动的最终目标是以这种方式掷一个骰子，让它直立起来，这样扔出来的骰子拥有某种与这个目标有关的"可取之处"，但目标本身并不受骰子"可取之处"的影响。类似地，那些"可以偏好的"事物与生活的目标有关，但它们并不影响它本身的意义和自然。（*Fin.* III.50-54）。

再做个类比也许可以更清楚地表达这个观点。到目前为止，还没有人登上火星，但科学家们正在努力实现它。他们的目标是让人类登上火星，而且有一天这个目标可能会实现。但是这个目标本身独立于任何人对它的实现。人们也许会问，促进目标实现的努力是否值得，与成功可能带来的任何结果是否有关。斯多亚学派认为，人生的目标是德性和有德性的行动，但是为了实现这一目标，一个人必须要瞄准具体的、可以精确指定目标。有德性的人，如果有机会就会投身政治生活、结婚、养育子女、锻炼身体、学习哲学等（D.L. VII.121f.）。所有这些事物在客观上都比它们的对立面"可取",也值得努力去实现。但是在追求这些目标的时候,好人总是有一个比界定具体行为的对象更加全面的目标。①他的全面或最终目标就是一贯的德性行动。无论他是否实现了每一个具体的目标,在这一点上他总能获得成功。实现全面的目标要通过理性辨别的品质和实现具体目标的努力。自然的有利之物和不利之物并非德性的组成部分,但它们是德性的必要条件,原因至少有两个。

首先,对什么东西好的完全知识(西塞罗说的第五个阶段)预设并来自一种情状,这种情状基于理性的提示去选择自然的有利之物并拒绝相反的东西(*Fin.* III.23, 31)。其次,它们为德性或恶性的实践提供了"材料"(*Fin.* III.61)。对阿里斯同的反驳就来自这一点。任何有德性的活动必然旨在给外部世界带来某种改变,单纯地说某个人的行动有德性或者出于最好的动机,无法告诉我们他做了什么或者试图做什么。自然的有利之物和不利之物之间的区别是有效的,它独立于行动者的动机,也让我们可以具体指出一组"中间"目标,这些目标通常包括一个好人所瞄准的任何事物(还有许多不好的人瞄准的事物)。我之所以说"通常",是因为在特殊情况下追求一个"不可取"的目标也可以得到辩护。当克吕西普斯写作如下内容的时候,他想到的就是这一点:

---

① 晚期斯多亚学派使用两个不同的词来区分"全面"目标和"中间"目标。我在 "Carneades and the Stoic *Telos*," *Phronesis*, vol. 12 (1967), p. 78ff. 中讨论了这一点。

> 只要事态的发展对我来说不确定，我总是紧紧抓住那些更能够获取自然的有利之物的事物，因为神亲自赋予我选择这些事物的能力。但如果我知道我现在生病是他的命令，那我就会追求疾病。（*SVF* III.191）

195　普遍自然对人的命令可能包括大量自然的不利之物。如果好人事先知道或者有充分的理由提前相信这些东西是为他准备的，就会欣然接受。但如果没有这样的知识，他就会坚持克吕西普斯的原则。如果他对健康的追求不成功，也不要紧。行为的道德价值不受影响，不成功并不表明他的尝试是错误的。成功了更好，但是在道德上价值并不更高。

巴比伦的第欧根尼是克吕西普斯之后的斯多亚学派领袖，他用下面这个公式定义了人生的目标："在选择自然的有利之物中理性地行动〔即运用正确的推理〕。"（D.L. VII.88）这一规定清楚地总结了刚刚概述的普遍学说，而且西塞罗在《论至善与至恶》中使用的某些斯多亚学派的材料也有可能是第欧根尼的表述，这些表述可能并不都是克吕西普斯使用过的。但我们没有充分的理由认为这两位斯多亚学派成员在德性与自然的有利之物之间的关系上有分歧。① 除了刚才提到的克吕西普斯的引文，我们发现普鲁塔克对斯多亚学派整体性的批评是他们试图两全其美：

---

① 基德也持有相似的观点（Kidd, "Stoic Intermediate and the End for Man," p. 189），在我看来他很有说服力地论证了斯多亚学派在自然的有利之物的地位这一点上从未有过实质性的分歧。关于其他意见，参考基德的论文。

> 通过行动，他们抓住了自然的有利之物，仿佛它们是应该被选择的和好的，但是在他们的术语中却摒弃、斥责它们，认为它们对于幸福来说是中立的、没有用处也没有意义。（*Comm. not.* 1070a）

普鲁塔克也以自己的名义在很多地方对克吕西普斯进行了同样的攻击（比如 *Stoic. rep.* 1042c-d）。第欧根尼对目标的定义是对斯多亚学派正统立场的清晰陈述。自然的有利之物本身没有道德价值，但是它们为进行理性区分提供了材料或手段，而进行理性的区分在道德上是好的。

古代有许多人与普鲁塔克一样对斯多亚学派持相同的蔑视态度。根本性的批评始于卡内阿德斯。他认为，从事任何理性活动的目标必然是实际获得某种不包含在活动本身中的东西（*Fin.* V.16）：斯多亚学派有一个很好的候选者，即自然的有利之物，但他们坚持认为获取这些并非行动的最终目标，而行动的最终目标却是参考它们定义的。事实上，第欧根尼的继任者安提帕特对目标的表述中的确包括了"获取自然的有利之物"。安提帕特被认为是这么表述的："一个人尽其所能获取首要的自然的有利之物。"（*SVF* III. Ant. 57）我在别处论证过安提帕特的这个表述是由卡内阿德斯对第欧根尼的批评引发的。[①] 在我看来，安提帕特用"努

---

① Long, "Carneades and the Stoic *Telos*," p. 194. 第欧根尼和卡内阿德斯的相对日期，以及普鲁塔克提到的安提帕特因"受到卡内阿德斯的骚扰而被迫参与争辩"（*Stoic. rep.* 1072f），表明第欧根尼的表述几乎不可能是由卡内阿德斯促成的。关于安提帕特的定义，一个与我不太相同的解释参见 M. Soreth, "Die zweite Telosformel des Antipater von Tarsos," *Archiv für Geschichte der Philosophie*, vol. 50 (1968), pp. 48-72。

力获得"代替第欧根尼的"理性选择",意味着他接受了卡内阿德斯所坚称的"获取自然的有利之物"是斯多亚学派隐含的目标。但他规定,这一目标的价值从属于为了实现它而全力以赴的价值。安提帕特的这种表述可能并不打算偏离前人的学说。但是作为对卡内阿德斯的回应,它却正中怀疑派下怀,把斯多亚学派置于一种更加模糊的立场上。安提帕特曾经用过第欧根尼的表述(也许在他职业生涯的早期阶段),根据这个表述,选择自然的有利之物的道德价值在于它为实践正确的理性提供的机会。但安提帕特的新表述并没有明确提到正确的理性。反对者可以从"连续不断、绝对可靠的努力,以获取自然的有利之物"这句话中很自然地推断出拥有这些事物无条件的可取性。安提帕特不是这个意思,因为他用了三卷的文字来证明德性本身就足以带来幸福(*SVF* III.Ant. 56)。但公平地来说,他可以被当作暗示了这一点,另一位斯多亚主义者波西多尼乌斯,后来反对道,"符合理性的生活"不能被概括为"为了首要的自然的有利之物而尽其所能"(*SVF* III.12)。

"好"与"可取之物"之间的区别也遭到了折中主义的学园派哲学家,阿斯卡隆的安提奥库的多角度攻击。安提奥库论证,"好"应该包括满足那些可以产生好的自然冲动(*Fin.* IV.25-28)。他指责斯多亚学派把人当作不需要任何物质条件,没有身体的心灵。安提奥库问道,如果拥有自然的有利之物不是某种"好"事,为什么要选择它们呢?(*Fin.* IV.71f.)他做好了充分的准备赋予德性卓越的价值(*Fin.* V.38)。但德性并不是唯一的好东西,即使它超越了其他一切事物的价值。有一些身体上的"好",它们能够影响人类幸福的总和，无论多么微小（*Fin.* V.71f.）。

安提奥库说得对吗？斯多亚学派是否像他认为的那样，应该被阐释为在一个新的术语下夹带了各种"好"呢？或者说，"好"与"可取之物"之间的区分是连贯而有效的吗？对这些问题的回答在某种程度上必然取决于批评者自己的道德理论。康德主义者和功利主义者会在斯多亚学派中发现不同的值得反对的东西。但任何哲学家都有可能与斯多亚学派的一个概念产生分歧。到目前为止，我们还没怎么说到这个概念。斯多亚学派宣称，德性这个人类自然的整体目标，是 *eudaimonia*（幸福、福利或福祉）的全部组成部分：一个人要想过得好，除了德性之外什么也不需要，由于德性是某种绝对的东西，幸福没有程度可言（*Fin.* III.43ff., D.L. VII.101）。我们可以将这一立场与亚里士多德更加现实的观点加以比较。亚里士多德把 *eudaimonia* 定义为"灵魂合乎德性的活动"，但他也承认幸福还需要充分的财产、健康和其他"好"。幸福的概念在逻辑上似乎与有用、有益、有利这些概念联系在一起，斯多亚学派自己也承认这一点。[①] 对他们来说，构成幸福的德性，对于其拥有者来说是有利的。然而一旦我们承认幸福是"对人来讲最好的东西"，那么断言除了德性之外没有任何东西可以确定幸福的内容，这似乎是武断而错误的。

如果我们转而考虑其他人的幸福，就会出现更严重的难题。拿一个可能被烧死在床上的孩子来说，斯多亚学派会承认一个有德性的人会尽其所能避免这种情况发生。我们可能会同意他们的

---

① 参见 G. H. Wright, *The Varieties of Goodness*, London, 1963, p. 87。

观点，认为一个如此行动的人在某种意义上做得好，如果德性的行动对行动者来说是有益的。但这一行动的部分价值必须包括作为其目的的外部对象，即一个孩子的幸福。斯多亚学派同意这个对象有价值，但他仅仅是某种"可取的东西"，而非"好的东西"。许多人会认为，如果一个行动和它的外部对象都是好的，就更有道德意义。有德性的人努力促进他人的幸福，这是在做好事，如果成功了就更好。斯多亚学派正确地认识到，行动意图或行动原则的好必须独立于一个人是否获得了某种可欲的结果来评价，而他们对这一点的强调也是其伦理学最重要的方面之一。但是他们所做的技术性区分，与其说澄清了问题，不如说引发了更多的困惑。使动机或意图值得赞扬的是行动者试图实现的好。如果我们跟随斯多亚学派，把那个"好"称作"可取的"，我们就模糊了一个道德上好行动的价值和作为它目标的给世界带来变化的价值之间的关系。

此外，人们可以说，一个人的道德价值，部分体现在他对取得道德上可欲结果成败的态度上。如果一个人对他未能拯救一个孩子的生命并不感到悲伤或遗憾，尽管他做了很多努力，我们通常也不会那么赞赏他。然而，斯多亚学派的观点却截然不同。有德性的人在做了他力所能及的事情之后，不会感到遗憾或后悔（*SVF* III.450-452）。他接受所发生的事情，而不会感性地做出反应。这似乎是一个奇怪的看法，对我们的问题提出了一种不同的思路。我们可能会误解刚刚讨论的价值区分，除非我们把它们置于本书前面遇到的斯多亚学派思想的背景下。

正如我反复强调的，在斯多亚学派的宇宙中，人是一个不可或缺的部分。他整个生命的外部环境是普遍自然生命的一段经历，在他可以选择接受或者拒绝的意义上，它们"在他的能力范围内"。如果他是一个坚定的斯多亚主义者，他将欣然接受它们，因为他理解它们对整个宇宙的幸福有所贡献。但即使是一个坚定的斯多亚主义者，也不是无所不知的。某些事情发生后，他会说"就这样吧"；但不是在此之前。他不仅仅是事件的旁观者，也是积极的行动者。睡觉之前，斯多亚主义者会考虑明天可能发生的情况，在它们发生之前，他对某些事件比对其他事件更有偏好。他喜欢自己和其他人的各种事情，而非它们的对立面。他会在力所能及的范围内努力实现这些可取的事态。他的偏好是完全理性的，也就是说，它们完全符合由自然本身决定的对外部事物相对价值的评价。但他并不认为他所偏好的东西是好的，也不会欲求它们。为什么呢？我已经勾勒出了对这个问题的部分答案。作为构成自然普遍和谐的部分，任何发生的事情都是好的。但是，在他不完美的知识中，斯多亚主义者完全有理由偏好某个没有发生的事情。然而，假如自然决定它应该发生，它就本该发生了。因此，它的发生并非一件好事。对于未来的事件，斯多亚主义者持有偏好或拒绝的态度。他无法判断这些事件的好坏，因此以相对中立的态度看待未来。这是只有自然才会关心的事情，它欢迎一切。①

出于类似的原因，如果斯多亚主义者自己的幸福"在他的能

---

① 更多讨论参见 Victor Goldschmidt, *Le Système stoicien et l'idée de temps*, Paris, 1969, pp. 145-151，他将斯多亚学派对每个当下重要性的强调与他们认为未来的结果对行动的德性没有影响联系起来。

力范围内"，它就不可能依赖可能无法实现的结果。但是有些东西在斯多亚学派自己的能力范围内，即他作为一个理性之人的状态。自然规定，一个人能够并且应该仅仅通过在自己能力范围内的东西来获得幸福，这就是通过德性这种唯一的好。德性是一种"一贯的理性情状"（*SVF* I.202），它的价值与自然的有利之物不同。自然的有利之物是一个人在遇到时可以拿走的东西，但德性是无论在什么环境中都可以选择的东西。自然的有利之物为人提供了他可以选择瞄准的客观目标，以及形成他自己的道德原则的材料。它们对德性的必要之处仅仅在于它们是实践德性的手段，而非因其自身之故而被德性需要。①

4. 德性的内容：完美的与中间的行动

让我们回顾一下到目前为止有关德性的讨论。首先，它是"好"在严格和必要意义上的唯一归属，其他任何东西，比如一个行动，除非它"分有"德性，否则都不是好的（*SVF* I.190, III.76）。在一个与芝诺、阿里斯通、克吕西普斯和犬儒派的梅内德穆斯（Menedemus）有关的德性定义中，德性被认为是灵魂主导原则的一种情状或能力，"或者说理性本身，它连贯、坚定、不动摇"（*SVF* I.202）。其次，德性是自然为人类设定的目标。再者，一个人的早期发展阶段对德性来说是必要的，它提供了可以从中产生恰当行为的模式。但这是一种非常抽象的说法。

---

① 关于斯多亚学派和亚里士多德关于外在好的立场比较，参见我的 "Aristotle's Legacy to Stoic Ethics," pp. 74-76。

我们能否填充德性的内容，更全面地说明德性的含义呢？

德性是一种"知识"或"技艺"（*SVF* III.256, 202）。它是一种统一的灵魂情状，可以被分析为四种首要的德性：实践智慧、正义、节制和勇敢。① 其中每一个都以知识来定义：比如，勇敢是"关于应该忍受什么的知识"（*SVF* III.285）。要拥有这种知识或者属于任何一种具体德性的知识，就必须拥有构成德性整体的知识。苏格拉底和柏拉图的影响在这里显而易见。

有德性的人的知识由他的理智把握，但他使用感觉的证据作为获得知识之前的步骤。在勾勒出人类道德发展的各个阶段之后，西塞罗在下面一段话中扩充了他对"好的知识"的论述：

> 在心灵通过理性推理从那些符合自然的事物中攀升上来之后，它就达到了"好"的观念。但是我们感觉和命名好并不是其他事物的增加、增长或比较的结果，而是通过它自身特定的自然。蜂蜜很甜，它是通过自己的味道而不是与其他（甜味的）事物相比而被感觉为甜的，同样，作为我们主题的"好"，具有最高的价值，但这一评价的有效性来自于好所属的那种事物，而非它的大小。（*Fin.* III.33-34）

西塞罗的语言让人想起柏拉图《理想国》第六卷中的著名段落（509c-511e）。在那里哲学家通过对视觉和理智对象的"假设"，

---

① 这些首要的德性，每一个都允许进一步的划分。比如正义包括虔敬、善良、同情和公平交易（*SVF* III.264）。

上升到关于好的知识。西塞罗似乎是在描述一种类似的方法。"符合自然的事物"是垫脚石，为的是达到一个不能直接从它们推断出的独特原则。它们开始是本能选择的"可取"对象，后来则是理性选择的"可取"对象。"好"不能通过与这些自然的有利之物进行简单比较而被直觉把握，这并不意味着"好"不属于符合自然的事物。西塞罗举的例子说明了这一点。我们可以通过品尝一些甜的东西来获得甜的观念，但品尝一个苹果不会提供土耳其软糖的那种甜的观念。"符合自然"可以取代"甜"的位置。不同事物能够提供符合自然的观念，但"好"在一种超越了任何其他事物的意义上符合自然。其他事物为心灵提供了梯子，帮助它上升到一个位置，在这个位置上可以通过"好"本身的性质直接把握它。我们如何在实践上阐释这一观念呢？显然没有任何论述是完全充分的。只有那些已经见过"好"的人才准确地知道它是什么。但我们可以猜测它包含的内容。认识"好"意味着找到一种行为原则，它满足通过归纳和内省形成的"符合自然"的一般看法，以及人类自然的具体事实，即人是一种理性的存在，拥有理解并分有自然普遍活动的能力。

塞涅卡的一封书信让我们能够了解更多细节。塞涅卡提出了一个问题："我们如何获得好和德性的最初概念？"（*Ep.* 120）它并非人类与生俱来的禀赋，而如果认为人偶然发现了它，也很荒谬。塞涅卡接着说，道德知识的前因是对重复行为的"观察"和"比较"。他没有解释这一说法，而是继续说："我们这派哲学家说，什么是好的、什么具有道德价值，是通过'类比'来学习的。"他确实解释了"类比"的意思。通过与身体健康这一我们熟悉的

（自然）状况类比，我们推论（collegimus）出有心灵的健康。①

> 有一些慷慨、仁慈、勇敢的行动，让我们感到惊奇。我们开始欣赏它们，好像它们是完美的。但它们用光辉的外表掩盖了许多缺点，而我们却忽略了这些缺点。自然要求我们增加值得赞扬的行为……因此，我们从它们那里获得了一种非凡的好的观念。

塞涅卡接着举例来说明他的理论。通过类比身体健康，我们了解到有一种心灵的健康，但这并不足以说明心灵健康是什么。为了给我们的一般概念提供内容，有必要进行观察：我们通过观察和比较个人的行为，形成勇敢的观念。接着，塞涅卡区分了"挥霍"和"慷慨"，"勇敢"和"鲁莽"。"它们的相似性迫使我们思考，区分这些外表上有关联但实际上大相径庭的事物。在观察那些因为做一些杰出行为而成名的人时，我们开始注意到那种以豪迈和极大的热情做事——但是只有一次——的人"。我们看到那些在战争中表现出勇敢，但在生活的其他领域却没有这种表现的人。"我们看到另一种人，对朋友友善，对敌人冷漠，在公共和私人行为上都很尽责。"这种人"在每一个行动中都与自己保持一致，他的好不是通过策略，而是在一种情状的指导下，让他能够不仅正确地行动，而且不会不正确地行动。在他身上我们发现，德性

---

① 塞涅卡的说法与这一概述一致："正义和好的事物是自然地设想出来的。"（D.L. VII.53）通过类比进行推理对人来说是自然的。用健康和疾病来描述灵魂的状况也是柏拉图的常规做法，比如《理想国》444c-e。

得到了完善。"

根据这一理论，我们对德性的一般概念通过观察得到了完善。我们学会区分孤立的准勇敢行为和一个永远展现坚韧之人的行为。这是否意味着人形成的道德概念是相对于他们的经验而言的呢？斯多亚学派试图通过将圣人树立为典范，详细描述他的情状和他所做的事，来避免相对主义的问题。模仿圣人或现实中的好人并不能保证有德性，但肯定能使一个人走上获得德性的正确道路。我们可以总结说，所有人都自然地形成关于价值的一般概念。自然的作用在于给人形成这种概念的配置，以及类比思考的能力。这些能力并不一定能带来德性或关于什么才是真正的好的知识。要知道什么是真正的好，人需要思考做一个勇敢的行动都涉及什么，并问自己为什么一个人能够在一个领域中明显表现得很好，而在另一个领域中却没有做到。也就是说，他需要把握，如果一个人要在任何时候、任何领域中都做得好需要什么。西塞罗和塞涅卡提出的条件是有序、恰当、一致与和谐。了解所有这些就是了解什么是好。

"好"在价值上优先于其他一切事物，但是就个人来说，它在时间上晚于其他有价值的事物。一个人只有在学会以一种规律、系统的行为模式选择自然的有利之物并拒绝它们的对立面之后，才能认识到"好"。我们要记得，自然的有利之物包括所有那些尽管不是构成德性的部分，但在客观上（或自然地）比它们的对立面更可取的事态。在大多数情况下，自然的有利之物是好人追求的中间目标，但以它们为目标并不一定能做个好人。相反，好人在成为好人之前以它们为目标，所有人或多或少都在这么做。好人的特殊标志并不是选择自然的有利之物，而是以一种特殊的方式，在特定原则的基础上这么做（SVF III.516）。好人想要给世界带来的变化是由德性的动机促成的。但客观或外在地看，它们与愚人的目标没有必然的区别。

假设我们观察一个在锻炼的人。根据斯多亚学派的观点，这是一件"恰当"的事，因为良好的身体健康是一种自然的有利之物。但是基于我们的观察，不能对这个人的道德品格形成判断。西塞罗以"退还押金"为例提出了类似的观点（Fin. III.58f.）。这也是某种恰当的事情，在理性的基础上可以得到证成，完成这样的交易也是一种"可取的"事态。但退还押金和"正确地"做这件事之间有显著的差异。前者仅是"恰当的"，而后者是"完全恰当的"。但这两种行为都有相同的"中间"目标。在我们之前的讨论中，"中间目标"这一表述被用来区分圣人选择自然的有利之物的目标和他的整体目标，即德性的行动。但自然的有利之物作为"中间目标"更深层的意义在于，它们"既不好也不坏"。

如果我们独立于行动者的品格去考察一个正确的行动，那么它必须被判定为"中间的"。[1] 但就行动者的品格而言，每个行动，无论恰当与否，要么"完美"，要么"有缺陷"。一个恰当行动的"缺陷"可能与它的外部对象没有任何关系。[2] 只有"不恰当"的

---

[1] 参见 Rist, *Stoic Philosophy*, pp. 98ff.。

[2] 这不应该被理解为，如果一个恰当行动没有达到它的目标就是有缺陷的。基德认为"*kathêkonta* 的全部强调就在于行动要实现目标"（*Problems in Stoicism*, p. 155），但似乎没有证据支持这个结论。在特定情况下，失败了但尝试过就足够了，尽管一个愚人的努力与一个圣人的努力相比有缺陷。我对这一点的思考受到了与布伦特（P. A. Brunt）教授讨论的影响。

行动在这个方面才有缺陷。但是如果一个恰当行动是由一个不是圣人的人完成的,它就缺乏一个适合所有彼此完全和谐的行动模式的基本特征。对于某个已经前进到只缺乏智慧或完善的人,克吕西普斯写道:

> 他在各方面都履行了所有恰当的行动,没有遗漏,但他的人生**尚未**处于幸福的状态。当这些"中间的"行动获得了坚定、一致性,以及与自身恰当的协调性这些额外的属性时,幸福才会出现。(*SVF* III.510)

当然,在这里我们有一种极端情况。大多数做恰当行动的人肯定不能做所有的恰当行动,因此他们离德性特有的绝对和谐还有一段距离。就他**所做**的事而言,克吕西普斯笔下的这个人必须被归为圣人,但就他的品格而言,他仍应被判断为"愚蠢"。① 在斯多亚学派的伦理学中,差之毫厘就会谬以千里。好没有程度之分,只有接近它的程度。但是一个人在成为好人之前都是坏人(*SVF* III.657-670)。一个几乎达到顶峰的人,即便存在微小的不和谐因素,也足以让他所做的任何事情失去获得德性荣誉的资格。

这是一个严厉的学说,而且由于斯多亚学派对成功做到的

---

① 塞涅卡注意到,只有当一个人拥有顺从的品格时,"准则"才能导致"正确的行动",它们会告诉人们该做什么,而不是如何有德性地生活(*Ep.* 95)。将斯多亚学派的观点和罗斯(W. D. Ross)的主张进行比较很有意思,后者在《正当与善》(*The Right and the Good*, Oxford, 1930, p. 7)中认为,"正确"与"错误"完全是指所做的事物,"道德上好"与"道德上坏"是指行动者的动机。

人是否实际存在持保留态度，它变得更加严厉。克吕西普斯自己也承认，斯多亚主义在理论构想和实际完成之间，存在巨大的鸿沟：

> 由于它们的宏大和美丽，我们似乎在陈述一些虚构的，不符合人和人类自然的东西。（*SVF* III.545）

但如果人的自然是可以完善的，那么任何没有达到完善的东西，都不能被认可为最终目标。斯多亚学派的伦理学是理想主义的缩影。每一个美名都属于圣人，但是圣人在日常生活中是找不到的。他是一个完美的人，他的品格反映了自然的完美。以圣人的标准判断，我们都是愚人或坏人。但通过不懈的努力和教育，理论上我们可以提升到接近完美的状态。如果德性是最有价值的，那么它值得人类付出一切努力，理想的圣人始终是我们可以努力看齐的标准。

斯多亚学派围绕这个圣人的概念发展出了一种激进的政治理论。我已经提到了芝诺的《理想国》，在那里他废除了希腊世界基本的社会、经济体制（本书 p. 110）。在理想的世界中，国家衰落了，因为每一个斯多亚式的圣人都是自足的，并且是自己的权威（*SVF* III.617）。但是他通过友爱的纽带与同伴联系在一起，因为所有的智慧者都是彼此的朋友，也只有在他们之间，真正意义上的友爱才会存在（*SVF* III.625）。摒弃了一切由于性别、出身、国籍和财产的区分，这种共同的生活方式就是社会行为的模式。这个理论是乌托邦式的，芝诺也承认确实如此。它的有趣之处在于对当时社会的批判。斯多亚学派的政治理论不是改革的蓝图，而是一种世界的范本，如果人们不是通过人工的纽带，而是通过对共同价值和共同目的的相互认可而团结在一起，那么世界就可能变成这样。金钱、家庭和世袭地位都被视作分裂的因素。它们与德性毫无关系，但德性与理想的国家息息相关。

斯多亚学派从未失去理想主义的特征。但多少年来，斯多亚学派的领袖们越来越重视对指导日常行为的实践道德原则的详细分析。最有影响力的是帕奈提乌斯的工作，但在我们讨论帕奈提乌斯之前，还需要对斯多亚学派的圣人及其完美行动多说几句。

5. 斯多亚的圣人：德性的检验

圣人由他的道德专长得到定义。他万无一失地知道在生活的每一种情况下应该做什么，并在正确的时间以正确的方式采取每个步骤来做这件事。但是假设我们希望判断某个我们正在观察的人的道德状况，有没有可用的检验，独立于他本人关于自己的陈述，让我们可以形成合理的意见呢？仅仅看到他做了"恰当的"行动是不够的，因为根据斯多亚学派的品格或情状概念，这些行动并不能提供关于行动者心灵状态的任何必然说明。塞克斯都·恩皮里科认为，斯多亚学派无法提供证据来确定圣人的"智慧情状"（*Adv. math.* XI.200-206）。他考虑了另一种检验，"稳定和有序"，他认为这也是虚无缥缈的，因为智慧的人必定始终让自己适应不断变化的环境（*Adv. math.* XI.207-209）。但是这个批评没有抓住要领。根据变化的事件采取不同的行动，并保持稳定和一致的道德原则，是完全有可能的。塞克斯都没有提到圣人的一个特点是"适时的"行动。① 斯多亚学派为自杀辩护，理由是这种行为在极端情况下也许是理性的。② 自杀不可能像保持健康那样被确定为普遍的规则。保全生命在大多数情况下都符合人类的自然。但许多符合人类自然的事情并不是无条件恰当的。斯多亚学派所说的"好时机"被很好地描述为"一个节点，在这个节点上人的行动满足和符合那些事件，这些事件是被称作命运的一系列原因带来的结果"。③ 自杀是一个极端的行为案例，在大多数情况下，它对一个人自身的利益有害，但在某些情况下却可以合理地为之辩护。如果我们观察一个人，他的行为一直满足所有恰当性的普遍原则，他关照自己的健康、家庭、财产以及他人的利益，但是他自愿接受不公正的监禁、折磨或公众的诽谤，甚至夺走他自己的生命或者夺走遭受痛苦和致命疾病折磨的亲人的生命，那么我们就可以合理地认为这种人有可能是一个圣人。斯多亚学派对特殊状况下食人、乱伦和不埋葬亲人的辩护（SVF II.743-756），应该被置于这种"适时"行动的语境下加以考虑。

还有一个更重要的检验：斯多亚学派的圣人免于一切激情。愤怒、焦虑、贪婪、恐惧、狂喜，这些以及类似的极端情感都不在他的情状之中。他不认为快乐是好东西，也不认为痛苦是坏的。一个人的许多快乐和痛苦都是可以留给自己的东西。但

---

① SVF III.630，拉丁文词语是 opportune，参见 Fin. III.61。
② Rist, *Stoic Philosophy*, ch. 3 很好地讨论了斯多亚学派对自杀的态度。
③ D. Tsekourakis, *Studies in the Terminology of Early Stoic Ethics*, 伦敦大学博士学位论文（1971），pp. 91-92。

是很难想象，一个处于愤怒、恐惧或狂喜之中的人从来不向外部的观察者透露他的心境。斯多亚的圣人并非对痛苦或快乐完全无感，但这些情感不会"过度搅动灵魂"。他对它们无动于衷（impassive），但也不是完全无动于衷，这与人们对斯多亚主义者的普遍看法相反。正如我在前面指出的（本书 p. 176n2），他的情状特点是"良好的情感状态"。他有良好的希望——为了他人自身之故希望他有好事，有快乐——享受有德性的行动、平静的生活、好的良知（*Ep.* 23.2），还有"警惕"——合理的不情愿做某些事情。同亚里士多德一样，斯多亚学派也认为伴随着行动的情感态度是道德品格的一个指标。①

免于激情，拥有刚才列举的品质，提供了一个客观的标尺，将可能的圣人与其他人区分开。加上已经提到的检验，它们确立了一个标准去判断卓越。如果有候选人出现，观察者可以在一定范围内担保他的品格。不足为奇的是，斯多亚学派的哲学家们自己都没有通过这一检验，也不知道有谁通过了。

这一章很长，我们的起点是一段引文，其中谈到了斯多亚学派"惊人的连贯性"。不同于亚里士多德，斯多亚学派并不认为伦理学是一门科学，与形而上学相比，它的主题并不精确。作为道德哲学家，斯多亚学派试图建立一套价值观和行为原则，它们像它们从中产生的自然法则一样有坚实的基础。"结果"或"什么导致了什么"的概念是他们整个体系的关键。宇宙的法则通过严格

---

① 关于两者的比较，参见 Long, "Aristotle's Legacy to Stoic Ethics," pp. 79-82；更概括性的讨论参见 Rist, *Stoic Philosophy*, ch. 3。

的因果关系表现出来。作为自然哲学家，斯多亚主义者描述了这个体系的效果；作为逻辑学家，他分析了可以对它说些什么，以及它确认的真理；而作为道德哲学家，他关注它对人类幸福和行为的影响。我们已经看到，这个体系在某些关键点上并不连贯，或者说处于不连贯的边缘。两个基本且相关的困难是，首先，同时使用自然来描述客观事实和规定价值；其次，"理性认可"的概念在主观意识的层面上"在我们能力范围内"，但它显然也由因果的必然顺序客观地决定。斯多亚学派在试图解决这些困境时展现出了可观的才华，但结果并不尽如人意。

但是，就我们目前所知，自由意志不过是人类意识的一种现象。人类的行为可能以某种方式与先前的事件有因果关系，原则上可以完全用物理和化学定律加以解释。如果真是这样，它可能会对我们的道德责任概念产生更加明显的影响。但我们仍然需要评价行动，以及指定某些事态比其他事态更好。斯多亚学派的当代价值部分在于它试图协调一种高度复杂的道德理论与客观事实，这些事实考虑到了人类的先天驱动力、环境的影响和支配所有自然现象的法则。

还有许多其他细节（其中一些我已经讨论过了）与现代兴趣有关。然而归根结底，斯多亚学派的思想无法与它之前或之后的哲学发展进行简单的比较。斯多亚学派提供了一幅完整的世界图景，在某种意义上，正如他们自己说的，人们要么全盘接受，要么全盘否定。他们与其他哲学家一致的地方，也必须始终放到整个体系的语境下加以考察。如果我们问后世的哪位道德哲学家最接近斯多亚学派，有两个候选人特别值得一提。康德肯定受到了他们的影响。① 他的"定言命令","**本身**被认为是好的,并因此必然是一个本身遵守理性的意志的原则",这看起来非常像斯多亚学派的"正确理性"。斯多亚学派给道德行动的主观内容赋予价值,这种价值与客观必然性或普遍法则之间的关系,很难说只是偶然地与康德伦理学相似。但是对于康德来说,福祉或幸福并非道德好的构成要素,而斯多亚学派的德性则构成了符合最卓越之人利益的东西。*Pflicht*(义务)和 *Wille*(意志)是康德的基本概念,但是在斯多亚学派中找不到精确的对应。

另一位强有力的竞争者是斯宾诺莎。考虑他的命题:"在事物的自然中没有任何偶然的东西,所有事物都是由神圣自然的必然性决定的,为了以某种方式存在和运转。"(《伦理学》第一部分,命题 29)或者,"所有的观念,只要与神[或者自然]相关,都是真实的"(《伦理学》第二部分,命题 32)。但斯宾诺莎放弃了德性和恶性的传统意义。他是比斯多亚学派更加严格的决定论者,完全拒绝人被设计以实现某个目的的想法。同斯多亚学派一样,他认为幸福完全取决于理解自然和人在其中的位置。他还像他们一样强调,必须理解人对于无关幸福的对象的狂热爱恨的原因。这种理解带来的心灵"自由",尽管与斯多亚学派的圣人状态惊人地相似,但却不是斯宾诺莎的自然为人类设置的目标。斯宾诺莎完全不会考虑目的因。快乐和明智,而不是自然将人类安排成积极促进世界的幸福,才是激励斯宾诺莎笔下的哲学家走向坚韧和高贵的动机。

---

① 参见 W. Schinck, "Kant und die stoische Ethik," *Kant Studien*, vol. 18 (1913), pp. 419-475。

第五章　希腊化哲学的晚期发展

奥古斯都在公元前 30 年建立罗马帝国结束了第三个也是最后一个希腊化世纪。对于哲学史来讲，这个时间只有一个普遍性的而非具体的意义。在接下来的两百多年里，斯多亚学派、伊壁鸠鲁学派和怀疑派（相对较少）都有各自的信徒。马可·奥勒留、奥伊诺安达的第欧根尼、塞克斯都·恩皮里科是很好的见证者。但是如果我们除去埃内希德慕斯（他可能活到了奥古斯都时代之后，参见本书 p. 75 注释），本书讨论的哲学运动，在罗马帝国时代都没有什么代表人物做出了哲学上的原创性贡献。这并不是说希腊化哲学走进了死胡同。特别是斯多亚学派在之后很长时间都一直保持着强大的力量。作为一种道德学说，它的影响力远远超出了公元前 30 年这个时间节点。事实上，罗马著名的斯多亚学派成员，在公元 1 世纪比其他任何时代都要多，并且包括了各色人等，比如塞涅卡、史诗诗人卢坎（Lucan）、讽刺诗人佩尔希乌斯（Persius），以及尼禄（Nero）和多米先（Domitian）僭政的反对者特拉西亚·佩图斯（Thrasea Paetus）、赫尔维迪乌斯·普里斯库斯（Helvidius Priscus）、穆索尼乌斯·鲁弗斯（Musonius Rufus）等。在古代，哲学从来都不是一个单纯学术的领域，斯多亚学派对罗马文学和社会生活也有着巨大的影响。

但是就思想的活力而言,希腊化哲学在罗马共和国覆灭之前就达到了顶点。但是在晚期(前150—前50),有三个人非常活跃,他们的作品值得我们做一些简短的讨论。帕奈提乌斯、波西多尼乌斯和安提奥库在目前为止的讨论中只是偶尔出现的名字。西塞罗与波西多尼乌斯和安提奥库相熟,他在自己的作品中利用了这三位哲学家的思想资源。

一、帕奈提乌斯

我在之前已经简短地介绍过了帕奈提乌斯的哲学生涯(本书p. 114)。一本现代作品说"他在自己的时代非常有影响,但是他有巨大影响的时期非常短暂"[1]。这是一个相对的判断。除了西塞罗之外的作家很少提到帕奈提乌斯,这大概说明他在古代晚期很少有人阅读。但是从文艺复兴到19世纪,很少有哪个古典文本像"图里的义务"(Tully's Offices)那么著名和富有影响力,这就是西塞罗的《论义务》。可以确定的是,《论义务》的前两卷建立在帕奈提乌斯的基础上,因为西塞罗的缘故,帕奈提乌斯可以说是所有斯多亚哲学家中影响最大的。

因为有关帕奈提乌斯的资料非常匮乏,我们很难获得关于他整个哲学活动的清晰印象。[2] 但是现有的证据显示,他并不是

---

[1] J. M. Rist, *Stoic Philosophy*, p. 173.

[2] M. van Straaten ed., *Panaetii Rhodii Fragmenta*, 3rd ed., Leiden, 1962 收集了提到帕奈提乌斯的古代文本。

一个提出了全新理论的人。帕奈提乌斯的重要性大体上在于他如何理解和发展斯多亚伦理学的实践方面。我们已经看到，在早期斯多亚学派那里，逻辑学、物理学和伦理学共同构成了一个前后一致的系统。帕奈提乌斯反对"逻辑的砍刀"（logic-chopping, fr. 55），虽然他没有放弃核心的斯多亚哲学概念——一个由理性掌控的宇宙，但是他表达了对很多正统物理学教条的质疑，这说明在他的作品里没有那么强调这个主题。人的自然而非宇宙的自然，才是帕奈提乌斯的首要兴趣。

在详细地讨论帕奈提乌斯的观点之前，我们需要首先来简单回顾一下他质疑或彻底反对的那些正统理论。像所有的斯多亚主义者一样，他也将宇宙看作不可毁灭的，但是他怀疑或者否认这个宇宙会周期性地被大火（*ekpyrôsis*, frs. 64-69）毁灭。① 就像亚历山大里亚的斐洛所说的（fr. 65），这很可能意味着帕奈提乌斯反对在前后相继的世界循环中，相同的事件会永恒重现。西塞罗还告诉我们，帕奈提乌斯是唯一一个"反对占星家预测"的斯多亚主义者（fr. 74）。② 早期的斯多亚学派论证，诸神的本性不可能关心人类的福祉，除非他们给出人们可以阐释的关于未来事件的表征（*SVF* II.1191-1195）。如果占卜者和占星家的预测被证明是假的，错误在预言者，而不在梦、天象、鸟的飞翔、内脏，或者其他证据，理论上讲从这些证据里可以预测未来（*SVF* II.1210）。

---

① 西顿的波埃图斯（Boethus of Sidon）是和帕奈提乌斯同时代的斯多亚主义者，他也反对这个信条，还对正统学说做了很多进一步的修正，其中显示出了亚里士多德的影响；参见 *SVF* III.265-267。

② 在这一点上，他同意卡内阿德斯的观点；参见 *De. div.* I.12。

斯多亚学派对这些预测的辩护可能看起来很荒谬，但是这个原理本身是他们系统的基本特征。除非将会发生什么的表征可以在自然现象中看到，否则斯多亚学派按照自然事件生活就没有了坚实的基础。此外，所有的时间都在因果性上彼此联系，因此任何发生的事情在理论上都是随后结果的表征。

帕奈提乌斯对占星术的拒斥是否意味着他抛弃了斯多亚学派的基本学说呢？西塞罗说他对占卜持有怀疑（frs. 70-71），其他资料说他完全反对占卜（frs. 68, 73）。但是这个态度与相信神意是相容的，帕奈提乌斯还专门写了一本关于神意的著作（fr. 33）。帕奈提乌斯可以主张这个世界是为了人的利益被安排的，同时否认人类事实上可以在星体和其他现象中找到未来的证据。但是他抛弃占星术的理由似乎比人类知识的有限性更强。西塞罗说他借鉴了帕奈提乌斯的理论，论证星体距离地球太远，不能发挥占星术所主张的那种在天体运动和人类事物之间的因果关系（fr. 74）。这显然表明帕奈提乌斯相比他的前辈，没有那么笃信宇宙中的所有事件之间存在必然的联系。

帕奈提乌斯对自然哲学的整体态度更接近亚里士多德而非早期斯多亚学派。在《论义务》开头（I.11-20），西塞罗利用帕奈提乌斯的理论，从自然的人类冲动推论出了四主德。这是抄近道地重述了正统斯多亚学派的学说，而非对它的正面修正，但是西塞罗对"智慧"的讨论好像它仅仅是对知识毫无利害关系的追求。另外三种德性——正义、节制和勇敢——被归为一类，任务是"给生活中的实践事务提供道德行动的根据"。早前的斯多亚学派对智慧给出了单纯道德的定义。很清楚，在智慧和其他德性中间做出截然的区分并不是帕奈提乌斯的观点（*De off.* I.15 = fr. 103），但是他并没有区分"理论的"与"实践的"德性（fr. 108），而这是非正统的。帕奈提乌斯最明显的前人就是亚里士多德的《尼各马可伦理学》和其他伦理学著作。

亚里士多德将道德德性看作人类本性中欲望和情感要素的情状（*E.N.* I.1102a23ff）。如果西塞罗确实是在报告帕奈提乌斯的观点，那么他是这样说的（*De off.* I.101 = fr. 87）：

> 灵魂有双重的能力和自然，一个是冲动，它驱动一个人这样做；另一个是理性，它指导和解释应该如何做或不该如何做。

帕奈提乌斯对于德性的分析很可能是为了适应亚里士多德或柏拉图式的灵魂学说，而不是早期斯多亚学派的灵魂学说。但是我们不应该从西塞罗描述的这种灵魂的"双重"自然中做太多推论。心灵二元论只是在表面上与克吕西普斯关于"冲动"是理性功能的学说不相容。但是我们从盖伦那里得知，克吕西普斯使用"冲动"的方式好像它是在某个意义上不同于理性的东西。[①] 波西多尼乌斯显然抛弃了克吕西普斯关于灵魂的观念。帕奈提乌斯很可能也是这样做的，但是**明确**归在他名下的那些修正却并不那么重要。[②]

---

① 参见 J. B. Gould, *The Philosophy of Chrysippus*, p. 183。

② 帕奈提乌斯提到了灵魂的六个"部分"，把说话当作"冲动"的一个部分，还制造出了一个"自然"的部分（fr. 86），参见本书 p. 171。这一点的重要性并不清楚。人们常说他完全否认灵魂在人死之后还能存活，但是没有斯多亚学派的成员认为灵魂有无限的生命或者是不朽的。帕奈提乌斯可能接受了正统观点，认为灵魂的生命有一定长度；参见 R. Hoven, *Stoïcisme et Stoïciens face au problème de l'au-delà*, Paris, 1971, p. 57。

当我们转入伦理学，帕奈提乌斯的立场会显得更加清晰，但是对于他正统性的评价却有很大分歧。① 毫无疑问，帕奈提乌斯比他的前人更少强调虽然完美但无法找到实例的斯多亚圣人。《论义务》的主题不是"完美的德性"而是"与德性的相似性"，后者可以由那些智慧并不完美的人体现出来。帕奈提乌斯的《论恰当之物》（On that which is Appropriate，这正是西塞罗的资料来源）讨论的是那些所有人不论完美与否都应该实践的作为"中间目标"（intermediate goal）的"义务"：

> 人生不是和那些完美的、真正智慧的人一起度过的，而是和那些如果他们展现出与德性的相似性就已经做得很好的人一起度过的，在我看来，我们应该认为，只要表现出了德性的迹象，就没有人应该被完全忽略。（De. Off. I.46）

早期的斯多亚学派也考虑那些"朝着德性进步"的人，他们会比我们的残篇证据所显示的更详细和更同情地处理这个主题。但是帕奈提乌斯乐于承认"与德性的相似性"，这代表了一种方法论上的让步，从而让斯多亚学派不那么僵化，显得更加人性。早期斯多亚伦理学的僵化性体现在一些所谓的"悖论"之中，比如德性或恶性没有程度之分；除了圣人，所有人都是疯子；所有错误的行动都是同样错误的。帕奈提乌斯会同意他的前人，这些说法如

---

① 我大体上同意 I. G. Kidds, "Stoic Intermediate and the End for Man" 中的观点。在我看来，帕奈提乌斯在伦理学上的创新并没有 J. M. Rist 在 Stoic Philosophy, pp. 186-200 中认为的那么重要。

果从完美德性的角度看，确实是正确的。但他的观点是，如果考虑日常生活和道德教育，这些说法完全没有帮助。

这个结论不仅得到了《论义务》的支持，而且也得到了西塞罗很多关于帕奈提乌斯的说法的支持。西塞罗说，"他避开了其他斯多亚学派成员的阴郁和严厉，反对他们那么严苛的态度"（*Fin.* IV.79 = fr. 55）。在他为穆瑞那（Murena）辩护的演讲中，西塞罗对比了帕奈提乌斯陪伴西庇阿从而带来的"软化"效果和加图的固执。但是他补充道："帕奈提乌斯的言辞和学说会令你［即加图］高兴。"（*Fin.* IV.66 = fr. 60）如果帕奈提乌斯的伦理学不是明显与加图主张的正统斯多亚学说不一致，就不会出现最后这个说法。帕奈提乌斯没有否定完美的理想，就像克吕西普斯和芝诺没有忽视履行"义务"是进步的标志。① 西塞罗的著作所讨论的那些来自自然冲动的义务也是完美德性的基础。② 如我们所见，正统的学说是，在正确的时间、用正确方式认识和做出恰当事情的能力预设了关于好的知识。《论义务》从一个不同的视角去看待恰当的行动，即缺乏这种完美知识但是想要拥有它的人的视角。在这个次优的水平上，帕奈提乌斯并没有说德性取决于做出来的事情或者瞄准的外在目标。"我们所要寻求的德性，完全取决于心灵的努力和推理。"（*De off.* I.79）③ 但是达到德性的指引可以用普遍

---

① 芝诺很有趣地认为一个人的梦给他提供了取得进步的证据；参见 *SVF* I.234。
② "根据自然赋予我们的冲动生活"是帕奈提乌斯对于至善的表达（fr. 96）。
③ 在 *De off.* III.13ff 西塞罗再次区分了完美的德性和"中间的义务"。但是他说的很清楚，即便是后面这些也取决于"性情上的好"（*ingenii bonitas*），以及"学习的推进"。进一步的讨论参见本书 p. 203。

的方式给出。正义规定了两个基本原则：第一，不伤害他人；第二，保证公共利益得到维护（I.31）。按照这些原则行动就是做出了恰当的行动，并且满足了一个人的义务。我们应当做什么可以并且也应该从这些原则中推论出来。但是完美的德性不只是坚持这些原则，努力履行自己的义务。真正的好人基于知识行动，它不能被还原成一些具体的道德规则。① 但是道德规则可以让一个人走上正确的道路，帕奈提乌斯花了很多精力去分析这些态度和行动，它们描述了一个走在正确道路上的人。

讨论人能够在此时此地实现的东西，是帕奈提乌斯对斯多亚伦理学的特殊贡献。塞涅卡的一段正面评论清晰地显示了这一点：

> 我认为帕奈提乌斯对一个向他询问圣人是不是爱者（lover）的年轻人给出了很好的回答："我们不确定圣人的情况。你和我，我们距离圣人还有很大距离，我们的任务是不要落入一种受到搅扰、软弱无力、被他人奴役的状态。"（*Ep.* 116.5 = fr. 114）

斯多亚学派的一个典型学说是要求人在生活中免于激情，但是正统学说要区分圣人和其他人。帕奈提乌斯认识到人类的不完美，将有关圣人的问题看作与我们的生活无关。他似乎感觉到了需要给出道德判断的标准，而正统的在圣人和愚人之间的二分无法令人满意。帕奈提乌斯同意芝诺和其他斯多亚学派的成员，认为道

---

① 参见 *Ep.* 94.50f.；Kidd, "Stoic Intermediate and the End for Man," p. 164 提到了这一点。

德行动的基础是人的理性自然（De off. I.107），但是他也强调每个人都有自己的特征。从公元前 6 世纪开始，"自我知识"（self-knowledge）对于希腊人来讲就有着道德的重要性，帕奈提乌斯用它作为"恰当性"（propriety）的标准。我们应该让自己的行动符合整体上的人类自然，以及我们个人的自然（De off. I.110 = fr. 97）。《论义务》给出了一些普遍性的原则，并试图表明，这些原则如何可以由不同的人应用在不同种类的情境中。这些都没有和早期的斯多亚学派有任何不一致，但是宇宙论的层面几乎完全消失了，直到马可·奥勒留和爱比克泰德才重新出现，他们也成功地结合了帕奈提乌斯更加人性化的进路。

　　毫无疑问，帕奈提乌斯是一个斯多亚主义者，但是他也有独立的思考，并且不怕修正前人的学说，或者给出不同的强调。他的兴趣可能比克吕西普斯更多样，他写作的主题包括苏格拉底对话的真假、希腊历史，或许还有其他非哲学的主题（frs. 123-136）。很多资料都提到了他受惠于柏拉图和亚里士多德（frs. 55-59），哲学史家经常将"折中主义"当作这个时代的标志性特征。帕奈提乌斯和波西多尼乌斯都是折中派，因为他们都很欢迎其他哲学家的观点，只要这些观点适合他们。阿斯卡隆的安提奥库更强烈地表现了这个倾向。这种模糊不同学派边界的行为有很多种解释。人们有时候认为，将哲学引入罗马把哲学变得更加实用，更少关注理论上的精确性。但是我们很难在帕奈提乌斯和波西多尼乌斯的哲学里看到什么特别罗马化的特征。是加图这样的人让斯多亚学派成为了一个罗马理想。对斯多亚学派某些方面产生了哲学上的不满很可能更好地解释了帕奈提乌斯、波西多尼乌斯和这个时期其他斯多亚哲学家引入的修正。卡内阿德斯的批评肯定让很多斯多亚哲学家清楚地认识到了这个体系的弱点，一个人不需要是一个正式的怀疑派，才能去怀疑某些学说的有用性与有效性。人们公正地批评正统的斯多亚主义没有提供一种与日常需要相适应的生活方式，也没有提供一种与倾向于神秘主义、宗教经验的心性相吻合的生活方式。公元前1世纪毕达哥拉斯主义的复兴显示了人们对一种彼岸哲学的兴趣，这种哲学与希腊化哲学的系统相当不同，最终产生了新柏拉图主义。

二、波西多尼乌斯

波西多尼乌斯（参见本书 p. 115）有时候会被看作新柏拉图主义的先声，但是这么说并没有什么理由。在过去一百多年的时间里，不可胜数的猜测让波西多尼乌的重要性被大大地掩盖了，严重程度超过了任何主要的古代思想家。[①] 我们知道他非常博学、多产，极其多面，非常有名，影响巨大。关于他在历史、地理和哲学方面的一些作品，我们所知颇多。但是在1972年前都没有学者把提到波西多尼乌斯名字的古代证据以一种权威和全面的方式结集出版。感谢已故的路德维希·埃德尔斯坦和基德（他完成了埃德尔斯坦开始的工作）极有价值的工作，那个空白现在已经得

---

① Marie Laffranque, *Poseidonios d'Apamée*, Paris, 1964, pp. 1-44 给出了有关波西多尼乌斯研究的综述。

到了填补。① 在理想的情况下，这个最新的对波西多尼乌斯文献的补充，应该成为所有此前研究的基础。假如在 19 世纪有这部作品，我们就无需对这个谜一般的人物提出无尽的理论猜测。之前的情况是，波西多尼乌斯隐约地出现在西塞罗、塞涅卡和其他很多没有提到他名字的作家背后。与毕达哥拉斯相似，波西多尼乌斯的名字被用来解释一切：斯多亚主义与柏拉图主义，理性主义与神秘主义，肤浅与深刻，保守与创新，这些只是人们提出的围绕波西多尼乌斯的少数矛盾而已。

波西多尼乌斯是不是一个拥有高度原创观点的哲学家？对于这个问题，我想要暂时给出否定的回答。但是更确定的答案最好是等到基德出版了他正在撰写的波西多尼乌斯残篇的注疏之后。即便我暂时的答案是正确的，也不会妨碍波西多尼乌斯的影响和重要性。弗朗西斯·培根（Francis Bacon）和卢梭（Rousseau）都没有提出什么重要的新理论，但是很少有哪个思想家能够对同时代人产生他们那么大的影响。原创性可以用多种不同的方式衡量。对现有知识的批判性综合可能是具有高度原创性的，并且是新发现最有成效的来源。

波西多尼乌斯是一个斯多亚主义者，但又是非常独特的一个。关于他最令人惊叹的并不是他用斯多亚主义做了什么，而是

---

① Ludgwig Edelstein, and I. G. Kidd, *Posidonius, vol. I The Fragments*, Cambridge, 1972。第二卷的注疏正在准备之中。此前唯一试图收集所有证据的尝试是 J. Bake 在 1810 年出版的。用现代标准看，这是一个有很多缺陷的版本，虽然在那个时代还是很有价值的。波西多尼乌斯的历史和地理著作的残篇编辑参见 Felix Jocoby ed., *Die Fragmente der griechischen Historiker*, vol. 87, Berlin, 1926。

他兴趣的广度。我提到，他定居在罗德岛（本书 p. 115），但是在地中海世界广泛游历，并且对他的所见所闻做了详细的记录。不管是高卢凯尔特人的社会习俗、卡迪兹的大西洋洋流、北非海岸的猿猴、那不勒斯附近岛屿上的兔子，波西多尼乌斯都记录了下来。最宽泛意义上的地理学、火山学、天文学、气象学、矿物学、海洋学、人种学，他写作和研究了所有这些主题。他还编辑了大量的"历史"著作，包括了很多的地理数据，他的残篇包括了可考的公元前 142 年到前 93 年的历史事件。据说波西多尼乌斯从波利比乌斯（Polybius）结束的地方（公元前 146 年）写起，但是很难说这位年轻的作家在多大程度上分享了前人对罗马帝国主义的偏爱。这些作品只是希腊化哲学传统主题——物理学、逻辑学和伦理学——之外的内容，波西多尼乌斯还在数学方面有所成就，足以批评和修正欧几里得几何学中的一些错误。他给我们的印象是一部真正的百科全书。

就研究的广度而言，波西多尼乌斯可以比肩亚里士多德、特奥弗拉斯托斯和伟大的亚历山大里亚的图书馆长埃拉托斯提尼（Eratosthenes）。但是这些人是在不同的时代、不同的社会和政治环境下取得成就的。波西多尼乌斯在公元前 1 世纪是一个独特的人物。他为什么会对这么多东西感兴趣呢？这看起来可能是个很蠢的问题，但事实却迫使我们回答它。很显然，我们必须认为他是一个有着巨大能力和能量的人，也有着永不枯竭的好奇心，但是这些品质还是不足以解释他兴趣的广度。在波西多尼乌斯身上，我们看到了哲学与科学重新结合在一起，自从特奥弗拉斯托斯的时代它们就分离了。波西多尼乌斯是否敏锐地注意到斯多亚学派与经验科学之间缺少融洽的关系，而这种关系在希腊化时代早期是非常成功的。我们可以说他的普遍主义进路是由于他对当时的哲学，特别是斯多亚主义的狭隘和经院化感到不满吗？

我认为这些问题的方向都是正确的。斯特拉波本人也是斯多亚主义者，他将波西多尼乌斯对于"寻找原因"的兴趣与通常斯多亚学派的实践加以对照（T85）。用类似的方式，斯特拉波将波西多尼乌斯的行动描绘成亚里士多德化（Aristotlizing），并且补充说"我们的学派避免这样，因为要隐藏原因"。亚里士多德将"关于原因的知识"当作科学的基础，而波西多尼乌斯似乎同意他的看法。他们俩都付出巨大的力气去收集事实性的数据，并且做出分类。但是这对于斯多亚学派来讲却绝非典型。虽然克吕西普斯也坚持认为没有任何事情的发生没有原因，但是他认为人不可能发现所有原因（*SVF* II.351; 973）。① 波西多尼乌斯可以很有道理地提出反对，他的斯多亚学派前辈将这个当作借口不去进行尝试。就我所看到的资料而言，波西多尼乌斯没有挑战过斯多亚宇宙论的基本原理，只是在细节上做了一些修正。② 不同于帕奈提乌斯，波西多尼乌斯捍卫占星术和占卜术，但并非没有证据。波西多尼乌斯的原则是理论必须要符合事实，他反对那些在他看来与这个原理矛盾的正统斯多亚学说。

---

① 关于这一点，以及波西多尼乌斯的方法论和伦理学，参见 I. G. Kidd, "Posidonius on Emotions," in *Problems in Stocism*, ch. 9. 我极大地受益于这个研究。

② 如何评价波西多尼乌斯对斯多亚物理学的修正是一个争议很大的主题。在此我只能说，我认为这些修正的重要性甚至不如 J. M. Rist, *Stoic Philosophy*, ch. 11 中赋予的重要性，而瑞斯特的看法已经比大多数研究要清醒了。

最好的例子就是波西多尼乌斯与克吕西普斯围绕灵魂结构和激情原因展开的争论。① 正如我们看到的（本书 p. 176），克吕西普斯认为，激情是"过度的冲动"，灵魂没有非理性的官能。波西多尼乌斯反对说，如果某些冲动是"过度的"，那么灵魂必然有非理性的官能，因为理性不可能超过它自己的活动和限度（F34）。这不仅仅是一个逻辑上的反驳。波西多尼乌斯显然认为，关于人类行为的事实只能在灵魂确实拥有纯粹非理性部分这个前提之下才能得到充分的解释。如果盖伦是可靠的，那么波西多尼乌斯就更偏爱柏拉图的灵魂三分学说，赞成理性与非理性官能之间的清晰区分，而不是克吕西普斯的一元论观念。他还要表明，克里安特斯，甚至芝诺，都不支持克吕西普斯的学说（T91）。克吕西普斯引用诗人来捍卫自己的观点，而波西多尼乌斯则引用了相反的例子（F164）。他还论证克吕西普斯的灵魂学说使得我们无法解释人类之恶（F169）。除非恶在我们的本性中有它的源头——而这是克吕西普斯否认的，否则人为什么会被快乐吸引？他们为什么会感受到过度的冲动？波西多尼乌斯反对克吕西普斯关于"外部影响"的解释，将恶的"根源"置于灵魂之中。人"依据自然"趋向快乐和世俗的成功，这与他对德性和知识的自然趋向相反（F160）。人类自然的这个"非理性"的侧面是我们激情的原因，如果人想要实现他的目的，就必须要让非理性的方面臣服于理性（F148, 186）。

---

① 盖伦的《论希波克拉底与柏拉图的学说》是我们的资料来源；参见 Edelstein-Kidd, *Posidonius, Vol. I The Fragments*，特别是 frs. 156-169。

波西多尼乌推荐了各种"非理性"的程序去"治愈"情感的搅扰,我们在这里不能完全列举。① 它们包括了音乐和诗歌,基本的前提是,"非理性"只能用"非理性"的方式清除和改变,也就是诉诸我们的快乐和感官经验。理性本身没有办法修正我们的激情。这很容易让我们想起柏拉图在《理想国》的教育计划中赋予诗歌、音乐和其他技艺的地位,还有亚里士多德说悲剧通过引发怜悯与恐惧去净化这些情感。塞涅卡的悲剧,虽然充满了华而不实的修辞和陈词滥调,还是可以被看作斯多亚学派进行实践的例子——展示诗歌的净化作用。塞涅卡可能就想到了波西多尼乌斯的观点。

波西多尼乌斯的灵魂学说和情感治疗还有很多值得讨论的内容,我在这里无法展开。但是我说过的东西或许足以证成几个整体性的评论。波西多尼乌斯对克吕西普斯的批评无疑集中在很多根本性的困难上。这告诉我们一些关于波西多尼乌斯的重要信息。或许他错误地阐释了克吕西普斯的"理性主义",这种理性主义可以得到比波西多尼乌斯的理解更为同情的理解(本书 p. 175)。但是波西多尼乌斯也有足够的理由对它提出质疑,并且提出一个替代性的理论,这个理论看起来可以更有说服力地解释人类行为。从本质上讲,这个替代性的理论看起来并没有说出什么之前没有人说过的东西。在波西多尼乌斯看来,柏拉图的灵魂学说提供了一个比克吕西普斯更好的基础去理解人类行为,于是他

---

① F168;参见 Kidd, "Stoic Intermediate and the End for Man," pp. 219, 205f.; Edelstein, *The Meaning of Stoicism*, Cambridge, Mass., 1966, pp. 56-59。

将这个理论进行调整，让它更适合斯多亚学派的概念和术语。这不是任何贬义的"折中主义"。相反，波西多尼乌斯一直是一个斯多亚主义者，但是一个准备好在必要的时候批评自己学派，并且使用一些外来观念的斯多亚主义者。我们不应该认为，早期的斯多亚主义者没有批评彼此。克吕西普斯批评克利安特斯，毫无疑问巴比伦的第欧根尼和安提帕特也批评克吕西普斯。但是就我们的证据来讲，我们有理由说，帕奈提乌斯和波西多尼乌斯表现出了对正统教条的开放态度，这种态度在之前的斯多亚学派之中并不典型。

塞涅卡告诉我们，波西多尼乌斯说智慧者在人类的早期阶段统治着人类社会，他们发现了那些最广义的技艺——建造房屋、冶炼金属、织布、放牧、养鱼等（*Ep.* 90 = F284）。第一点是塞涅卡可以接受的，而他反对第二点，在他看来，圣人绝不会从事这些日常事务。这个批评将我们带回到波西多尼乌斯兴趣的普遍性上。如果像我认为的那样，波西多尼乌斯并没有对斯多亚物理学的基本理论做出修正，他显然表明了一个斯多亚主义者可以在很大范围推进对那些具体现象的理解。早期的斯多亚主义者没有波西多尼乌斯那种对天文学、数学和地理学的激情，但是他想要的比模糊的普遍化理论多得多。度量地球的大小、计算太阳的大小和与地球的距离、给四边形分类，这些只是波西多尼乌斯很少的一部分活动。在希腊世界，数学始终是科学的女王，波西多尼乌斯对数学多有关注显然体现了他想要重新结合哲学与科学的努力。和他同时代的伊壁鸠鲁主义者西顿的芝诺试图颠覆几何原理，波西多尼乌斯在"一整本书"里攻击他（F46）。盖伦告诉我们,他"接受了几何学训练,比其他的斯多亚主义者更能够进行证明"(F83)。当然,克吕西普斯也对逻辑学充满兴趣,但是就我们所知并不是数学里的逻辑。盖伦非常不喜欢克吕西普斯,这一点可能让他强调波西多尼乌斯的成就。但是盖伦本人也对几何学充满兴趣,我们必须认为他在波西多尼乌斯身上发现了其他斯多亚主义者没有表现出来的能力。

关于波西多尼乌斯的证据极其碎片化,我们只能描述其中的一部分。他是否对所有的知识门类有一个整全的观念?他是否想要表明所有的事实在一个由内在的神意决定的宇宙中都值得肯定?斯多亚主义者可以持有和证成这些观点,波西多尼乌斯首先就是一个斯多亚主义者。有一位德国学者认为"宇宙共情"(cosmic sympathy,也就是宇宙中所有事物的相互作用和联系)是波西多尼乌斯哲学与科学活动的整体性论题。① 这个学说并不像他认为的那样标志了波西多尼乌斯的独特性。但是其他斯多亚主义者也同意它,并不能消除它在波西多尼乌斯这里的重要性。西塞罗很多次提到波西多尼乌斯努力确立占卜的意义:"他认为在自然中有未来事件的表征。"(De. div. I.129 = F110)"波西多尼乌斯用下面这个例子证明垂死之人能预见未来:一个罗德岛人在自己将死的时候说到了六个他的同时代人,谁会第一个死、谁第二个等。"(De div. I.64 = F108)最有代表性的文本或许是:"斯多亚学派的波埃图斯和我们自己的波西多尼乌斯研究了预言的原因;即便这些事情的原因没有被发现,事实本身也可以被观察到和记录下

---

① Karl Reinhadt, *Kosmos und Sympathie*, Munich, 1926.

来"（*De div.* II.47 = F109）。我们已经讨论过波西多尼乌斯对于原因的研究，在这里这个研究和预测以及关于事实的知识联系了起来。

对于未来事件的预测和宇宙的"共情"是联系在一起的。不同于帕奈提乌斯，波西多尼乌斯笃信这两点。如果我们想要找到一个概念去解释波西多尼乌斯多样化的活动，"宇宙共情"或许是最好的描述。但是即便这是对的（我不会将波西多尼乌斯的系统建立在这个概念之上），它也不足以让我们将这个十分有趣的人当作一个神秘的或者非科学的人（这个说法错误更大）看待。我们无法将神秘主义特征归于波西多尼乌斯，而且科学的标志就是确定事物的原因。毫无疑问，波西多尼乌斯在笃信占星术和占卜术的时候过于轻率了。但是他在可观察的现象与未来事件之间建立因果联系肯定是正确的。但是就像大多数预测，他研究的资料不足以建立事实上的联系。

根据任何标准，波西多尼乌斯都是希腊化时代的一个卓越人物。他在理智生活的很多方面都发挥着影响，西塞罗、塞涅卡和斯特拉波都极大地受惠于他。格米努斯（Geminus）是罗德岛的一个波西多尼乌斯的追随者，他给波西多尼乌斯的一部科学著作写了摘要（F18）。毫无疑问他还有其他弟子。亚里士多德与柏拉图的关系，在某种意义上就是波西多尼乌斯与斯多亚学派的关系。亚里士多德和波西多尼乌斯标志了希腊化哲学的开端和终结。很不幸，我们没有足够的证据去真正比较他们的成就。

三、安提奥库

本章要考察的第三个人物是阿斯卡隆的安提奥库。[①] 和波西多尼乌斯一样,他也是一个叙利亚人(大约出生在公元前130年),我们主要从西塞罗那里了解他的情况。西塞罗在公元前79/前78年曾在雅典跟随安提奥库学习,并且很敬重他,在《论学园派》和《论至善与至恶》中传播他的观点。[②] 安提奥库年轻的时候来到雅典,听过学园怀疑派成员拉里萨的斐洛,以及两位斯多亚学派成员达尔达努斯(Dardanus)和穆内萨库斯(Mnesarchus,他是帕奈提乌斯的学生)的课(Acad. II.69ff.)。在斐洛的影响下,安提奥库成为了一个怀疑论者,也是新学园最强有力的支持者。公元前88年爆发了雅典与米特里达特(Mithridates)的战争,斐洛离开雅典前往罗马,安提奥库很可能跟他一起去了罗马。如果是这样,那么安提奥库就有机会结识卢库鲁斯(Lucullus),一个罗马的政治新星,他的上升得益于苏拉的赞助。在公元前87/前86年,卢库鲁斯是亚历山大里亚的代理税务官,他试图为苏拉征集一支舰队,根据西塞罗的说法(Acad. II.11),安提奥库也在那里。这次访问亚历山大里亚是安提奥库生涯的转折点。在那里他第一次读到了斐洛的两部著作,这些著作激怒了他。由于这些著作与斐洛早期的观点大不相同,安提奥库很难相信它们是斐洛的作品。斐洛在这些新作中试图坚持,在老学园与新学园之间的区

[①] 古代文本中明确提到安提奥库名字的资料汇总参见 Georg Luck, *Der Akademiker Antiochus*, Bern, 1953。

[②] 关于西塞罗对安提奥库观点的呈现,参见 H. A. K. Hunt, *The Humanism of Cicero*, Melbourne, 1954。

分是错误的（*Acad.* I.13f.）。我们已经无法考证他的详细观点了，但是从安提奥库的回应判断（*Acad.* II.13-18），斐洛尝试将"古人"——恩培多克勒、德谟克利特、苏格拉底和柏拉图——都阐释成与新学园相融的。

这为什么让安提奥库如此恼怒？原因在于斐洛同化新老学园的理由。阿凯西劳斯和卡内阿德斯坚持认为事物的真正本性是不可知的。斐洛在激怒安提奥库的著作里说"事物真实的样子是可以把握的"，只是不能用斯多亚学派的"认知印象"来把握（*P.H.* I.235）。那么我们如何把握事物呢？看起来斐洛没有给出标准。但是他显然主张，缺乏标准并不意味着事物在本性上是不可知的。在实践中，斐洛捍卫卡内阿德斯的或然性立场，但是从一个更弱的理论基础出发。他要用同样的方式来阐释老学园。从安提奥库本人的成熟立场看，斐洛不可能捍卫柏拉图的正面学说。我们必须认为，斐洛尝试通过诉诸"古人"来捍卫他对怀疑论的修正。斐洛无视柏拉图的理念论（当然这个理论在柏拉图本人的《巴门尼德》中也受到了挑战），用柏拉图来支持知识在理论上可以达到，但是在实际上不能（*Acad.* I.46）。

安提奥库用历史来否定这个看法。这么说对老学园和新学园都不公平。柏拉图有着"最杰出的正面理论"（*Acad.* II.15）。新学园没有提出任何类似的理论。但是安提奥库驳斥新学园，不可能是出于对精确历史的单纯兴趣。假如他在读到斐洛的最新著作之前就不再沉迷于怀疑论（这是非常可能的），那么斐洛的著作最让他愤怒的地方就是斐洛试图将柏拉图和他的前人都置于怀疑论的大伞之下。安提奥库认为在老学园和新学园之间有着截然的区分，在他生命的最后阶段致力于恢复他心目中的学园传统，而这是以牺牲怀疑论为代价的。

根据安提奥库的看法，哲学的两个基本问题是真理的标准和首要的好或者说欲求的对象（*Acad.* II.29）。知识论和伦理学是他探讨的基本问题。但是有关安提奥库最有趣的事情并不是他对这些主题的贡献，而是他关于学园传统的看法和阐释。他不仅将斯彪西波、色诺克拉底、波勒莫和克朗托包括在学园传统中，而且将早期的漫步学派，特别是亚里士多德本人也包括进来（*Fin.* V.7）。更令人吃惊的是，他说斯多亚学派与漫步学派的差别不在于学说，而在于术语（*N.D.* I.16），芝诺创立的斯多亚学派是对老学园的"修正"，而不是一个新的系统（*Acad.* I.43）。"芝诺和阿凯西劳斯是波勒莫的勤奋学生，芝诺比阿凯西劳斯年长，是一个极其聪明的辩证法家……他要去重构这个系统。"（*Acad.* I.35）

虽然安提奥库说自己是学园派，但是他的大多数学说都符合"芝诺重构的系统"。他借用了斯多亚学派的知识论，并且给出了长篇的辩护（*Acad.* II.16-39）。他的伦理学首先是斯多亚学派的，虽然我们也能看到一系列修正，他的自然哲学比起其他学派更接近斯多亚学派的观点（*Acad.* I.26-30）。那么我们要如何评价安提奥库对学园传统的看法呢？西塞罗在《论学园派》第二卷作为新学园的代言人，批评安提奥库没有追随他自己的"先人"（柏拉图、色诺克拉底、亚里士多德），并且对克吕西普斯亦步亦趋（*Acad.* II.142f.）。这是个论战的语境，怀疑派通过指出教条主义哲学的分歧批评他们，但是历史基本上是支持西塞罗的。柏拉图主义者和漫步学派的知识论都和"认知印象"理论毫无相似之处。这是一个独特的斯多亚学派的理论。但是在伦理学中，安提奥库与斯多亚学派的主要分歧远远不如一致重要，他的学说与漫步学派理论的一个方面一致，也可以和我们归于波勒莫的理论相容。

斯多亚学派认为，德性本身是构成幸福的充分条件，除此之外不需要别的去实现这个目标。安提奥库用非斯多亚学派的方式区分了不同程度的福祉，论证德性是幸福生活的充分必要条件，但是并不是"最幸福生活"的充分必要条件（*Tus.* V.21ff.）。正如我们已经看到的，安提奥库反对斯多亚学派在"好的"和"可取的"之间做出的区分（本书 p. 196）。健康、财富、名声等的价值，虽然和德性相比不值一提，但还是足以让一个拥有德性的生活得到装饰，从而比除了德性之外缺少其他一切的生活更加幸福（*Acad.* I.22）。与此相似，亚里士多德也认为，如果缺少了某些外在的好就会破坏幸福（*E.N.* I.1099a31ff.）。他说道，有些事物对于做有德性的行动来讲是"工具"，另一些是"装饰"——它们的出现或缺乏会增加或损害幸福。接下来，亚里士多德对这个说法做了限定，他关于外在好的立场，可以被说成是大体上与斯多亚学派相当。① 但是与斯多亚学派不同的是，亚里士多德将"好"看作一个有着不同用法的词语。安提奥库说，斯多亚学派和漫步学派实质上一致，只在措辞上有差别，至少表面看来，不失为对他们有关外在好的理论的公正看法。

安提奥库捍卫的立场在西塞罗（*Fin.* IV.51）和其他人那里（克

---

① 我在 "Aristotle's Legacy to Stoic Ethics," pp. 74-76 讨论了这一点。

莱门特［Clement］:《杂学》(*Strom.*) II.22) 也被归于波勒莫。我在之前提到，这位学园派的哲学家非常模糊（本书 p. 112），我们关于他的极少证据主要来自安提奥库（*Fin.* V.14）。但是毫无疑问的是，芝诺与波勒莫相熟，根据安提奥库的说法，芝诺继承了波勒莫关于"自然起点"的看法。在《论学园派》I.19，瓦罗（Varro）给出了安提奥库对学园派伦理学的阐释，他说："他们从自然出发寻求好行动的主题，并且说自然必然要被服从，最高的好必然要仅仅从自然之中寻找。他们认为，在心灵、身体和生活方面拥有所有依据自然的东西就是欲求的终极对象和首要的好。"这是安提奥库的立场，把他和斯多亚学派区分开来的是，他不仅给德性，而且给身体和外在的好赋予了正面的价值。作为对柏拉图主义和亚里士多德主义伦理学的概述，至少根据我们对他们的理解，这看起来非常奇怪。但是我们不能排除这样的可能性，即波勒莫本人确实表达了这样的观点，将它们作为学园派的合法理论。如果他这样做了，那么我们就可以从历史上更好地理解安提奥库对斯多亚伦理学的阐释和批评，虽然还是很难证成他认为斯多亚学派的理论完全就是学园派的分支。西塞罗本人似乎已经认识到了这个论题在历史上的不可靠性。

但是历史上的可靠性与哲学上的判断是两回事。为了理解安提奥库对学园派传统的阐释，我们必须记得，斯多亚学派在超过两百年的时间里都是一个繁荣的体系。在同一时期，学园派投入了怀疑论的怀抱。漫步学派在斯特拉托之后失去了影响力，他对于科学的研究并没有吸引安提奥库（*Acad.* I.34）。在公元前 1 世纪前半叶，斯多亚学派与柏拉图主义和亚里士多德主义在概念上的亲缘性超过了其他哲学流派。如果安提奥库想要找到某个与学园派传统有最大共同点的时下体系去对抗怀疑论，那他只能求助于斯多亚学派了。在帕奈提乌斯和波西多尼乌斯的指引下，斯多亚学派的领军人物开始同化柏拉图和亚里士多德的很多看法。如果按照柏拉图的直接继承人的理解，柏拉图主义早已经死了。但是对于柏拉图著作的兴趣在公元前2世纪有所提高，学习"古人"的新契机出现了，在安提奥库之后不久，这个契机是罗德岛的安德罗尼柯编辑了亚里士多德的著作。

安提奥库将斯多亚主义者看作柏拉图主义和亚里士多德主义的后裔。在他非常宽泛的表述中，这么说是有道理的。但是正如西塞罗说的，比起柏拉图主义者或者亚里士多德主义者，安提奥库更是一个斯多亚主义者。不管他对柏拉图、亚里士多德和他们的继承者有多少了解（我们必须认为他了解很多），他都选择只使用那些在他看来明显优越于斯多亚学派的观点。他要求最高的好一定要考虑到身体的福祉和物质性的价值，这是对斯多亚学派最重要的偏离，他认为斯多亚学派对这些东西的"中立"态度，是与它们自己的基本原理矛盾的（*Fin.* IV.37-41）。他也正确地认识到芝诺的其他创新，并且对其中的很多并不认可（*Acad.* I.35-39）。所有的错误行为都同样错误是他"最奋力"反对的学说（*Acad.* II.133），他很可能也反对斯多亚学派将激情理性化，以及他们拒绝承认灵魂的非理性官能。

在自然哲学方面，从西塞罗作品中瓦罗的概述里（*Acad.* I.24-29），我们可以看到安提奥库几乎完全用斯多亚学派的方式阐释学园派的传统。捎带提及的亚里士多德的第五种元素（将以太看作构成天体的质料）是主要的非斯多亚学派要素，但是它并没有给他的主要思想带来什么影响。之后，西塞罗说芝诺正确地排除了第五种元素，也提到了他反对非物质实体（*Acad.* I.39）。但是这些在"学园派"物理学的概述中没有发挥明显的作用。

安提奥库的知识论是最令人困惑的主题。根据《论学园派》第二卷的证据，安提奥库全心全意地接受斯多亚学派的"认知印象"学说，并且为之辩护，他还贡献了一些有趣的论证（很多无疑都来自斯多亚学派的作家）来反对学园怀疑派的批评。在这部作品的最后，西塞罗作为怀疑派的代言人反对安提奥库，提出了不同哲学家关于真理的检验方法，其中也包括柏拉图的："柏拉图认为真理的全部标准和真理本身都是独立于意见和感觉的，属于思想和理智的领域。我们的朋友安提奥库当然不会认可这些学说吧？"（*Acad.* II.142）即便这是一个修辞上的反对，但它无法反对这个事实，即安提奥库对于"认知印象"的辩护，使得他笃信感觉可以被区分为真与假，"真的印象"是知识的基础。

但是在《论学园派》第一卷，学园派和漫步学派都被说成将理智看作"事物的法官，因为只有它可以感知永远简单的东西和本质"（*Acad.* I.30）。瓦罗随后补充说："他们称这个为'理念'，这柏拉图给它的名字"，他继续说到柏拉图对于理智和感觉的区分，后者的对象总是不稳定的。在这里我们显然距离斯多亚学派已经很远了。结果，亚里士多德因为"弱化了"理念论而受到批评（*Acad.* I.33），在这个语境中，我们有各种理由认为安提奥库支持某种版本的柏拉图主义理论。

在这里有某种根本上的不一致，但是对于安提奥库来讲还没有严重到不可接受的程度。正如我提到的，斯多亚学派认可"理性的"和"感觉的"印象。"普遍概念"的基础是感觉，在斯多亚学派的理论中它们也被当作真理的标准。此外，斯多亚学派区分准确的感觉的例子或者"把握"与"知识"，后者是"稳固的"和"不可动摇的"。他们也用自己的方式利用了柏拉图在知识和信念之间的区分（本书 p. 129）。安提奥库本人在捍卫"认知印象"的时候，讨论了"理智本身作为感觉的来源"，他似乎认为获得有效的普遍概念是准确感觉的必要条件（*Acad.* II.30）。我不确定这是否可以被算作是完全正统的斯多亚主义。如果安提奥库是在描述斯多亚学主义者所说的"知识"，那么他对于普遍概念的强调就是正统的。但是如果像我那样理解斯多亚学派的"认知印象"，那么它就不需要普遍概念作为其有效性的**检验**（本书 p. 128）。它们的功能是给感觉对象分类，并且提供形成非经验概念的材料。尽管如此，安提奥库在他捍卫"认知印象"时对理智的强调也还是非常惊人的，并且很充分地说明，他在努力将这个斯多亚学派的概念与他所理解的柏拉图的理念论结合起来。理念当然不是概念，更不是从感觉中得来的概念。他们是终极的实在，独立于我们的思想存在。但是塞涅卡了解一种对这个学说的阐释，可以把理念变成神的思想（*Ep.* 65.7）。有些学者指出，安提奥库是这个观念的来源，这个假设大有希望。斯多亚学派会讨论到"生殖性原理"（seminal principles），它们是神用来应用他关于宇宙的决定的。安提奥库很可能将这些阐释成柏拉图主义的理念，人们可以通过对个别对象的感觉直观到它们。

与波西多尼乌斯相比，安提奥库在思想史上的地位要低得多。① 他对斯多亚学派和学园传统的融合缺乏严格性，没有充分利用这两个学派中最好的学说。但是如果将安提奥库当作无趣或者缺少影响力的思想家看待就错了。作为怀疑派的变节者，他有足够的资源去关注怀疑论中的理论和实践困难。他成功地将学园带回到正面的哲学上。当埃内希德慕斯复兴和补充怀疑派的时候（本书 p. 75），怀疑派采用了皮浪主义的名字。安提奥库对斯多亚伦理学的批评关注到了真正的问题，格外重要的一点是，他认识到人类本性需要比德性更多的东西才能实现完满。在为柏拉图主义的复兴提供准备方面，安提奥库发挥了比他的学园派老师斐洛更重要的作用，虽然他的重要性也不能高估。这场运动在未来三百年的时间里会逐渐积蓄力量，直到在普罗提诺神秘和高度复杂的形而上学那里达到顶峰。

四、西塞罗

如果不再多讨论一下西塞罗，这个对希腊化哲学晚期发展的讨论就是不完整的，正是西塞罗的作品给我们提供了大部分证据。② 西塞罗没有在哲学的任何领域有突出的建树，但是在他的时代，没有哪个罗马人——或许除了瓦罗之外——比他更有资格写作哲学了。西塞罗年轻的时候就接触过顶尖的斯多亚学派、伊壁鸠鲁学派和学园派的哲学家，他们培养了他对哲学的热情，这种热情在公元前 1 世纪的罗马人中间非常罕见。对于年轻的罗马

---

① J. Dillon, *The Middle Platonism*, Cambridge, 1977 中有对安提奥库更加详细的讨论。
② A. E. Douglas, *Cicero*, Oxford, 1968 对西塞罗的哲学著作给出了很有帮助的讨论。

人来讲，修辞学才是他们从事公共事务的基本教育，而西塞罗将修辞学和希腊风格的哲学结合起来。因为朋友的影响和广泛的阅读，西塞罗终其一生都保持了对哲学的高度兴趣，虽然他的生活里充斥着各种各样的活动。但是直到公元前45年西塞罗60多岁的时候，他才开始大量撰写哲学著作。这是他在政治上充满幻灭感，生活上充满不幸的岁月。内战最终摧毁了罗马共和国，他深爱的女儿图里娅（Tulia）也去世了。在这样的环境下，西塞罗在文学创作中获得了一些安慰。《论学园派》《论至善与至恶》《图斯库伦论辩集》《论神性》《论占卜》《论命运》《论义务》，以及短篇作品《论友爱》都是在不到两年的时间里创作出来的。

西塞罗在很多地方都明确说到，他出于很强的个人原因投身哲学，但那并不是他唯一的动机。在他哲学著作的序言中，西塞罗花了一些篇幅解释他的行动。下面这段来自《论神性》的选段可以作为代表：

> 如果有人奇怪我为什么要做这些反思并在这个年纪写作，我可以很容易地做出回答。我没有了公共活动，政治形势使得僭主不可避免，我认为爱国的行动就是对我的同胞讲解哲学，我认为用拉丁语表达如此高深的主题对于这个国家来讲是一个巨大的荣誉和荣耀。（I.7）

西塞罗并不是一个低估自己成就的人，但是如果把这些关于爱国的说法看作自夸或者不真诚的表达就错了。西塞罗真的认为，用拉丁语表达希腊哲学有益于罗马人，在这一点上他是对的。在他之前，伊壁鸠鲁主义几乎是唯一吸引了罗马作家的哲学主题，西塞罗对这些伊壁鸠鲁主义者嗤之以鼻（*Tusc.* IV.6-7），而伊壁鸠鲁主义的作品已经彻底消失了。（卢克莱修的诗作在当时很可能还不流行，西塞罗在哲学作品中从来没有提到过它。）西塞罗讨论的范围要宽得多。他说自己接受拉里萨的斐洛温和的怀疑论，他概述和批评了那些斯多亚学派、伊壁鸠鲁学派和安提奥库的学说，这些学说对希腊人来讲很可能是最熟悉的，也是西塞罗认为最重要的。他并没有自己宣称的那么全面。他比较详细地讨论了伦理学和知识论，只是对物理学做了最粗线条的概括，而逻辑学几乎完全没有涉及。在某种程度上，这反映了公元前1世纪早期哲学活动的特征，但是很显然西塞罗没有波西多尼乌斯那么广泛的兴趣。

从现代视角看，西塞罗的哲学作品有很多其他的缺点。它们冗长、絮叨，有时候很模糊，希腊思想的精微之处经常消散在不时出现的长句里。但是我们应该用西塞罗成就的东西，而不是我们希望他成就的东西来评价他。他并没有期待那些哲学专家放弃希腊原文，只去阅读他的作品。他的哲学是衍生性的，他也承认这一点。但是西塞罗对希腊化哲学系统的理解比人们通常认为的要多得多，他也很擅长严谨地追随复杂的论证。他用拉丁语写作本身已经是一个可观的成就了，因为他需要找到新的方法去表达那些拉丁语本身没有提供现成表达的观念。他不可能完全成功，但是他开创了把拉丁语变成一种高度有效的哲学语言的道路。他反对教条主义理论的那些带有怀疑派色彩的批评，虽然缺乏原创性，但是与塞涅卡和之后的罗马作家的哲学进路形成了巨大的反差。

如果我们因此产生了西塞罗是一个严格的怀疑派的印象，那就错了。作为一个法学家，他善于把某个立场的支持和反对意见都列举出来，但是毫无疑问的是，他在《论义务》这部影响最大的作品中表现出来的那种人性的斯多亚主义代表了他本人同意的观点。哲学对于人类行为的意义是西塞罗最关心的事情。我们也不该忽略他的早期政治作品《论共和国》与《论法律》的重要性，在里面他探讨了斯多亚学派的自然法和自然正义。大体上是因为西塞罗，这些观念才得到了罗马法学家的支持，并且罗马的教父们使它们在西方文化中确立了新的基础。[1]

---

[1] 参见 Gerard Watson, "The Natural Law and Stoicism," in *Problems in Stoicism*, ch. 10。

第六章　希腊化哲学与古典传统

西塞罗在古代晚期和之后的影响只是希腊化哲学为古典传统所做贡献的一个方面。斯多亚学派、怀疑派和伊壁鸠鲁学派的历史从公元前4世纪的希腊开始，延伸到了整个地中海世界和整个罗马帝国，直到欧洲文艺复兴以及之后。柏拉图和亚里士多德的影响更加深远和持久，但是在最宽泛的意义上没有那么普遍。每个人都知道"斯多亚的""怀疑论的"和"伊壁鸠鲁的"是什么意思。首先是通过西塞罗和塞涅卡，之后是通过普鲁塔克、卢克莱修、第欧根尼·拉尔修和塞克斯都·恩皮里科，希腊化思想的主要观点在文艺复兴时期得以复兴。在这个时期，人们从希腊化哲学之中寻找道德指引，也寻找理解当时宗教和科学争论的洞见。中世纪和今天之前的两个世纪，因为明显不同的原因，希腊化哲学没有得到那么多关注。但是本书讨论的很多观念，特别是斯多亚学派的概念，发挥着持续而非间断性的影响。

这个主题非常巨大和难以把控，在这里我只能给出一个关于最重要特征的概要。我需要在开始强调，对希腊化哲学带有充分批判性和历时性的考察是在过去一百年里才发展起来的。在本章中我首先关注的是那些把斯多亚学派、怀疑派和伊壁鸠鲁学派当作古典传统中的重要部分的作家和学者。我们首先来看看希腊化哲学对罗马帝国的思想和文学做出了什么贡献，接下来看看它对 16 和 17 世纪的影响。

在公元后的两个世纪里，斯多亚学派是罗马世界中有教养的异教徒中的主导哲学，它获得成功的原因也不难理解。斯多亚学派可以容纳罗马传统中很多关于人类卓越的看法，并且给这些看法提供理论基础或补充，而不仅仅是依赖习俗和历史事例。小加图的人生和死亡表明作为一个罗马人**和**一个斯多亚主义者意味着什么。他出于爱国在乌提卡（Utica）自杀，这个举动被共和派大加赞赏，小加图成了很多人赞颂的对象。卢坎在他的史诗《内战》中赞美他，这个例子毫无疑问帮助了斯多亚学派在公元 1 世纪的罗马贵族中传播。这个时期所谓的斯多亚学派对元首制的反对，主要原因并非他们的道德理论，而是因为政治保守主义和元老院的独立性。那些最敢说话的皇帝的反对者是斯多亚主义者也绝非偶然。但是在公元 2 世纪中叶，一位斯多亚学派的成员，马可·奥勒留坐上了皇帝的宝座。这是一个令人惊讶的成就，虽然不可否认的是，马可·奥勒留更多是一个气质上的斯多亚主义者，而不是信仰上的。

正是塞涅卡、爱比克泰德和马可·奥勒留的斯多亚主义，对后世作家产生了最大的影响，斯多亚学派由此成为了最重要的实践道德学说。塞涅卡写道，"真正的哲学是人性的教师"（*Ep.* 89.13）。在他最好的散文作品《致卢希利乌斯的道德书信》（*Moral Letters to Lucilius*）中，塞涅卡试图用斯多亚学说来给他的通信对象提供道德教育。《道德书信》并不是斯多亚学派的道德传单，塞涅卡在里面经常引用伊壁鸠鲁主义的准则，也会引用其他哲学家，特别是柏拉图。但是斯多亚主义者是 *nostri*（我们自己的哲学家），塞涅卡比较详细地讨论了一些核心的斯多亚学说。但是他的主要关注是给出建议和劝导。斯多亚主义因为其原则可以给人的心灵和人生带来好处而得到赞赏。塞涅卡没有时间关注逻辑学和纯理论知识。"想要知道比充分的知识更多是一种放纵。这种自由的学习会让人疲惫、战栗、冒失和自满；他们不会学到需要的东西，因为他们已经知道了多余的东西。"（*Ep.* 88.37）斯多亚学派当然总是强调他们的研究主题与实践伦理相关。但是塞涅卡和罗马的其他斯多亚主义者对"哲学"的理解比他们的希腊前辈更加局限和严格。

缓和斯多亚学派僵化的理智主义始于帕奈提乌斯。像塞涅卡和爱比克泰德这样的罗马斯多亚主义者追随他的指引，也强调进步而非完美，对人类的可错性做出让步。这样斯多亚主义就变得更加温暖，也更能够体贴人类本性的情感方面。但是与此同时，它也不再是一个复杂的概念系统。在公元 1 世纪，斯多亚学派与犬儒学派走得更近了。犬儒学派在公元前 2 世纪和 1 世纪相对而言不那么重要，但是罗马帝国早期的文献显示了犬儒学派的强势复兴。一个叫德米特里乌斯（Demetrius）的犬儒严厉斥责财富和奢侈，塞涅卡很仰慕他。在那个时代，做一个犬儒意味着什么（当时有很多江湖骗子）可以从迪奥·克里索斯托姆（Dio Chrysostom, 40—112）发表的演讲里了解到。迪奥在富足的环境里长大，是希腊著名的演说家和智者，他花了 14 年时间在巴尔干和小亚细亚游荡，直到得到内尔瓦（Nerva）皇帝的赏识。他靠卖苦力或许还有乞讨为生。他的演讲是传统的犬儒主义纲领，在很多演讲中第欧根尼都被奉为典范。迪奥把自己看作一个精神科医生，治疗思想上的疾病，他的方法就是告诉人们幸福来自自足和品格的力量，而不是财富、名声和身体的快乐。

乞讨的生活方式和犬儒学派赋予贫穷和言论自由的价值，还有在一些情况下肮脏的外表和无礼的举止，都是斯多亚学派反对的。爱比克泰德虽然批评犬儒学派的"无耻"展示，但是也把"真正的犬儒"看作"宙斯派给人类的信使，告诉人们在好与坏的事情上走上了歧途"（III.22, 23）。像爱比克泰德这样的斯多亚主义者没有接受犬儒学派的外部特征——在大街上宣扬自己的理论、拿着棍子和破包在城镇之间流浪，但是犬儒派试图灌输给人们的那种内在的自由，却是爱比克泰德最喜欢的主题之一。他对艰苦和禁欲的强调也同样是犬儒式的。

不仅是塞涅卡和爱比克泰德在道德上的热切，影响了那些把罗马的斯多亚主义称为宗教的人——这个说法带有一些误导性，但是我们也不该忽略，塞涅卡、爱比克泰德和马可·奥勒留在提到"宇宙""自然"或"神"的时候，那些语境中的宗教语言和宗教感觉。这些都和早期斯多亚学派没有任何不一致，克里安特斯的诗歌表明那个系统可以给真正的宗教经验提供基础。但是在希腊化世界的斯多亚主义者中间，克里安特斯非常不同寻常——即便考虑到我们证据的不足也是如此。宗教热情出了名地难以界定，但是在罗马帝国早期的异教思想有一个宗教性的维度，可以将它与希腊化世界的哲学区别开来。普鲁塔克在这方面是一个典型的晚期思想家。传统的斯多亚学派试图将他们关于自然和神的学说与希腊罗马宗教里的神祇统一起来。但是我们在罗马斯多亚学派的著作里几乎看不到这样的迹象。他们关于至高存在的观念几乎都是一神论的，即便不是正式的一神论。爱比克泰德把神称为人类之父。在塞涅卡那里，神是一个很有弹性的观念，但是他毫不怀疑神的仁慈和对人类的关心。"神接近人，不，关系比这更近：他进入人。没有神就没有任何心灵能是好的。在人的身体里散布着神圣的种子。"（*Ep.* 73.16）这样的说法不可能不给基督教作家留下深刻的印象，除此之外，在塞涅卡和爱比克泰德的斯多亚主义里面还有很多其他的东西是基督教作家认为亲切和有教益的。

雅典的斯多亚学派在形式上继续存在到公元529年，直到查士丁尼（Justinian）皇帝关闭了雅典的四所哲学学园。但是斯多亚学派实际的生命在三个多世纪以前就已经结束了。当基督教开始在帝国境内迅速传播的时候，柏拉图主义在异教知识分子中间的复兴也威胁到了斯多亚学派作为一个独立哲学运动的生存。普罗提诺（205—270）在对柏拉图主义的新阐释中吸收了斯多亚学派和亚里士多德主义的概念，使新柏拉图主义成为基督教在4世纪的重要对手。但正是基督教帮助斯多亚学派的观点保持流行，斯多亚学派也和更加显著的柏拉图主义一起对基督教的教父们产生了重要的影响。

对于像亚历山大里亚的克莱门特（150—216）这样的早期教父来讲，证明基督教高于希腊哲学是至关重要的任务。但是克莱门特对异教哲学家的官方驳斥，远不如他对斯多亚主义和柏拉图主义学说的正面使用那么惊人。他把斯多亚学派的逻各斯看作"上帝之言",赞成对情感冲动的压制,虽然将拯救看作伦理学的基础但同时将基督徒的生命看作"理性行动的集合,也就是不变地实践上帝之言的教导,我们将这称为信仰"(《教师》[*Paedagogus*] I.102.4 Stählin)。罪人就像斯多亚学派说的"愚人",是无知的。我们看到克莱门特使用了斯多亚式的论证来证明上帝爱人(*SVF* II.1123)。克莱门特熟知希腊文献,他提到或者吸收的斯多亚学派观点是正统的一部分。在所有的基督教教父中,克莱门特是斯多亚学派的理论最有价值的资料来源。

在罗马教父中,也可以看到类似的对斯多亚学派的模糊态度。德尔图良(Tertullian)强调哲学家与基督徒之间的差别,但是他说塞涅卡"经常是我们中的一员"(*saepe noster*)。塞涅卡是一个改宗的基督徒这个传说,很可能是中世纪晚期出现的,但是在4世纪很多基督徒都阅读他的作品并且非常敬重他,这一点使得我们可以不无道理地认为他认识圣保罗并且和他通信。① 圣哲罗姆(St. Jerome)在392年引用了据说来自塞涅卡的信件。这些信件极大地扩大了塞涅卡改宗的说法。当希腊文本在帝国西部不再广泛传播之后,西塞罗的《论义务》保证了斯多亚道德理论的存续。爱比克泰德的《手册》在帝国东部代替了塞涅卡的地位,在阿拉伯文的作品中,也可以看到他作品的痕迹。

我们已经简要考察了伊壁鸠鲁学派在罗马帝国的命运(本书 pp. 17ff.)。在公元200年之前,伊壁鸠鲁学派一直是斯多亚学

---

① 参见 A. Momigliano, "Note sulla leggenda del cristianesimo di Seneca", *Rivista storica italiana*, vol. 62 (1950), pp. 325-344。

派的主要对手，但是它在文学和思想上的影响力要弱得多。伊壁鸠鲁主义在古代总是一种向内观察的理论，帝国晚期它在东部省份的兴盛程度要超过更加罗马化的西部。就我们的证据所及，这个学派没有诞生可以与塞涅卡或爱比克泰德比肩的人物。在伊壁鸠鲁学派的历史中，它首先都是伊壁鸠鲁本人的哲学，在后代作家那里，他的名字比斯多亚学派的创始人芝诺的名字出现得还要频繁。伊壁鸠鲁的学说传播广泛。第欧根尼·拉尔修在他的《明哲言行录》里分配给伊壁鸠鲁的篇幅之大，虽然不能说明第欧根尼本人是一个伊壁鸠鲁主义者，但是足以说明公元3世纪的读者对这个体系有很大的兴趣。尤其值得注意的是，第欧根尼在写作伊壁鸠鲁的时候，放弃了他通常的做法，没有写下八卦轶事或者简略的摘要，而是抄录了伊壁鸠鲁本人的三部作品，以及《基本要道》。

普鲁塔克是异教作家里最多产的伊壁鸠鲁主义和斯多亚主义的批评者。基督教教父对伊壁鸠鲁也怀有敌意，但是这种敌意并没有人们预想的那么大。拉克唐修和奥古斯丁都经常提到伊壁鸠鲁，有时候还会给他有限的赞成。与文艺复兴时期那些批评伊壁鸠鲁主义的人不同，他们比较了解这个哲学系统，知道伊壁鸠鲁并非主张无条件的感官欲望。但是伊壁鸠鲁的神学和他对灵魂有朽性的坚持本身就足以引起教会的反对了。

晚期罗马帝国的思想有着非常多样的形式。我们需要记住很重要的一点，在那个时代学术研究与迷信并存，科学并不是被宗教突然革除的。盖伦、托勒密（Ptolemy）、普罗提诺、普罗克洛斯（Proclus），以及从阿弗洛狄西阿斯的亚历山大到辛普里丘的诸多伟大的亚里士多德注疏家,他们的作品保存和扩展了希腊哲学和科学的古典遗产。但是这个传统从来没有在罗马扎下坚实的根基。从公元4世纪开始,拜占庭世界成了之后千年希腊学术和文学的主要蓄水池。

怀疑论在亚历山大里亚的复兴始于埃内希德慕斯(参见本书p. 76),在大约公元2世纪末塞克斯都·恩皮里科的作品中达到高峰,这段历史也必须被看作东部帝国思想史的一部分。塞克斯都对怀疑派论证的详细呈现,以及他对教条主义者的批判意味着他对哲学的看法非常不同于罗马作家那种道德化的关注。怀疑论在古代从来都不是一个流行的运动,塞克斯都在文艺复兴晚期产生的影响超过了任何其他时代。但是两个拉丁教父,拉克唐修和奥古斯丁很熟悉西塞罗的《论学园派》,大体上是从他们对学园怀疑派截然不同的评价中,中世纪的人们了解了一些怀疑派的观点。拉克唐修认为学园派对一切正面哲学理论的批判是基督教信仰的有益开端。这个立场在他的《神圣原理》第三卷得到了阐明,这也预见了很多文艺复兴思想家用怀疑论作为信仰主义的基础。另一方面,奥古斯丁在他写于386年的早期作品《驳学园派》中攻击怀疑论。对奥古斯丁来说,回应怀疑论的方法是基督教的启示,但是他的批判作品,连同其中对柏拉图的赞成,并没有掩盖一个事实:怀疑论给年轻的奥古斯丁留下了深刻的印象。

中世纪的西欧对斯多亚学派的道德思想有所了解,是因为西塞罗、塞涅卡和拉丁教父提供了资料。9世纪和10世纪塞涅卡作品的抄本数量,证明了他的作品引发的兴趣,西塞罗的很多哲学著作在这个时代也为人所知,虽然它们产生巨大影响的时代始于彼得拉克（Petrarch）和其他的意大利人文主义者。康切斯的威廉（William of Conches）在 12 世纪写了《道德哲学学说》(*Moralium dogma philosophorum*)，这本书的基础就是西塞罗的《论义务》和塞涅卡的作品。它们也是罗吉尔·培根（Roger Bacon）和其他一些重要的中世纪作家最喜欢的古代作家。但是直到文艺复兴，希腊化哲学才重新出现，并对西方的思想产生了主要的、形塑性的影响。在 16 世纪初，由于一系列复杂环境的结合——其中包括了宗教改革、强调修辞学和道德哲学而非经院逻辑和神学的人文主义课程、印刷文本，以及重新发现柏拉图和其他希腊作家——人们开始更加集中地研究像西塞罗和塞涅卡这些熟悉的作家，那些新近重新发现的作家也得以流行，这里面就包括了爱比克泰德、普鲁塔克、第欧根尼·拉尔修这些与我们的主题密切相关的人物。卢克莱修和塞克斯都·恩皮里科的流行还要更晚一些。

文艺复兴学者对于古代哲学的研究是高度兼收并蓄的。通过库萨的尼古拉（Nicholas of Cusa）、马西利奥·费奇诺（Marsilio Ficino）和皮科·德拉·米兰多拉（Pico della Mirandola），新柏拉图主义在 15 世纪的意大利经历了复兴，之后又有了新斯多亚主义、新伊壁鸠鲁主义和新怀疑论。但是将这些描述用在 16 世纪的人物身上带有误导性。他们阅读希腊和拉丁作家的主要目的是道德教化，斯多亚主义的、柏拉图主义的和亚里士多德主义的看法经常被放到一起，并且与基督教的教义结合。在《基督教君主的教育》(*The Education of a Christian Prince*) 中，伊拉斯谟（Erasmus）写道："成为哲学家与成为基督徒事实上是同义词，即便不是在名字上"，哲学家可能是柏拉图或者西塞罗，塞涅卡或者苏格拉底。① 斯多亚主义不可能被简单地与文艺复兴文化的其他构成要素分割开来。但是它在这个时代的重要性非常明显，我们还是可以无须冒过度简化的危险来讨论一些事实。

塞涅卡享受着巨大的声望，斯多亚学派的其他主要资料来源是西塞罗、爱比克泰德和普鲁塔克。安布罗基奥·特拉维尔萨利（Ambrogio Traersari）在 15 世纪早期的拉丁语译本，让第欧根尼·拉尔修被人了解，② 但是第欧根尼对希腊斯多亚学说的重要概括，在修辞的华丽程度和实践的道德教育方面，都不如罗马的斯多亚主义者。伊拉斯谟虽然不像加尔文（Calvin）那么欣赏塞涅卡，但还是在 1515 年出版了一卷塞涅卡的著作，1529 年又出版了第二卷，在 1580 年之前重印了很多次。加尔文本人将塞涅卡称为"伦理学大师"，他写了《论仁慈》（De clementia）的注疏。特林卡维利（Trincavelli）在 1535 年完成了爱比克泰德全集的编辑。在此之前《手册》已经通过波利提安（Politian）的翻译广为人知，这个版本在 1495 年首次出版，在 1540 年之前在斯特拉斯堡、威尼斯、纽伦堡、巴塞尔和巴黎以希腊文和拉丁翻译对照的方式多次重印。马可·奥勒留的第一个版本 1558 年出现在苏黎世。

文艺复兴作家经常思考斯多亚学派对人类自然中的理性的强调。莫尔（More）的乌托邦将德性定义成依据自然生活，用斯多亚学派的方式阐释的"自然的生活"就是"由理性来统治欲求什

---

① Erasmus, *The Education of a Christian Prince*, trans. L. K. Born, New York, 1936, p. 150.
② R. Sabbadini, *Le scoperte dei codici Latini e Greci II*, Florence, 1914, pp. 262f. 提到了一个在 10 到 13 世纪流传的更早的拉丁版本。我感谢格里菲斯（A. C. Griffiths）提醒我注意这个，以及其他一些我在本章中讨论到的问题。

么、反对什么"(pp. 121f. ed. Goitrim)。纪尧姆·布德(Guillaume Budé)利用塞涅卡的《论灵魂的平静》(De tranquillitate animi),在1520年发表了自己的著作《论蔑视来自命运之物》(De contemptu rerum fortuitarum)。另一部斯多亚主义在其中发挥了重要作用的英文著作是理查德·胡克(Richard Hooker)的《论教会政治体的法律》(Of the Laws of Ecclesiastical Polity, 1594)。但是也有更多值得注意的试图将斯多亚主义与基督教结合的尝试。比利时的人文主义者尤斯图斯·利普修斯(Justus Lipsius)最重要的学术著作是编辑了塔西佗(Tacitus)的作品,他还开始了一项浩大的对塞涅卡的注疏工作,但是没能在死前完成。他在1583年出版的《论坚毅》(De constantia)中表达了对斯多亚学派的兴趣(这部作品后来非常流行),他对塞涅卡注疏的完成部分,在1605年到1652年出版了五版。其中包括了两篇关于斯多亚主义的论文《斯多亚哲学手册》(Manuductio ad Stoicam philosophiam)和《斯多亚主义的物理学》(Physiologiae Stoicorum)。在后一篇作品中,利普修斯分析了斯多亚学派的形而上学,并且在可能的地方引用《圣经》来证成斯多亚主义。与此相似,《手册》也不是一部中立的对斯多亚伦理学的概述。利普修斯的关注点在于表明斯多亚主义——主要是塞涅卡和爱比克泰德的道德学说,可以被看作是基督教信仰的有益补充。但是在追求这个目的的过程中,利普修斯为自然宗教和世俗道德打开了大门。他主张人通过理性的生活模仿上帝,这样他就对基督教做出了理性主义的阐释,像伊拉斯谟和蒙田(Montaigne)那样的人们会认为这是需要反对的倾向。

利普修斯的斯多亚主义在与他同时代的法国人纪尧姆·杜

维尔（Guillaume du Vair）那里可以看到有趣的相似之处。杜维尔接受了法学训练，他写了三部作品旨在表明斯多亚主义作为一种人生哲学的价值：《斯多亚主义的道德哲学》（*La philosophie morale des Stoïques*，在 1664 年由查尔斯·考顿［Charles Cotton］翻译成英文）、《论公共灾难中的坚毅与安慰》（*De la constance et consolation ès calamités publiques*，在 1602 年由安德鲁·科特［Andrew Court］翻译成英文，题目是《逆境的防卫》［*A Buckler against Adversities*］）和《神圣的哲学》（*La sainte philosophie*）。杜维尔承认斯多亚学派的理性必须要由信仰加强，想要达到完美需要上帝的帮助。但是他将道德错误的根源追溯到错误的判断上，强调要让灵魂脱离充满激情的状态。他还将人类的好定义为"健康的理性，即德性"。

从印刷的塞涅卡、爱比克泰德和马可·奥勒留的作品来看，文艺复兴时期的斯多亚主义在 1590 年到 1640 年间在法国、德国和意大利最为流行。① 但是在接下来的一百年里它的影响依然强大。在《论牧师的关爱》（*Discourse of the Pastoral Care*, 1692）中，吉尔伯特·伯奈特（Gilbert Burnet）推荐牧师们去阅读爱比克泰德和马可·奥勒留，认为他们的著作中"包含的教导，怎么读、怎么思考都不嫌多"②。在英格兰，在安妮女王（Queen Anne）的统治下，人们对加图展现出了巨大的世俗兴趣。对这位罗马斯多亚圣徒的崇拜不是什么新鲜事。通过普鲁塔克的《加图

---

① 参见 J. Eymard d'Angers, "Le Renouveau du stoicisme au XVI et au XVII sickle," *Actes du 7 Congrès Guillaume Budé*, Paris 1964, pp. 122-155。

② 转引自 M. L. Clarke, *Classical Education in Britain 1500—1900*, Cambridge, 1959, p. 169。

传》和其他的古代资料，加图成为文艺复兴时期的杰出英雄，但是在 18 世纪早期的英格兰，他被用作政治"自由"和道德德性的象征。关于艾迪森（Addison）的悲剧《加图》（Cato, 1713），波普（Pope）给约翰·卡里尔（John Caryll）写信说道："我怀疑没有任何戏剧像它一样立刻产生道德效果。"① 辉格党和托利党都宣称加图可以支持他们的原则，乔纳森·斯威夫特（Jonathan Swift）似乎有意识地将自己塑造成一个罗马的斯多亚主义者。② 英国"奥古斯都时代"（18 世纪早期）的作家们尤其仰慕罗马共和国，加图正是他们新古典理想的焦点。

正如我提到的（本书 p. 208），斯多亚学派的哲学影响在斯宾诺莎和康德那里表现得非常明显。有两位英国哲学家的作品也要从这个角度去理解，一位是沙夫茨伯里伯爵，另一位是巴特勒主教。

伊壁鸠鲁比斯多亚学派更晚复兴。16 世纪的宗教、道德和思想潮流都反对那种包含着快乐主义和经验主义这两大原则的哲学，"伊壁酷儿"（Epicure）从这个时期开始被当作追求感官欲望满足的约会。另外值得注意的是，不同于塞涅卡，卢克莱修在中世纪几乎不为人所知。最老的抄本（Oblongus）虽然来自 9 世纪，是波吉奥（Poggio）在 1417 年重新发现了卢克莱修的文本，让这位诗人被文艺复兴时代所知。1473 年在布雷西亚出现了第一个印刷版，1564 年兰比努斯（Lambinus）的重要文本和注疏出版。但

---

① Alexander Pope, *Works*, eds. Elwin and Courthope, vol. VI, London, 1871, p. 182.
② 参见 J. W. Johnson, *The Formation of English Neo-classicall Thought*, Princeton 1967, pp. 101f.。

是直到 1675 年才有拉丁文版的伊壁鸠鲁著作出现在英国。对伊壁鸠鲁和卢克莱修的兴趣在意大利、法国和德国发展得更为迅速，但是劳伦提乌斯·瓦拉（Laurentius Valla）充满同情的讨论（《论快乐作为真正的好》[*De voluptate ac vero bono*]，1431）在 17 世纪之前非常罕见，而且瓦拉并没有读过卢克莱修。

让伊壁鸠鲁主义变得受人尊重，同时也开启了人们对伊壁鸠鲁主义兴趣的人是皮埃尔·伽桑狄（1592—1655）。他是一位天主教神父，后来在巴黎的皇家学院担任数学教授，并以这个身份结束了他的职业生涯。和笛卡尔一样，伽桑狄也坚决反对亚里士多德主义的经院哲学，但是他反对的方向与笛卡尔大不相同。和他同时代的很多法国人一样，伽桑狄也受到古代怀疑论的影响，他的"皮浪主义"学习帮助他确定了要在感觉而非理性主义的"我思"（*cogito*）中寻找真理的标准。

在 1647 年，伽桑狄出版了他的《伊壁鸠鲁的生平与道德》（*De vita et moribus Epicuri*），两年之后又出版了《第欧根尼·拉尔修第十卷的修订与伊壁鸠鲁哲学的构成》（*Animadversiones in decimum lihrum Diogenis Laertii et pltilosopltiae Epicuri syntagma*）。《生平》是新伊壁鸠鲁主义最重要的作品，在里面伽桑狄努力捍卫伊壁鸠鲁的生平与学说，反对一切古代和现代的批评。伽桑狄对第欧根尼·拉尔修作品第十卷的注疏是一部非常重要的学术著作，他很好地理解了伊壁鸠鲁的主要学说。但是伽桑狄并没有把自己当作一个中立的学者去理解伊壁鸠鲁。他对亚里士多德和笛卡尔都持批判态度，却在伊壁鸠鲁主义中发现了科学启蒙的曙光可以依赖的哲学系统。但是作为一个基督徒，他不可能不做修正地接受古代的伊壁鸠鲁主义。他引入的主要变化很有趣地说明了一个人如何能够既是一个虔诚的天主教徒，又是一个自由的思想家。伽桑狄拒斥伊壁鸠鲁的神学。根据他的阐释，宇宙不是原子的偶然结合，而是神圣之善的表现，原子是上帝创造的，数量并非如伊壁鸠鲁所说是无限的。只有上帝是无限的，原子的运动显示了秩序和神意。

伽桑狄对伊壁鸠鲁主义的大力推介在17世纪的科学中产生了什么实际效果，我们不可能在这个简短的综述中评价。可以确定的是，他对伊壁鸠鲁主义从法国到英国的复兴，产生了重要的影响。在他出版《生平》之前两年，另一个法国人让·弗朗索瓦·萨莱森（Jean François Saresin）出版了《论伊壁鸠鲁的道德》（*Discours de morale sur Epicure*），这两卷著作利用了沃尔特·查尔顿（Walter Charleton）的《伊壁鸠鲁的道德》（*Epicurus's Morals*, 1656），后者是保存至今最早的由英国人撰写的关于伊壁鸠鲁的著作。查尔顿是英国圣公会高教会派（High-church）的医生，他的作品对伊壁鸠鲁主义的伦理学给出了非常流行的辩护。但是那时依然没有对卢克莱修诗作的英文翻译。约翰·艾福林（John Evelyn）在查尔顿出版自己著作的同一年，用诗体翻译了《物性论》的第一卷。但是不管是查尔顿还是艾福林都没有促成伊壁鸠鲁主义在英格兰的流行，这个功劳要记在托马斯·克里奇（Thomas Creech）、约翰·德莱登（John Dryden）和威廉·坦普尔爵士（Sir William Temple）身上。

克里奇的重要性在于，他在1682年出版了卢克莱修的英译本（牛津大学出版社）。至此伊壁鸠鲁主义最详细的论述终于有了英译本，克里奇用强健的英雄格诗体翻译，这个译本立刻获得了成功。克里奇在他的前言里隐藏了对伊壁鸠鲁任何明显的同情。和之前写作有关卢克莱修的作者一样，他也承认"颠覆伊壁鸠鲁前提的最佳方法……就是将整个系统置于公众面前"。但是在复辟时期的英格兰，思想氛围是反对卢克莱修和伊壁鸠鲁的。1685 年德莱登在他的《杂论第二集》(Second Miscellany) 中选录了一些对卢克莱修的诗体翻译，德莱登的名声进一步激发了人们对这位伊壁鸠鲁主义诗人及其学说的兴趣。与克里奇一样，德莱登小心地区分了翻译卢克莱修与认同他的理论。但是在同一年，很有影响力的坦普尔公开认可了伊壁鸠鲁主义的伦理学。《论伊壁鸠鲁主义的花园，或，在 1685 年论园艺》(Upon the Gardens of Epicurus; or, of Gardening, in the Year 1685) 是一个怪异的混合体，里面既有为伊壁鸠鲁主义所做的辩护，又有对 17 世纪园艺的讨论。坦普尔的辩护意图可以在下面这段富有激情的引文中看到：

> 我经常惊讶于人们普遍用如此尖刻和暴力的方式咒骂伊壁鸠鲁，他的智慧令人钦慕、他的表达极为得体、他的本性如此卓越、他的谈话令人感到甜蜜、他的人生充满节制，他的死亡坚定沉着，这些让他深受朋友的爱戴，获得学者的钦慕，赢得雅典人的荣誉。①

---

① Temple, *Works*, vol. III, London, 1757, p. 203.

在一段不长的时间里，因为查理二世（Charles II）和他圈子的支持，一种流行版的伊壁鸠鲁主义在英格兰非常流行。区分真正的伊壁鸠鲁主义与随处可见的误解变得非常重要，这一点可以在考利（Cowley）的诗作《花园》非常有趣的几行里面看到：

> 当伊壁鸠鲁教育这个世界，
> 快乐是最主要的好，
> （如果得到了正确的理解）……
> 不管谁是真正的伊壁鸠鲁主义者，
> 他都会在那里［指花园］获得廉价和充满德性的奢侈。

但是反击来得很快，理查德·布莱克摩尔爵士（Sir Richard Blackmore）在 1712 年写了一首枯燥乏味的诗《创世：一首证明上帝存在和拥有神意的哲学诗》。① 间接的批评和影响就更难判断了。从霍布斯（Hobbes）到吉本（Gibbon）的英国作家都了解这些批评，约翰·斯图尔特·密尔（John Stuart Mill）将伊壁鸠鲁主义看作一种较早的、不够充分的功利主义。

关于斯多亚主义和伊壁鸠鲁主义的哲学和文学影响都还有很多工作要做。古代怀疑论在文艺复兴时期相当流行，理查德·波普金（Richard Popkin）在他的著作里表明了怀疑论对哲学和宗教思想的直接影响。② 在希腊化世界，是因为存在相互矛盾的哲学

---

① 法国红衣主教梅尔基奥·德波利尼亚克（Melchior de Polignac）写了一部更杰出的诗体论战作品《反卢克莱修》（*Anti-Lucretius*, 1745）。

② Richard Popkin, *The History of Scepticism from Erasmus to Descartes*, Assen, 1960.

244 体系，才让哲学上的怀疑得以繁荣。怀疑论者解决如何在斯多亚学派、伊壁鸠鲁学派和其他人之间做出判断的方法是，提出一系列论证表明任何体系都无法达到确定性和真理。之后，我们在拉克唐修和奥古斯丁那里看到，基督教思想家宣称对怀疑论的唯一充分回答是信仰和启示。但是不像奥古斯丁，拉克唐修认为有可能证明怀疑论是对的，从而表明哲学"智慧"是虚幻的。

在宗教改革时期，真理的标准本身成为问题，怀疑论被人们利用去打击对手，特别是天主教会这一方。伊拉斯谟在《论自由意志》(De libero arbitrio, 1524)中对路德的《圣经》阐释提出了怀疑论的批判，要求代之以对传统教会学说的虔诚接受。路德在充满激情的回应《论被奴役的自由》(De servo arbitrio, 1525)中指控伊拉斯谟颠覆了基督教：基督徒不可能是怀疑论者，"神圣的精神不可能是怀疑的精神"(spiritus sanctus non est scepticus)。波普金所说的"宗教改革的思想危机"激发了人们对古代怀疑论的新兴趣和对其重要性的新认识。在《愚人颂》(The Praise of Folly)中，伊拉斯谟带着肯定的语气提到学园派，① 但是塞克斯都·恩皮里科的皮浪主义才是最流行的，虽然到16世纪后半叶才广为人知。

塞克斯都作品的第一个印刷版是《皮浪主义纲要》的拉丁文译本，是亨利·艾斯提安(Henri Estienne，也就是斯特法努斯[Stephanus])1562年在巴黎出版的。几年之后，法国的反宗教改革者詹提安·埃尔维(Gentian Hervet)出版了塞克斯都全集的

---

① Erasmus, The Praise of Folly, trans. L. Dean, Chicago, 1946, p. 84.

拉丁译本，在巴黎和安特卫普印制。希腊文本在 1592 年由舒埃出版社（P. & J. Chouet）在科隆、巴黎和日内瓦印制。蒙田 1592 年去世，没有看到这个希腊文版，但是法国散文家很熟悉皮浪主义的论证，这一点可以在《雷蒙·塞邦的申辩》（*Apologie de Raimond Sebond*）这部对 17 世纪怀疑论影响巨大的作品中看到。蒙田使用了皮浪主义去质疑判断的所有客观标准。他用间接的方式"捍卫"塞邦，表明信仰而非理性论证，才是基督教的基础。靠神学推理不能达到确定性，因此塞邦的《自然神学》（*Natural Theology*）虽然被人批评为不能成立，但是不能被认为不如对基督教的任何其他理性证成。两段简短的引文足以阐明蒙田的皮浪主义。皮浪主义的彻底怀疑得到了认可，因为它：

> 将人呈现为赤裸的和空洞的，承认他的自然弱点，适合从上天接受任何不知道的力量，剥去了人类的知识，才更能够在他之中容纳神圣的知识，弃绝他自己的判断从而给信仰留下空间。①

在这里我们看到蒙田像伊拉斯谟和其他天主教思想家一样，把怀疑论在理性的层面上和对宗教的信仰联系在一起，将前者看作后者的手段。蒙田重述了很多传统的皮浪主义论证，反对人们依赖感觉经验或者科学知识，他总结道：

---

① P. Villey ed., *Les Essais de Michel de Montaigne*, Paris, 1922, p. 238.

> 为了判断我们从对象那里获得的表象，我们需要判断的工具；为了证实这个工具我们需要证明；为了证实证明我们又需要工具：所以我们是在循环论证。①

在法国下一代人中引发的"新皮浪主义"并不仅仅是由宗教争论引发的。为了反对亚里士多德主义的经院哲学、炼金术、占星术以及各种神秘体系，像帕拉凯尔苏斯（Paracelsus）、彭波那齐（Pomponazzi）和焦尔达诺·布鲁诺（Giordano Bruno）也催生了怀疑论。在17世纪早期，还没有什么东西可以被算作是科学的正统观念。现代科学还处在婴儿期，没有人能够预见它的最终发展。在本章中我们不可能考察古代怀疑论如何影响了法国的"自由派思想家"（libertins erudits）。我们只能说到，塞克斯都·恩皮里科对弗朗索瓦·德拉摩特·勒维尔（François de la Mothe Le Vayer）、加布里埃尔·诺德（Gabriel Naudé）和伽桑狄产生了巨大的影响。在17世纪下半叶，一批新的怀疑论者起来反对新的教条主义者，特别是笛卡尔。皮埃尔·贝尔（Pierre Bayle）代表了这种批判的顶峰，他在《历史和批判词典》（*Dictionnaire historique et critique*, 1697—1702）中给皮浪写的词条虽然带有一点反讽的意味，但是也有趣地说明了两千年前产生的皮浪主义：

> 如果我们真的理解了塞克斯都·恩皮里科的比喻，就会觉得这个逻辑是人类思维能够提出的最精妙的论证，但是我

---

① *Les Essais*, p. 366.

们同时也看到这种精妙性并不令人满意，它迷惑了自己，因为如果它是坚实的，就会证明一个人应该怀疑这件事是确定无疑的。那么就有了某种确定性，我们也就有了某种真理的规则……展开怀疑的理由本身是可疑的。我们必须怀疑是否一定要怀疑。这是怎样的混乱和对思想的折磨啊！这种不幸的境况最能说服我们理性是引向困惑的，因为当它沉浸在最精妙的东西里时却将我们抛入这样一个深渊。那么自然的结果应该是抛弃这个指引，寻求更好的。这是朝着基督教迈出的一大步，因为它希望我们从上帝那里获得我们应该相信和应该据以行动的真理，它希望我们将自己的理解变成信仰的顺从奴仆。①

贝尔试图破坏所有对世界的理性解释，而牛顿和他的追随者则为自然法则大声疾呼。自然法则就是理性的法则，对于很多18世纪的人来讲，整个宇宙和个人的道德感，显示了神圣造物主的工作。自然神论是当时科学和宗教状况的结果，但是它与斯多亚学派有着很强的概念联系——即便不是历史联系。正是在斯多亚学派那里，作为理性的自然第一次在以下两方之间建立了联系，一方是自然的因果关系与宇宙的和谐，另一方是道德福祉。在牛顿开启的那种思想氛围中，这个观念有了新的意义。牛顿在《光学》(*Opticks*)的最后这样写道：

---

① 转引自 Richard Popkin, "The Skeptical Precursors of David Hume," *Philosophy and Phenomenological Research*, vol. 16 (1955—1956), p. 65。皮浪主义对历史编纂学的影响，参见 A. Momigliano, *Studies in Historiography*, London, 1966, pp. 10ff.。

> 如果自然哲学在它的所有部分……可以在未来得到完善，那么道德哲学的约束也会扩大。因为如果我们可以通过自然哲学知道什么是第一原因，他有什么超过我们的力量，我们从他那里得到了什么好处，那么我们对他有什么义务，我们对他人有什么义务，也就可以通过自然之光显现出来。①

斯多亚学派也同样会同意在下面这段牛顿主义的通俗论述中表达的情感：

> 我们对自然的看法不管多么不完美，还是用最合理的方式向我们展示了在自然各处的巨大力量，它的力量和效果不会因为距离之远或时间间隔之长而有任何减弱，我们也看到了在精密的结构和最大与最小部分的运动中展示的智慧。完美的善性显然指引着它们，这些构成了哲学家思辨的最高对象。他在沉思和赞叹如此伟大的系统的同时，只能被激发去和自然的普遍和谐保持一致。②

如今这样的乐观主义看起来是完全错误的，但是在18世纪这是一种非常合理的态度，并且显示了斯多亚主义并非只具有历史价值。斯多亚学派在理性的基础上捍卫他们的系统，但是它的部分吸引力是美学和情感上的。一个人作为理性存在可以对宇宙的

---

① Newton, *Opticks*, III.1.31, 1st ed., 1704, reprinted ed. E. T. Whittaker, 1931.
② Colin Maclaurin, *An Account of Sir I. Newton's Philosoplaical Discoveries*（转引自 C. L. Becker, *The Heavenly City of the Eighteenth Century Philosophers*, Yale, 1932, pp. 62-63）。

秩序有所贡献，是它给西方文化留下的最重要的遗产之一。

希腊化哲学对欧洲文学和思想的影响在 1500 年到 1700 年达到了巅峰。在那之后这种影响就弥漫开来，很难用精确的方式简单讨论。直到 19 世纪中期罗马道德学家还被人们广泛阅读，但是在文艺复兴时期他们才被当作生活的指引。伊壁鸠鲁和塞克斯都·恩皮里科帮助促进了现代经验主义的发展，但是这个运动在 18 世纪早期获得了它自己的势能。由于很好的原因，学术界对柏拉图和亚里士多德的兴趣提升了，相比之下希腊化哲学家受到的关注有所下降。在德国，黑格尔主义的观念论影响了策勒在《希腊哲学史》对希腊化哲学的负面评价。策勒的权威地位影响了很多之后学者的态度。但首先也是德国学者，特别是策勒本人、赫尔曼·乌塞纳和汉斯·冯·阿尼姆，为批判性地理解斯多亚主义和伊壁鸠鲁主义奠定了基础。在 1891 年一位杰出的英国学者佩尔森（A. C. Pearson）出版了《芝诺与克里安特斯残篇》（*The Fragments of Zeno and Cleanthes*），那是在阿尼姆的《早期斯多亚残篇》出版之前 12 年。还有其他值得注意的英国版本，比如里德（J. S. Reid）编辑的西塞罗的《论学园派》（1885），希利尔·贝利编辑的《伊壁鸠鲁》（1926）和《卢克莱修》（1947），法克哈尔森（A. S. L. Farquharson）编辑的《马可·奥勒留》（1944）。但是整体而言，只有很少的英国和美国学者在第二次世界大战以前对希腊化哲学有很大兴趣。这段时间在英国只有两部批判性的研究具有持久的价值，一个是希克斯（R. D. Hicks）的《斯多亚学派与伊壁鸠鲁主义》（*Stoic and Epicurean*, 1910），另一个是贝利的《希腊原子论与伊壁鸠鲁》（*The Greek Atomists and Epicurus*,

1928）。盎格鲁－撒克逊在这个领域的学术成果远远落后于德国、意大利和法国的学者。

本书的参考文献，主要集中在英文作品，显示了这种情况在过去 20 年发生了变化。英国和美国的学者在希腊化哲学的很多方面都完成了重要的著作，因此这个领域在这两国获得了比以前高得多的尊重。在文化史的支持下，希腊化哲学始终都值得我们关注。但是在充分研究的基础上理解它在思想上的意义还不够普遍。依然有很多工作要做，去阐明不那么熟悉的主题，去证明亚里士多德之后的希腊哲学具有内在的价值。它的局限性和成就可以告诉我们很多关于我们自己的东西。

参考文献

主要的古代资料在第二、三、四章的第一部分做了简要的讨论。这些作者的现代版本在这个参考文献的第二部分列出，一些整体性的和背景性的资料在第一部分列出。参考文献的其他部分按照本书的章节书顺序安排。这里提到的有些作品没有在该章的注释中提到，参考文献也不是为了给出注释中提到的每本书或每篇文章的细节。我尽可能选择英语的现代著作，但是也包括了其他语种中特别有价值的研究。

一、整体性研究

哲学与科学

A. H. Armstrong ed., *The Cambrridge History of Later Greek and Early Medieval Philosophy*, Cambridge, 1967；主要关于新柏拉图主义和之后的发展；对于柏拉图学园和吕克昂学园在希腊化时代的情况做了很好的简要讨论。

H. C. Baldry, *The Unity of Mankind in Greek Thought*, Cambridge, 1965.

D. R. Dudley, *A History of Cynicism*, London, 1937.

R. D. Hicks, *Stoic and Epicurean*, New York, 1910；也讨论了怀疑派，有些地方很有启发，但是写作方式和细节讨论都已过时。

W. and M. Kneale, *The Development of Logic*, Oxford, 1962；对亚里士多德和斯多亚逻辑学做了很好的讨论。

S. Sambursky, *The Physical World of the Greeks*, London, 1956；包括了对斯多亚和伊壁鸠鲁物理学很有启发性的讨论。

E. Zeller, *Die Philosophie der Griechen*, vol. III, 5th ed., ed. by E. Wellmann, Leipzig, 1923；一个较早的版本由 O. Reichel 翻译，这一卷的标题是 *Stoics, Epicureans and*

Sceptics, London, 1880；几乎没有认识到斯多亚学派的成就，但依然是对希腊化哲学有用的概览性作品。

历史与文化背景

E. R. Dodds, *The Greeks and the Irrational*, Berkeley, 1951；包括了一个对希腊化世界哲学与宗教的引人入胜的简短讨论，不过在我看来对哲学家的评判略有不公。

W. S. Ferguson, *Hellenistic Athens*, London 1911.

N. M. P. Nilsson, *Geschichte der griechischen Religion*, vol. II, 2nd ed., Munich, 1961；关于希腊化宗教的最佳著作。

R. Pfeiffer, History of Classical Scholarship, vol. I, Oxford, 1968；对希腊化世界学者的杰出综合。

W. W. Tarn, *Hellenistic Civilization*, 3rd ed. revised by G. T. Griffith, London, 1952.

T. B. L. Webster, *Hellenistic Poetry and Art*, London, 1964.

二、主要的古代作者

这里提到的版本包括完整的注疏，除非另外说明。"洛布古典图书馆系列"为大多数作者提供了希腊文和英文对照的文本。我也提到了一些更晚近的平装本翻译。

Aurelius, Marcus (121-180 AD). *Meditations*, ed. and trans. A. S. Farquharson, 2 vols., Oxford, 1944；平装译本：trans. by G. M. A. Grube, Bobbs-Merrill, 1963.

Cicero (106-43 BC). *Academica*, ed. by J. S. Reid, London, 1885.

—— *De divinatione*, ed. by A. S. Pease, Urbana, 1920—1923.

—— *De fato*, ed. and trans. by A. Yon, Paris, 1950.

—— *De finibus honorum et malorum*, ed. by J. N. Madvig, with notes in Latin, 3rd ed. Copenhagen, 1876 (reprinted Hildesheim, 1965). Books I and II（对伊壁鸠鲁伦理学的概要和批判）ed. by J. S. Reid, London, 1925。

—— *De natura deorum*, ed. by A. S. Pease, 2 vols., Cambridge, Mass., 1955—1958；平装译本： trans. by C. P. McGregor, with introduction by J. M. Ross, Penguin Classics, 1972.

—— *De officiis*, ed. by H. A. Holden, 3rd ed., Cambridge, 1879.

—— *De republica*, ed. by K. Ziegler, Leipzig, 1960（只有文本）。

—— *Tusculan disputations*, ed. by T. W. Dougan and R. M. Henry, Oxford, 1905—1934; 部分翻译参见 *Cicero on the Good Life*（与《论友爱》[*De amicitia*] 和其他节选一起), trans. by M. Grant, Penguin Classics, 1971。

Diogenes Laertius（公元 3 世纪）. *Lives of Eminent Philosophers*, ed. by H. S. Long, 2 vols., Oxford 1964（只有简短注释）; 最好的是意大利语译本 M. Gigante, Bari, 1962。

Epictetus (c. 55-135 AD). *Discourses Recorded by Arrian*, ed. by H. Schenkl, 2nd ed., Leipzig, 1916（只有文本）; 洛布系列 W. A. Oldfather, 2 vols., 1925 的译本很好。

Epicurus（参见参考文献第三部分）

Galen (129-c.200 AD). *De placitis Hippocratis et Platonis*, ed. by I. Mueller, Leipzig, 1874（只有文本）; Latin trans. in edition by C. G. Kuhn, Leipzig, 1821—1833; Phillip de Lacy 正在准备一个新译本。

Lucretius (c. 94-55 BC). *De rerum natura*, ed. and trans. by C. Bailey, 3 vols., Oxford, 1947; 平装译本：trans. by R. E. Latham, Penguin Classics.

Plutarch (c. 46-121 AD). *De stoicorum repugnantiis* and *De communihus notitiis* 与普鲁塔克反伊壁鸠鲁主义的论著一起由 M. Pohlenz 编辑, 收于 Plutarch *Moralia*, vol. VI.2, revised by R. Westman, Leipzig, 1959（只有简短的注释）。对《驳克罗特斯》(*Against Colotes*) 的详细讨论参见 R. Westman, *Plutarch gegen Kolotes*, *Acta Philosophica Fennica*, VII, 1955。洛布版的 Plutarch, *Moralia* XIV, eds. and trans. by B. Einarson and Ph. De Lacy 收录了普鲁塔克反对伊壁鸠鲁学派的著作；反对斯多亚学派的作品正在由 Harold Cherniss 编辑和翻译。

Seneca (c. 5 BC-65 AD). *Epistulae morales*, ed. by L. D. Reynolds, 2 vols., Oxford, 1965（只有简单注释）; 平装选译本：trans. by R. Campbell, Penguin Classics, 1969.

Sextus Empiricus（公元 2 世纪）. *Outlines of Pyrrhonism* and *Against the Dogmatic Philosophers*, ed. by H. Mutschmann and others, Leipzig, 1914—1915（只有文本）; 洛布版中 R. G. Bury 的翻译有时候非常不准确；塞克斯都作品的选本：*Scepticism, Man and God*, ed. and trans. by Ph. Hallie, Middletown, Conn. 1964。

三、伊壁鸠鲁与伊壁鸠鲁学派

伊壁鸠鲁的著作和其他关于他生平与哲学的古代证据的标准合集是 H. Usener, *Epicurea*, Leipzig, 1887 (reprinted Stuttgart, 1966)。乌塞纳按主题排列了他的材料，从伊壁鸠鲁本人的作品开始，各个文本被连续编号，在本书中被称为 Us. 271 等。乌塞纳没有提供翻译，他也没有收录保存在赫库兰尼姆莎草纸中的伊壁鸠鲁作品残篇。后者的大部分材料已被收入 G. Arrighetti ed., *Epicuro Opere*, Turin, 1960，他还提供了意大利语翻译和有用的注释。这部作品即将推出第二版，是对乌塞纳的宝贵补充。第欧根尼·拉尔修所记录的伊壁鸠鲁的三封书信，其最佳文本是 P. von der Muehll, *Epicurus: Epistulae tres et ratae sententiae*, Stuttgart, 1923 (reprinted 1966)。另一个附带翻译和有益评论的版本是 C. Bailey, *Epicurus*, Oxford, 1926。

整体性研究

最权威的作品是 Bailey, *The Greek Atomists and Epicurus*, Oxford, 1928。

N. W. de Witt, *Epicurus and his Philosophy*, Minneapolis, 1954 以及 B. Farrington, *The Faith of Epicurus*, London, 1967 更有启发性，但没那么可靠。

J. M. Rist, *Epicurus: An Introduction*, Cambridge, 1972 问世于本书初稿完成之后，这是一部比它的标题更艰深的作品。

关于近期研究的参考文献以及伊壁鸠鲁主义许多方面的论文集，参见 *Actes du VIIIe Congrès Association Guillaume Budé*, Paris, 1969。

对特定主题的近期研究

关于伊壁鸠鲁的知识论，参见 D. J. Furley, "Knowledge of Atoms and Void," *Essays in Ancient Greek Philosophy*, ed. J. P. Anton and G. L. Kustas, New York, 1971, pp. 607-619 以及 A. A. Long, "Aisthesis, Prolepsis and Linguistic Theory in Epicurus," *Bulletin of the Institute of Classical Studies* 18 (1971), pp. 114-133。

关于宇宙论，参见 F. Solmsen, "Epicurus and Cosmological Heresies," *American Journal of Philology*, vol. 72 (1951), pp. 1-23 以及 "Epicurus on the Growth and Decline of the Cosmos," *American Journal of Philology*, vol. 74 (1953), 34-51。

关于不可分的大小这个很有争议的主题，参见 G. Vlastos, "Minimal Parts in Epicurean Atomism," *Isis*, vol. 56 (1965), pp. 121-147 以及 D. J. Furley, *Two Studies in the Greek Atomists*, Princeton, 1967，第一个研究。

关于神学，参见 A. J. Festugière, *Epicurus and his Gods*, trans. C. W. Chilton, Oxford, 1955 以及 K. Kleve, "Gnosis Theon," *Symbolae Osloenses*, suppl. 19 (1963)。

关于心理学，参见 D. J. Furley, *Two Studies in the Greek Atomists*, Princeton, 1967，

第二个研究，以及 G. B. Kerferd, "Epicurus' Doctrine of the Soul," *Phronesis*, vol. 16 (1971), pp. 80-96。

关于快乐，参见 P. Merlan, *Studies in Epicurus and Aristotle*, Wiesbaden, 1960，第一个研究。

晚期伊壁鸠鲁主义者

菲洛德慕斯：现存的许多材料极其零散，最重要的哲学文本是《论符号》(*De signis, On Signs*)，参见 Ph. De Lacy and E. A. De Lacy ed., and trans., *Philodemus: On Methods of Inference*, Pennsylvania, 1941；另参见 M. Gigante, *Ricerce filodemee*, Naples, 1969。

卢克莱修：关于他对伊壁鸠鲁主义的讨论，最好的研究是 P. Boyancé, *Lucrèce et l'Épicurisme*, Paris, 1963。

第欧根尼·奥伊诺安达：文本由 C. W. Chilton 编辑（Leipzig, 1967）；同一作者的翻译和注疏：*Diogenes of Oenoanda*, London, 1971。新的残篇由 M. F. Smith 发现并发表，"Fragments of Diogenes of Oenoanda Discovered and Rediscovered," *American Journal of Archaeology*, vol. 74 (1970), pp. 51-62; "New Fragments of Diogenes of Oenoanda," *American Journal of Archaeology*, vol. 75 (1971), pp. 357-89; "Two New Fragments of Diogenes of Oenoanda," *Journal of Hellenic Studies*, vol. 92 (1972), pp. 147-155。

四、怀疑派

最好的综合研究是 V. Brochard, *Les Sceptiques grecs*, 2nd ed., Paris, 1932 (reprinted Paris, 1959)。没那么详细，但更具哲学趣味的是 C. L. Stough, *Greek Skepticism*, Berkeley, 1969。

怀疑派哲学家

皮浪与提蒙：参见 Brochard, *Les Sceptiques grecs*。

阿凯西劳斯：H. von Arnim 简明扼要的优秀研究收于 Pauly-Wissowa, *Real-Enzyklopädie*, vol. 2, no. 1, article on Arkesilaos；另参见 O. Gigon, "Zur Geschichte der sogennanten neuen Akademie," *Museum Helveticum*, vol. 1 (1944), pp. 47-64。

卡内阿德斯：A. Weische 的文研究收录于 Pauly-Wissowa, suppl. 11, article on

Karneades；另参见 A. A. Long, "Cameades and the Stoic Telos," *Phronesis*, vol. 12 (1967), pp. 59-90。

埃内希德慕斯：关于他哲学的发展，一个有说服力的论述参见 J. M. Rist, "The Heracliteanism of Aenesidemus," *Phoenix*, vol. 24 (1970), pp. 309-319。

其他有帮助的现代研究

R Chisholm, "Sextus Empiricus and Modem Empiricism," *Philosophy of Science*, vol. 8 (1941), pp. 471-484.

Ph. De Lacy, "*Ou Mallon* and the Antecedents of Ancient Scepticism," *Phronesis*, vol. 3 (1958), pp. 59-71.

R. Popkin, "David Hume: His Pyrrhonism and his Critique of Pyrrhonism," *Philosophical Quarterly*, vol. 5 (1951), pp. 385-407.

五、斯多亚学派

早期斯多亚学派（从芝诺到塔苏斯的安提帕特）证据的标准合集是 H. von Amim, *Stoicorum Veterum Fragmenta* (*SVF*), 4 vols., Leipzig, 1903—1924 (reprinted Stuttgart, 1964)。多年来，这部作品证明了它的价值，但它现在需要修订。阿尼姆收录的一些材料对于确定克吕西普斯的观点是否有效值得怀疑，而且某些作家，特别是西塞罗和塞涅卡，所占比例不足。在使用这部合集时，我们始终需要考虑被摘录的每一个作者的背景和特点。

整体性研究

E. V. Arnold, *Roman Stoicism*, Cambridge, 1911 清晰且平衡，虽然有些过度简化且已过时，它对许多原文的引用尤其宝贵。

J. Christensen, *An Essay on the Unity of Stoic Philosophy*, Copenhagen, 1962；最有哲学深度的简要导论。

L. Edelstein, *The Meaning of Stoicism*, Cambridge, Mass., 1966；一本给人启发的小书，有时会造成误解。

M. Pohlenz, *Die Stoa*, 3rd ed., Göttingen, 1964, 2 vols.；关于斯多亚主义最全面的著作，在第二卷中有非常完整的注释。

芝诺

K. von Fritz, Pauly-Wissowa, *Real-Enzyklopädie*, suppl. 10A, article on Zenon of Kitium；一个新研究，关于芝诺的哲学背景尤其有趣。

克吕西普斯

E. Bréhier, *Chrysippe et l'ancien stoïcisme*, 2nd ed., Paris, 1950；一本很有想法、整体而言也很可靠的著作。

J. B. Gould, *The Philosophy of Chrysippus*, Leiden, 1971；有一些有用的讨论，但由于在选择证据上的僵化而有瑕疵。

详细讨论具体主题的作品

Victor Goldschmidt, *Le Système stoicien et l'idée de temps*, 2nd ed., Paris, 1969.

A. A. Long ed., *Problems in Stoicism*, London, 1971.

B. Mates, *Stoic Logic*, Berkeley, 1953.

J. M. Rist, *Stoic Philosophy*, Cambridge, 1969.

S. Sambursky, *The Physics of the Stoics*, London, 1959.

G. Watson, *The Stoic Theory of Knowledge*, Belfast, 1966.

第四章的注释已经引用了这些作品中的大部分和一些近期的文章。以下作品也很有价值：

Ph. De Lacy, "The Stoic Categories as Methodological Principles," *Transactions and Proceedings of the American Philological Association*, vol. 76 (1945), pp. 246-263.

R. P. Haynes, "The Theory of Pleasure of the Old Stoa," *American Journal of Philology*, vo. 83 (1962), pp. 412-419.

M. E. Reesor, *The Political Theory of the Old and Middle Stoa,* New York, 1951

M. E. Reesor, "Fate and Possibility in Early Stoic Philosophy," *Phoenix*, vol. 19 (1965), pp. 285-297.

六、帕奈提乌斯、波西多尼乌斯、安提奥库、西塞罗

第五章的注释引用了资料集和一些其他作品。

帕奈提乌斯：最全面的处理是 M. van Straaten, *Panétius, sa vie, ses écrits et sa doctrine*, Amsterdam, 1946。他在从没有提到帕奈提乌斯名字的文本中推断这位哲学家的观点上非常谨慎，这是正确的。帕奈提乌斯除了对西塞罗的《论义务》有一定的影响外，西塞罗的《论共和国》可能也借鉴了他（参见 I.34）。

波西多尼乌斯：M. Laffranque, *Poseidonios d'Apamée*, Paris, 1964 是一个谨慎又全面的研究；另一部有用的作品是 L. Edelstein, "The Philosophical System of Posidonius," *American Journal of Philology*, vol. 57 (1936), pp. 286-325。详细的参考文献，参见 Laffranque 的著作。波西多尼乌斯可能对其有影响的西塞罗作品是《论占卜》和《图斯库兰论辩集》。

安提奥库：参见第五章 pp. 222-228 注释中引用的作品。

西塞罗：第五章引用的 H. A. K. Hunt, *The Humanism of Cicero*, Melbourne, 1954 和 A. E. Douglas, *Cicero*, Oxford, 1968；还可以再加上 T. Petersson, *Cicero, A Biography*, Berkeley, 1920; J. S. Reid ed., *Academica*, London, 1885 的导论；S. E. Smethurst, "Cicero's Rhetorical and Philosophical Works: A Bibliographical Survey," *Classical World*, vol. 51 (1957), pp. 1-4, 24; "Cicero's Rhetorical and Philosophical Works, 1957—1963," *Classical World*, vol. 58 (1964), pp. 36-40, 42-45; "Cicero's Rhetorical and Philosophical Works, 1964—1967," vol. 61 (1967), pp. 125-133。

七、整体以及后世影响

关于塞涅卡、爱比克泰德和马可·奥勒留的斯多亚主义，M. Pohlenz, *Die Stoa*, Göttingen, 1964 以及 E. Zeller, *Philosophie der Griechen*, vol. III part 1(S. F. Alleyne trans., *A History of Eclecticism in Greek Philosophy*, London, 1883) 是很好的导论。关于罗马的犬儒派，参见 D. R. Dudley, *A History of Cynicism*, London, 1937。

下面的清单简要地选取了处理或涉及希腊化哲学对古代及后世影响的著作：

E. Barker, *From Alexander to Constantine*, Oxford, 1956.

M. L. Clarke, *The Roman Mind*, London, 1956.

S. Dill, *Roman Society from Nero to Marcus Aurelius*, 2nd ed., London, 1905.

P. Gay, *The Enlightenment*, London, 1967.

H. Haydn, *The Counter-Renaissance*, New York, 1950.

J. W. Johnson, *The Formation of English Neo-classical Thought*, Princeton, 1967.

P. O. Kristeller, *The Classics and Renaissance Thought*, Cambridge, Mass., 1955.

T. F. Mayo, *Epicurus in England*, New York, 1934.

R. Popkin, *The History of Scepticism from Erasmus to Descartes*, Assen, 1960.

C. B. Schmitt, *Cicero Scepticus: A Study of the Influence of the Academica in the Renaissance*, The Hague, 1972.

M. Spanneut, *Le Stöicisme des Pères de l'Eglise*, 2nd ed., Paris, 1969.

J. S. Spink, *French Free-Thought from Gassendi to Voltaire*, London, 1960.

L. Zanta, *La Renaissance du Stöicisme au XVI siècle*, Paris, 1914.

参考文献后记

本书最初的参考文献不可避免地带有选择性,并且有意偏重面向英语读者的出版物。作为本书原有范围和设计,我保留了原有的参考文献。我现在单独列出补充的资料,这有助于展现希腊化哲学在1974年以来的发展。在选择收录内容时,我试图纳入所有在我看来具有重要意义的研究,同时更多包括了那些较短篇幅的出版物,它们为一些讨论成果颇丰的哲学问题做出了贡献。

在过去的几年里,出现了一些专攻古代哲学的期刊:*Ancient Philosophy* (Duquesne University, Pittsburgh), *Cronache Ercolanesi* (Naples), *Cahiers de Philologie* (University of Lille), *Elenchos* (Naples), *Oxford Studies in Ancient Philosophy*, *Philosophia* (Athens), *Prudentia* (Auckland, New Zealand)。所有这些期刊都收录了关于希腊化哲学的文章。

一、整体性研究

D. Babut, *La religion des philosophes grecs*, Paris, 1974.

J. Dillon, *The Middle Platonists*, London, 1977.

J. C. Fraisse, *Philia. La notion d'amitié dans la philosophie antique*, Paris, 1974.

P. M. Frazer, *Ptolemaic Alexandria*, 3 vols., Oxford, 1972.

J. Glucker, *Antiochus and the late Academy*, Göttingen, 1978;一个关于希腊化学派诸多方面的宝藏。

W. Görier, *Untersuchungen zu Ciceros Philosophie*, Heidelberg, 1974.

J. C. B. Gosling and C. C. W. Taylor, *The Greeks on Pleasure*, Oxford, 1982.

H. -J. Krämer, *Platonismus und hellenistische Philosophie*, Berlin, 1971.

G. E. R. Lloyd, *Greek Science after Aristotle*, London, 1973.

J. Mejer, *Diogenes Laertius and his Hellenistic Background*, Wiesbaden, 1978.

G. Reale, *Storia della filosofia antica*, III, Milan, 1976.

D. N. Sedley, "Diodorus Cronus and Hellenistic philosophy," *Proceedings of Cambridge Philological Society* (New Series), vol. 23 (1977), pp. 74-120；对希腊化时期辩证法背景的开创性研究。

R. Sorabji, *Necessity, Cause and Blame: Perspectives on Aristotle's Theory*, London, 1980.

R. Sorabji, *Time, Creation and the Continuum*, London, 1983.

G. Striker, *Kritêrion tês alêtheias* [Criterion of truth], *Nachricht. der Akad. der Wiss, in Göttingen*, Phil. -hist. kl. 1974, 2, pp. 47-110.

二、文本、翻译、评论

阿弗洛狄西阿斯的亚历山大（鼎盛年约公元 200 年）《论命运》（*De fato*）*Alexander of Aphrodisias On Fate*, text, trans. and commentary, R. W. Sharples, London, 1983;《论混合物》（*De mixtione*）*Alexander of Aphrodisias On Stoic Physics*, text, trans. and commentary, R. B. Todd, Leiden, 1976.

波利斯特尼的比翁（Bion of Borysthenes, c. 335-245 BC）残篇编辑、导论与注疏：J. F. Kindstrand ed., *Bion of Borysthenes*, Uppsala, 1976.

第欧根尼·拉尔修：trans. M. Gigante, 2nd ed., 2 vols., Bari, 1976.

爱比克泰德：*Epiktet von Kynismus*, M. Billerbeck, Leiden, 1978.

盖伦：*On the Doctrines of Hippocrates and Plato*, ed., trans. and commentary, P. De Lacy, Berlin, 1978.

卢克莱修：trans., M. F. Smith, Cambridge, Mass., 1975.

普鲁塔克：*Moralia XIII*, trans, H. Cherniss, 2 vols., Cambridge, Mass., 1976.

塞克斯都·恩皮里科：*Grundriss der pyrrhonischen Skepsis*, introd. and transl., M. Hossenfelder, Frankfurt am Main, 1968.

三、处理多个学派的文章合集

M. Schofield, M. Burnyeat, J. Barnes, eds. *Doubt and Dogmatism: Studies in Hellenistic Epistemology*, Oxford, 1980.

J. Barnes, J. Brunschwig, M. Burnyeat, M. Schofield, eds. *Science and Speculation: Studies in Hellenistic Theory and Practice*, Cambridge, 1982.

W. Fortenbaugh, ed. *On Stoic and Peripatetic Ethics: The Work of Arius Didymus*, New Brunswick, 1983.

四、伊壁鸠鲁和伊壁鸠鲁主义

版本、注疏和翻译

G. Arrighetti, *Epicuro Opere*, 2nd ed., Turin, 1973.

M. Isnardi Parente, *Opere di Epicuro*, Turin, 1974；包括主要的证言和晚期伊壁鸠鲁学派的一些作品，以及伊壁鸠鲁所有现存作品的翻译。

M. Bollack 和他里尔的同事们出版了伊壁鸠鲁三封书信附带法语翻译和注疏的版本，以及 *Kuriai Doxai, Gnomologium Vaticanum: La lettre d'Épicure*, Paris, 1971; *La pensée du plaisir*, Paris, 1975; *Épicure à Pythocles*, Lille, 1978。这几卷文本完全基于三个主要的抄本，作者们试图捍卫抄本的权威性，而不做任何改动。

第欧根尼·拉尔修的《伊壁鸠鲁传》X.1-34，由 A. Laks 编辑和评论，*Cahiers de Philologie*, vol. 1 (1976), pp. 1-118。

关于伊壁鸠鲁《论自然》的莎草纸残篇的研究，参见 G. Arrighetti, "L'opera *Sulla natura* di Epicuro," *Cronache Ercolanesi*, vol. 1 (1971), pp. 41-56; "L'opera Sulla natura e le lettere di Epicuro a Erodoto e a Pitocle," *Cronache Ercolanesi*, vol. 5 (1975), pp. 39-51; D. N. Sedley, "The Structure of Epicurus' *On Nature*," *Cronache Ercolanesi*, vol. 4 (1974), pp. 89-92。

关于单卷的版本，参见 Arrighetti, "On time," *Cronache Ercolanesi*, vol. 2 (1972), pp. 5-46; Sedley, "Book 28," *Cronache Ercolanesi*, vol. 3 (1973), pp. 5-83; C. Millot, "Book 15," *Cronache Ercolanesi*, vol. 9 (1979), pp. 9-39。

关于伦理学和伦理学证言，有一个注释本：C. Diano, *Epicuri Ethica et Epistulae*

2nd ed., Florence, 1974。H. Usener 的词语索引和说明性文本合集，由 M. Gigante 和 W. Schmid 编辑并收入 *Glossarium Epicureum*, Rome, 1977。

整体性研究和专著

一个很好的导论参见 D. Pesce, *Introduzione a Epicuro*, Rome, 1980，附带非常详细的参考文献。更加具体的研究包括：

E. Asmis, *Epicurus' Scientific Method*, Ithaca, 1984.

D. Clay, *Lucretius and Epicurus*, Ithaca, 1983.

B. Frischer, *The Sculpted Word: Epicureanism and Philosophical Recruitment in Ancient Greece*, Berkeley, 1982.

M. Gigante, *Scetticismo e Epicureismo*, Naples, 1981.

V. Goldschmidt, *La doctrine d'Épicure et le droit*, Paris, 1977.

D. Konstan, *Some Aspects of Epicurean Psychology*, Leiden, 1973.

D. Lemke, *Die Theologie Epikurs*, Munich, 1973.

A. Manuwald, *Die prolepsislehre Epikurs*, Bonn, 1972.

R. Müller, *Die epikureische Gesellschaftstheorie*, Berlin, 1974.

两位杰出学者的作品收录于 C. Diano, *Scritti epicurei*, Florence, 1974; R. Philippson, *Studien zu Epikur und den Epikureem*, ed. C. J. Classen, Hildesheim, 1983。

文章合集，以及近期工作的批评书目

ΣΥΖΗΤΗΣΙΣ, *Studi sull' Epicurismo Greco e Romano offerti a Marcello Gigante*, ed. G. P. Carratelli, 2 vols., Naples, 1983；这些文章很多都是英文的。

认识论

W. Detel, "Aisthesis und Logismos, zwei Probleme der epikureischen Methodologie," *Archiv für Geschichte der Philosophie*, vol. 57 (1975), pp. 21-35.

G. Striker, "Epicurus on the Truth of Sense Impressions," *Archiv für Geschichte der Philosophie*, vol. 59 (1977), pp. 125-142.

V. Goldschmidt, "Remarques sur l'origine épicurienne de la prénotion," *Les stoiciens et leur logique*, pp. 155-170;

C. C. W. Taylor, "All perceptions are true," in *Doubt and Dogmatism*, pp. 105-124.

E. N. Lee, "The Sense of an Object: Epicurus on Seeing and Hearing," *Studies in Perception*, ed. P. K. Machamer and R. G. Turnbull, Columbus, 1978, pp. 27-55.

D. K. Glidden, "Epicurus on self-perception," *American Philosophical Quarterly*, vol. 16 (1979), pp. 297-306; "Epicurean Semantics," ΣΥΖΗΤΗΣΙΣ, pp. 185-226.

物理学

A. A. Long, "Chance and natural law in Epicureanism," *Phronesis*, vol. 22 (1977), pp. 63-87.

F. Solmsen, "Epicurus on Void, Matter and Genesis," *Phronesis*, vol. 22 (1977), pp. 263-281.

D. Konstan, "Problems in Epicurean physics," *Isis*, vol. 70 (1979), pp. 394-418.

B. Inwood, "The Origin of Epicurus' Concept of Void," *Classical Philology*, vol. 76 (1981), pp. 273-285;

D. N. Sedley, "Two Conceptions of Vacuum," *Phronesis*, vol. 27 (1982), pp. 175-193.

关于原子的偏转，更详细的讨论参见：

I. Avotins, "Notes on Lucretius 2.251-293," *Harvard Studies in Classical Philology*, vol. 84 (1980), pp. 75-79.

K. Kleve, "Id facit exiguum clinamen," *Symbolae Osloenses*, vol. 15 (1980), pp. 27-31.

M. Isnardi Parente, "Stoici, Epicurei e il motus sine causa," *Rivista Critica di Storia della Filosofia*, vol. 35 (1980), pp. 23-31.

D. N. Sedley, "Epicurus' Refutation of Determinism," ΣΥΖΗΤΗΣΙΣ, pp. 11-51.

D. Fowler, "Lucretius on the *clinamen* and 'Free Will'," ΣΥΖΗΤΗΣΙΣ, pp. 329-352.

时间

M. Isnardi Parente, "Chronos epinooumenos e chronos nooumenos in Epicuro," *La Parola del Passato*, vol. 31 (1976), pp. 168-175.

F. Caujolle-Zaslawsky, "Le temps épicurien est-il atomique?," *Études philosophiques* (1980), 285-306.

神学

K. Kleve, "Empiricism and theology in Epicureanism," *Symbolae Osloenscs* vol.52 (1977), pp. 39-51; "On the Beauty of God: A Discussion between Epicureans, Stoics and Sceptics," *Symbolae Osloenscs*, vol. 53 (1978), pp. 69-83.

社会理论

N. Denyer, "The Origins of Justice," ΣΥΖΗΤΗΣΙΣ, pp. 133-152.

R. Müller, "Konstituierung und Verbindlichkeit der Rechtsnormen bei Epikur," ΣΥΖΗΤΗΣΙΣ, pp.153-183.

伊壁鸠鲁的哲学背景

D. N. Sedley, "Epicurus and his Professional Rivals," *Cahiers de Philologie*, vol. 1 (1976), pp. 121-59; "Epicurus and the Mathematicians of Cyzicus," *Cronache Ercolanesi*, vol. 6 (1976), pp. 23-54.

晚期伊壁鸠鲁主义者

关于菲洛德慕斯的研究在期刊 *Cronache Ercolanesi* 上取得了极佳的进展。值得一提的研究是新版的 *Philodemus: On Methods of Inference* by P. and E. A. De Lacy, Naples, 1978，以及 *Polistrato, Sul Disprezo irrazionale delle Opinioni popolari* by G. Indelli, Naples, 1978。D. N. Sedley, "On Signs," *Science and Speculation*, pp. 239-272，其中讨论了菲洛德慕斯书中的论证。

关于奥伊诺安达的第欧根尼，M. F. Smith 又发现了大量的残篇，参见 "New Reading in the Text of Diogenes of Oenoanda" *Classical Quarterly* (New Series), vol. 22 (1972), pp. 159-162; *Thirteen New Fragments of Diogenes of Oenoanda, Denkschrift Akad. Wien* phi.-hist. kl. 117 (1974); "Seven New Fragments of Diogenes of Oenoanda," *Hermathena*, vol. 118 (1974), pp. 1l0-129; "More New Fragments of Diogenes of Oenoanda," *Cahiers de Philologie*, vol. 1 (1976), pp. 279-318; "Fifty-Five New Fragments of Diogenes of Oenoanda," *Anatolian Studies*, vol. 28 (1978), pp. 39-39; "Eight New Fragments of Diogenes of Oenoanda," *Anatolian Studies*, vol. 29 (1979), pp. 69-89; "Diogenes of Oenoanda, New Fragments 115-121," *Prometheus*, vol. 8 (1982), pp. 193-212。亦可参见 A. Laks and C. Millot, "Réexamen de quelques fragments de D. sur l'âme, la connaissance et la fortune," *Cahiers de Philologie*, vol. 1 (1976), pp. 321-357。

五、怀疑派

版本、注疏与翻译

F. Decleva Caizzi, *Pirrone Testimonianze*, Napoli, 1981. 关于弗里乌斯的提蒙的残篇，一个全新的注本被收录于 *Supplementum Hellenisticum*, ed. H. Lloyd-Jones and P. Parsons, Berlin, 1983。亦可参见 A. A. Long, "Timon of Phlius: Pyrrhonist and satirist," *Proceedings of Cambridge Philological Society* (New Series), vol. 24 (1978), pp. 68-91。J. Annas and J. Barnes, *The Modes of Scepticism*, Cambridge, 1985 翻译并解释了十种怀疑论模式。

一部内容丰富，附有全面参考文献的文集，参见 *Lo scetticismo antico*, ed. G. Giannantoni, 2 vols., Naples, 1981。M. R. Stopper, "Schizzi Pirroniani," *Phronesis*, vol. 28 (1983), pp. 265-297 中讨论了这部文集。其他收录了古代怀疑派文章的重要文集有 *Doubt and Dogmatism*; *Science and Speculation*; *The Sceptical Tradition*, ed. M. F. Burnyeat, Berkeley, 1983; *Philosophy and History*, ed. R. Rorty, J. B. Schneewind and Q. Skinner, Cambridge, 1985。

整体性研究

J.-P. Dumont, *Le scepticisme et le phénomène*, Paris, 1972.

M. Couche, *Pyrrhon ou l'apparence*, Villers-sur Mer, 1973.

M. dal Pra, *Lo scetticismo greco* 2nd ed., 2 vols., Rome-Bari, 1975.

U. Burkhard, *Die angebliche Heraklit-Nachfolgedes skeptikers Aenesidem*, Bonn, 1973.

关于学园怀疑派的最新阶段，参见 D. N. Sedley, "The End of the Academy," *Phronesis*, vol. 26 (1981), pp. 67-75; H. Tarrant, *Scepticism or Platonism? The Philosophy of the Fourth Academy*, Cambridge, 1985。

本书第一版意外遗漏了 P. Couissin 的两个基础性研究："Le stoïcisime de la Nouvelle Académie," *Revue d'histoire de la philosophie*, vol. 3 (1929), pp. 241-276; "L'origine et l'évolution de l'epochê," *Rev. Et. Gr.*, vol. 42 (1929), pp. 373-397。

一个争论激烈的问题是，皮浪主义者可能一贯持有的信念是什么，如果真的有这样的信念。关于这个问题可参见：

M. F. Burnyeat, *Doubt and Dogmatism*, pp. 20-53 (repr. in *The Skeptical Tradition*, pp. 117-148).

M. Frede, "Des Skeptikers Meinungen," *Neue Hefte für Philosophie*, vol. 15/16 (1979), pp. 102-29.

J. Barnes, "The Beliefs of a Pyrrhonist," *Proceedings of Cambridge Philological Society* (New Series), vol. 28 (1982), pp. 1-29.

C. Stough, "Sextus Empiricus on Non-assertion," *Phronesis*, vol. 29 (1984), pp. 137-164.

其他文章

J. Barnes, "Proof Destroyed," *Doubt and Dogmatism*, pp. 161-181.

J. Barnes, "Ancient Skepticism and Causation," *The Skeptical Tradition*, pp. 149-204.

M. F. Burnyeat, "Protagoras and Self-refutation in Later Greek Philosophy," *Philosophical Review*, vol. 85 (1976), pp. 44-69.

M. F. Burnyeat, "Tranquillity without a Stop: Timon frag. 68," *Classical Quarterly* (New Series) vol. 30 (1980), pp. 86-93.

M. F. Burnyeat, "Idealism and Greek philosophy: What Descartes Saw and Berkeley Missed," *Philosophical Review*, vol. 91 (1982), pp. 3-40.

M. F. Burnyeat, "The Sceptic in his Place and Time," *Philosophy and History*, pp. 225-254.

E. Flintoff, "Pyrrho and India," *Phronesis*, vol. 25 (1980), pp, 88-108.

M. Frede, "Stoics and Skeptics on Clear and Distinct Impressions," *The Skeptical Tradition*, pp. 65-95.

M. Frede, "The Sceptic's Two Kinds of Assent and the Question of the Possibility of Knowledge," *Philosophy and History*, pp. 255-278.

K. Janáček, "Zur Interpretation des Photios-Abschnittes über Ainesidemos," *Eirene*, vol. 14 (1976), pp. 93-100.

A. A. Long, "Sextus Empiricus on the Criterion of Truth," *Bulletin of the Institute of Classical Studies*, vol. 25 (1978), pp. 35-49.

A. A. Long, "Stoa and Sceptical Academy: Origins and Growth of a Tradition," *Liverpool Classical Monthly*, vol. 5 (1980), pp. 161-174.

A. A. Long, "Aristotle and the History of Greek Scepticism," *Studies in Aristotle*, ed. D. J. O'Meara, Washington D.C., 1981, pp. 79-106.

I. Mueller, "Geometry and Scepticism," *Science and Speculation*, pp. 69-95.

D. N. Sedley, "The Motivation of Greek Skepticism," *The Skeptical Tradition*, pp. 9-30.

G. Striker, "Sceptical Strategies," *Doubt and Dogmatism*, pp. 54-83.

G. Striker, "Über den Unterschied zwischen den Pyrrhoneern und den Akademikern," *Phronesis*, vol. 26 (1981), pp. 153-171.

G. Striker, "The Ten Tropes of Aenesidemus," *The Skeptical Tradition*, pp. 95-116.

六、斯多亚主义

版本、注疏与翻译

U. Egli, *Das Dioklesfragment bei Diogenes Laertius, Sonderforschungsbereich 99 Linguistik*, University of Konstanz, 1981. 与其一同出版的 K. Hülser 在导论卷和八卷中收集和翻译了 *Die Fragmente zur Dialektik der Stoike*r。这一合集是一个极其重要的研究工具,让 von Arnim 在 *Stoicorum Veterum Fragmenta* 中摘录的斯多亚学派的逻辑学材料彻底失色。菲洛德慕斯关于斯多亚学派零散的论著由 T. Dorandi 编辑,*Cronache Ercolanesi*, vol. 12 (1982), pp. 91-133。关于其他单独作者的近期研究参见上文第二节。

文章合集

Les stoiciens et leur logique, ed. J. Brunschwig, Paris, 1978.

The Stoics, ed. J. Rist, Berkeley, 1978;

Spindel Conference 1984: Recovering the Stoics, vol. XXIII, suppl. *The Southern Journal of Philosophy*, ed. R. H. Epp. 它包括由 R. H. Epp 编撰的近 1200 条参考书目,以及由 J. M. Rist 开展的对近期工作的批评性综述。

亦可参见 *Doubt and Dogmatism, Science and Speculation, On Stoic and Peripatetic Ethics* 以及 *The Skeptical Tradition*。

概论书籍和专著

1972年之后出版的大部分书籍都是专题研究。一个重要的例外是 F. H. Sandbach, *The Stoics*, London, 1975；亦可参见 V. Goldschmidt, *Le système stoicien et l'idée de temps*, 4th ed., Paris, 1979。

研究斯多亚学派哲学各自三个分支的三本基础著作分别是：

M. Frede, *Die stoische Logik*, Göttingen, 1974.

D. Hahm, *The Origins of Stoic Cosmology*, Ohio, 1977.

M. Forschner, *Die Stoische Ethik*, Stuttgart, 1981.

更具体的研究

P. V. Cova, *Lo stoico imperfetto*, Naples, 1978;

M. Dragona-Monachou, *The Stoic Arguments for the Existence and Providence of the Gods*, Athens, 1976;

A. Graeser, *Plotinus and the Stoics*, Leiden, 1972.

A. Graeser, *Zenon von Kition. Positionen und Probleme*, Berlin, 1975.

B. Inwood, *Ethics and Human Action in Early Stoicism*, Oxford, 1985.

A. M. Ioppolo, *Aristone di Chio e lo stoicismo antico*, Naples, 1980.

F. H. Sandbach, *Aristotle and the Stoics*, Cambridge Philological Society Supplement, vol. 10 (1985).

R. T. Schmidt, *Die Grammatica der Stoiker*, German transl. of the 1839 Latin ed. by K. Hülser with new introd. and bibliogr. by U. Egli, Wiesbaden, 1979.

D. Tsekourakis, *Studies in the Terminology of Early Stoic Ethics*, Wiesbaden, 1974.

A . J. Voelke, *L'idée de volonté dans le stoicisme*, Paris, 1973.

关于具体主题的近期文章

关于语言和语法

M. Frede, "Principles of Stoic Grammar," *The Stoics*, pp. 27-76.

U. Egli, "Stoic syntax and Semantics," *Les stoiciens*, pp. 135-154.

A. Graeser, "The Stoic Theory of Meaning," *The Stoics*, pp. 101-124.

J. Pinborg, "Historiography of Linguistics," *Current Trends in Linguistics* 13, The Hague, 1975, pp. 69-126.

关于形式逻辑

J. Barnes, "Proof Destroyed," *Doubt and Dogmatism*, pp. 161-181.

J. Brunschwig, "Proof Defined," *Doubt and Dogmatism*, pp. 125-160.

J. Brunschwig, "Le modèle conjonctif," *Les stoiciens*, pp. 59-86.

V. Celluprica, "La logica stoica in alcune recenti interpretazioni," *Elencos*, vol. 1 (1980), pp. 123-150.

M. Frede, "Stoic vs. Aristotelian Syllogistic," *Archiv für Geschichte der Philosophie*, vol. 56 (1974), pp. 1-32.

M. Mignucci, "Sur la logique modale des stoiciens," *Les stoiciens*, pp. 317-346.

I. Mueller, "An introduction to Stoic Logic," *The Stoics*, pp. 1-26.

J. M. Rist, "Zeno and the Origins of Stoic Logic," *Les stoiciens*, pp. 387-400.

M. Schofield, "The Syllogisms of Zeno of Citium," *Phronesis*, vol. 28 (1983), pp. 31-58.

关于"符号"

M. F. Burnyeat, "The Origins of Non-deductive Inference," *Science and Speculation*, pp. 193-238.

D. N. Sedley, "On signs," *Science and Speculation*, pp. 239-272.

G. Verbeke, "La philosophie du signe chez les stoiciens," *Les stoiciens*, pp. 401-424.

关于"堆"

J. Barnes, "Medicine, Experience and Logic," *Science and Speculation*, pp. 24-68.

M. F. Burnyeat, "Gods and Heaps," *Language and Logos*, eds. M. Schofield and M. Nussbaum, Cambridge, 1982, pp. 315-338.

关于认识论

J. Annas, "Truth and Knowledge," *Doubt and Dogmatism*, pp. 84-104.

E. P. Arthur, "The Stoic Analysis of the Mind's Reactions to Presentations," *Hermes*, vol. 111 (1983), pp. 69-78.

M. Frede, "Stoics and Skeptics on Clear and Distinct Impressions," *The Skeptical Tradition*, pp. 65-95;

W. Görier, "Ασθενής συγκατάθεσις: zur stoischen Erkenntnistheorie," *Wurzburger Jahrbücher für die Altertumswissenschaft*, N.F., vol. 3 (1977), pp. 83-92.

C. Imbert, "Stoic Logic and Alexandrian Poetics," *Doubt and Dogmatism*, pp. 182-216.

G. B. Kerferd, "What does the Wise Man Know?," *The Stoics*, pp. 125-136.

A. A. Long, "Dialectic and the Stoic Sage," *The Stoics*, pp. 101-124.

A. A. Long, "The Stoic Distinction between Truth and the True," *Les stoiciens*, pp. 297-316.

A. A. Long, "Stoa and Sceptical Academy: Origins and Growth of a Tradition," *Liverpool Classical Monthly*, vol. 5 (1980), pp. 161-174.

M. Schofield, "Preconception, Argument and God," *Doubt and Dogmatism*, pp. 293-308.

H. von Staden, "The Stoic Theory of Perception and its 'Platonic' Critics," *Studies in Perception*, eds. P. K. Machamer and R. G. Turnbull, Columbus, Ohio, 1978, pp. 96-136.

G. Striker, *Kritêrion tês alêtheias*.

R. B. Todd, "The Stoic common Notions," *Symbolae Osloenses*, vol. 48 (1973), pp. 47-75.

关于心理学

A. A. Long, "Soul and Body in Stoicism," *Phronesis*, vol. 27 (1982), pp. 34-57.

B. Inwood, "Hierocles: Theory and Argument in the Second Century A. D.," *Oxford Studies in Ancient Philosophy*, vol. 2 (1984), pp. 151-183.

关于物理学和形而上学

J. Barnes, "La doctrine du retour éternel," *Les stoiciens*, pp. 3-20.

A. Graeser, "The Stoic Categories," *Les stoiciens*, pp. 199-221.

D. E. Hahm, "The Stoic Theory of Change," *Spindel Conference 1984*, pp. 39-56.

M. Lapidge, "*Archai* and *Stoicheia*: A problem in Stoic Cosmology," *Phronesis*, vol. 18 (1973), pp. 240-278.

A. C. Lloyd, "Activity and description in Aristotle and the Stoa," *Proceedings of British Academy*, vol. 56 (1970), pp. 227-240.

A. A. Long, "Heraclitus and Stoicism," *Philosophia*, vol. 5/6 (1975-6), pp. 133-156.

A. A. Long, "Astrology: Arguments Pro and Contra," *Science and Speculation*, pp. 165-192.

A. A. Long, "The Stoics on World-conflagration and Everlasting Recurrence," *Spindel Conference 1984*, pp. 13-38.

D. N. Sedley, "The Stoic Criterion of Identity," *Phronesis*, vol. 27 (1982), pp. 255-275.

D. N. Sedley, "Stoic Metaphysics," *Spindel Conference 1984*, pp. 87-92.

R. B. Todd, "Monism and Immanence, the Foundations of Stoic Physics," *The Stoics*, pp. 137-160.

关于原因和决定论

M. Frede, "The Original Notion of Cause," *Doubt and Dogmatism*, pp. 217-249.

D. Frede, "The Dramatisation of Determinism: Alexander of Aphrodisias De fato," *Phronesis*, vol. 27 (1982), pp 276-298.

J. Moreau, "Immutabilité du vrai, nécessité logique et lien causal," *Les stoiciens*, pp. 347-360.

M. Reesor, "Necessity and Fate in Stoic Philosophy," *The Stoics*, pp. 187-202.

R. W. Sharples, "Aristotelian and Stoic Conceptions of Necessity in the *De fato* of Alexander of Aphrodisias," *Phronesis*, vol. 20 (1975), pp. 247-274.

R. W. Sharples, "Alexander of Aphrodisias *De fato*: Some Parallels," *Classical Quarterly* (New Series), vol. 28 (1978), pp. 243-266.

R. W. Sharples, "Necessity in the Stoic Doctrine of Fate," *Symbolae Osloenses*, vol. 56 (1981), pp. 81-97.

C. Stough, "Stoic Determinism and Moral Responsibility," *The Stoics*, pp. 203-232.

R. Sorabji, "Causation, Laws and Necessity," *Doubt and Dogmatism*, pp. 250-282.

P. L. Donini, "Crisippo e la nozione del possibile," *Riv. d. Filol.* vol. 101 (1973), pp. 333-351.

P. L. Donini, "Fato e volunta umana in Crisippo," *Atti Acc. Torino*, vol. 109 (1974-5), pp. 1-44.

关于神学

M. Dragona-Monachou, "Providence and fate in Stoicism and prae-Neoplatonism," *Philosophia* vol. 1 (1971), pp. 339-378.

J. Mansfeld, "Providence and the Destruction of the Universe in early Stoic Thought," *Studies in Hellenistic Religions*, ed. M. J. Vermaseren, Leiden, 1979, pp. 129-188.

关于伦理学

关于学述传统

A. A. Long, "Arius Didymus and the Exposition of Stoic Ethics," with comments by N.

P. White, *On Stoic and Peripatetic Ethics*, pp. 41-74.

关于基础

H. Görgemanns, "*Oikeiosis* in Arius Didymus," with comments by B. Inwood, *On Stoic and Peripatetic Ethics*, pp. 165-202.

A. Graeser, "Zirkel oder Deduktion," *Kant-Studien*, vol. 63 (1972), pp. 213-224.

A. Graeser, "Zur Funktion des Begriffes 'gut' in der stoischen Ethik," *Zeitschriftf philos. Forschung*, vol. 26 (1972), pp. 417-425.

A. M. Ioppolo, "La dottrina stoica dei beni esterni e i suoi rapporti con l' etica aristotelica," *Rivista Critica di Storia della Filosofia*, vol. 29 (1974), pp. 363-385.

G. B. Kerferd, "The Search for Personal Identity in Stoic Thought," *Bulletin of John Rylands Library*, vol. 55 (1972), pp. 177-186.

A. A. Long, "Greek Ethics after Macintyre and the Stoic Community of Reason," *Ancient Philosophy*, vol. 3 (1983), pp. 184-199.

H. Reiner, "Der Streit um die stoische Ethik," *Zeitschrift f. philos. Forschung*, vol. 21 (1967), pp. 261-281.

J. M. Rist, "Zeno and Stoic Consistency," *Phronesis*, vol. 22 (1977), pp. 161-174.

G. Striker, "The Role of *oikeiôsis* in Stoic Ethics," *Oxford Studies in Ancient Philosophy*, vol. 1 (1983), pp. 145-164.

N. P. White, "The Basis of Stoic Ethics," *Harvard Studies in Classical Philology*, vol. 83 (1979), pp. 143-178.

N. P. White, "The Role of Physics in Stoic Ethics," *Spindel Conference* 1984, pp. 57-74.

关于"冲动"

B. Inwood, "The Stoics on the Grammar of Action," *Spindel Conference 1984*, pp. 75-86.

G. B. Kerferd, "Two Problems concerning Impulses," with comments by A. Preus, *On Stoic and Peripatetic Ethics*, pp. 87-106.

A. A. Long, "The Early Stoic Concept of Moral Choice," *Image of Man in Ancient and Medieval Thought: Studies Presented to G. Verbeke*, Louvain, 1976, pp. 77-92.

关于激情

M. Daraki-Mallet, "Les fonctions psychologiques du Logos," *Les stoiciens*, pp. 87-120;

A. M. Ioppolo, "La dottrina della passione in Crisippo," *Riv. Crit. Storia d. Filos.*, vol. 27 (1972), pp. 251-268.

A. C. Lloyd, "Emotion and Decision in Stoic Psychology," *The Stoics*, pp. 233-246.

J. M. Rist, "The Stoic Concept of Detachment," *The Stoics*, pp. 259-272.

斯多亚伦理学的其他方面

P. De Lacy, "The Four Stoic Personae," *Illinois Classical Studies*, vol. 2 (1977), pp. 163-172.

I. G. Kidd, "Moral Actions and Rules in Stoic Ethics," *The Stoics*, pp. 247-258.

H. Reiner, "Die ethische Weisheit der Stoiker heute," *Gymnasium*, vol. 76 (1969), pp. 330-357.

M. Vegetti, "La saggezze dell' attore, Problemi dell' etica stoica," *Aut Aut*, vol. 195/6 (1983), pp. 19-41.

即将出版

剑桥大学出版社不久后将会出版 A. A. Long and D. N. Sedley, *The Hellenistic Philosophers*, Vol. 1 Translations and commentaries, Vol. 2 Texts and notes。这部作品旨在成为一本关于斯多亚主义、怀疑论和伊壁鸠鲁主义主要证据的资料手册。

索 引

（索引中的页码均为原书页码，即本书边码）

Academy 学园 12, 15, 111；early 早期学园 4-6；skeptical 怀疑派学园 9, 88-106；pleasure discussed in 学园中关于快乐的讨论 62；and Antiochus 学园与安提奥库 223-229。另参见 Plato 柏拉图, Platonism 柏拉图主义

action 行动：action, causes of in Epicureanism 伊壁鸠鲁学派中行动的原因 55, 56-61；in Stoicism 斯多亚主义中的行动 165-168, 172-174, 176, 219

Addison, Joseph 约瑟夫·艾迪森 240

Aenesidemus 埃内希德慕斯 75-77, 106, 229

Agrippa 阿格里帕（怀疑派哲学家）75n

air 气 51, 150, 155-157

Alexander of Aphrodisias 阿芙洛狄西阿斯的亚历山大 116, 157, 159, 237

Alexander the Great 亚历山大大帝 1, 2, 3, 5, 80, 108

Alexanderia 亚历山大里亚 1-2, 17, 223

ambiguity 模糊、歧义 24, 30, 135, 146

analogy 类比 28, 124, 154, 201

Anaxagoras 阿那克萨戈拉 150

Anaxarchus, influence on Pyrrho 阿纳克萨库斯对皮浪的影响 80

Andronicus of Rhodes 罗德岛的安德罗尼柯 226

animal, and man, in Stoicism 斯多亚学派中的动物与人 171-174, 185-189

Antioch 安条克 1, 2, 17

Antiochus of Ascalon 阿斯卡隆的安提奥库 77, 186；criticism of Stoic ethics 安提奥库对斯多亚伦理学的批评 196-197；eclecticism 折中主义 216, 228-229；interpretation of Academy 安提奥库对学园的阐释 223-229；ethical goa 安提奥库的伦理目标 l225-226；on knowledge 安提奥库论知识 227-228

Antipater of Tarsus 塔苏斯的安提帕特 114, 115, 220；modifies Stoic ethical goal 安提帕特对斯多亚学派伦理目标的修正 196

Antisthenes, and Stoicism 安提斯提尼与斯多亚学派 7-8

apprehension 把握: mental, in Epicureanism 伊壁鸠鲁学派中的思想把握 25-26, 54-56; in Stoicism 斯多亚主义中的把握 90-91, 127-131; 另参见 cognitive impression 认知印象

appropriate acts, *kathêkonta* 恰当的行动 187-188, 190-192, 203-204, 213-215; 另参见 *officium* 义务、责任

Arcesilaus 阿凯西劳斯 9, 77, 88-95; sceptical criticism of Stoics 阿凯西劳斯对斯多亚学派的怀疑论批评 90-91; and Antiochus 阿凯西劳斯与安提奥库 223-224

Archimedes 阿基米德 2, 119

aretê 德性 77; 另参见 virtue 德性

arguing both sides of a question, in skepticism 怀疑派中从两方论证一个问题 82, 92, 104-106

Aristarchus of Samos 萨摩斯的阿里斯塔库斯 2, 12

Aristippus of Cyrene 居勒尼的阿里斯提普 8; and Epicurean hedonism 阿里斯提普与伊壁鸠鲁学派的快乐主义 5, 61

Ariston of Chius 奇乌斯的阿里斯同 77, 193

Aristotle 亚里士多德 1-4, 6, 11, 103, 105, 110, 131, 133, 232, 247; career 亚里士多德的生涯 5; writings in Hellenistic period 希腊化时代的亚里士多德的作品 9-10; and Epicurus 亚里士多德与伊壁鸠鲁 19-20, 23, 29, 36, 50, 60n, 62, 69; criticism of early atomism 亚里士多德对早期原子论的批评 35, 37; teleology 目的论 40-41, 151; theology 神学 43-44, 151-152; and Stoicism 亚里士多德与斯多亚主义 112, 142-143, 146-147, 151-152, 154, 155, 157, 159-161, 165, 167, 171, 178, 197, 207; logic 逻辑学 121-122, 142-143; mixture 混合 159; categories 范畴 161; happiness 幸福 197, 225; and Panaetius 亚里士多德与帕奈提乌斯 213, 216; and Posidonius 亚里士多德与波西多尼乌斯 218; Antiochus 亚里士多德与安提奥库 224, 225

assent, in Stoicism 斯多亚主义中的同意 126-129, 167, 173, 176, 207; criticized by Arcesilaus 阿凯西劳斯对此的批评 90-91

astrology 星相学 164; rejected by Panaetius 帕奈提乌斯对星相学的拒斥 211-212

astronomy 天文学 2, 12, 45, 221; Epicurean approach to 伊壁鸠鲁学派对的天文学进路 27; and theology 天文学与神学 42-43

Athens 雅典 2, 3, 5, 13, 15, 88, 94

atomism 原子论 20-21, 30, 39; and Gassendi 原子论与伽桑狄 241-242

atoms 原子: and effluences 原子与流射 22, 24; compounded bodies 复合体 32-33, 37-39; chance combinations 原子的偶然结合 24, 40; atomic swerve 原子的扰动 37-38, 56-61, 101; minimal parts 最小的部分 28, 33-35; properties of 原子的属性 32-35, 36, 46; proved 原子论的证明 31-33; motion of 原子的运动 32, 35-38, 58; and pleasure 原子与快乐 64; 另参见 Aristotle 亚里士多德

Augustine, St. 圣奥古斯丁 133, 236, 237

Aurelius, Marcus 马可·奥勒留 107, 113, 115, 151, 170, 216, 233, 239, 240; religious experience 宗教经验 165, 234; attitude to universe 对宇宙的态度 165, 180, 234

axiom, confirmation and non-contradiction in Epicureanism 伊壁鸠鲁主义中肯定和不矛盾律的公理 26-29, 31

Bacon, Roger 罗吉尔·培根 238

Bayle, Pierre, on Pyrrhonism 皮埃尔·贝尔论皮浪主义 245-246

of human form 美（beauty）: 人的形式之美 46; of virtue 德性之美 204

belief, distinguished from knowledge in Stoicism 斯多亚主义中区别于知识的信念 78, 90-91, 129-130

Bentham, Jeremy 杰里米·边沁 69

biological approach, of Stoicism 斯多亚学派的生物学进路 150, 155

Blackmore, Sir Richard 理查德·布莱克摩尔爵士 243

物体（body）: concept of, in Epicureanism 伊壁鸠鲁主义中物体的概念 31-33; in Stoicism 斯多亚主义中的物体 152-154

Boethus of Sidon 西顿的波埃图斯 211n, 222

Budé, Guillaume 纪尧姆·布德 239

Burnet, Gilbert 吉尔伯特·伯奈特 240

Butler, Bishop 巴特勒主教 107

Calvin, John 约翰·加尔文 239

Carneades 卡内阿德斯 10, 88, 94-106, 114, 144, 195-196, 216, 223; background 背景 94-95; on knowledge 论知识 95-99; on theology 论神学 100-101;

on free will 论自由意志 101-104; on justice 论正义 104-106

categories, in Stoicism 斯多亚主义中的范畴 160-163

Cato of Utica 乌提卡的加图: and Stoicism 与斯多亚主义 113, 214, 216, 233; admired by English Augustan writers 受到英国奥古斯都时代作家们的赞赏 240-241

causation 原因 20, 40-41, 101-103, 144-145, 146, 148, 154, 160, 163-168, 212, 218-219; 另参见 causes of action 行动的原因

certainty 确定性 128-132; rejected by Sceptics 怀疑派对确定性的拒斥 79, 82-87, 89, 96, 99; in Stoicism 斯多亚学派中的确定性 128-132; 另参见 axiom 公理, clear view 清晰的看法, knowledge 知识

chance 偶然 38, 40, 164

Charleton, Walter 沃尔特·查尔顿 242

Christianity 基督教 14, 17, 107, 235-240, 244, 246

Chrysippus 克吕西普斯 2, 11, 12, 94, 115, 116, 120, 121, 126, 131, 134-135, 149, 151, 153, 155, 156, 158, 166-169, 172, 179, 182, 184-187, 199, 204, 214, 216, 219, 220, 221; career 生平 113-114;

causation 原因 101-103; logic 逻辑 143-144; mixture 混合 159-160; human action 人的行动 166-167; evil 恶 169; reason and passion 理性与激情 175-177; impulse 冲动 185-186; natural advantages 自然的有利之物 194-195

Cicero 西塞罗 19, 92, 93, 104, 107, 115, 116, 117, 149, 167, 185, 187-195, 200, 203, 210-215, 217, 221-222, 224, 226, 236, 237-238; criticism of Epicurus 对伊壁鸠鲁的批评 30; on Epicurean gods 论伊壁鸠鲁主义的神 46; on Pyrrho 论皮浪 76-78; on Stoic ethics 论斯多亚学派的伦理学 185; as source for Academic scepticism 作为学园怀疑派的资料 94; philosophical writings 哲学著作 229-231

city-state 城邦 3-4

Cleanthes 克里安特斯 113, 134, 149, 154-155, 183, 184, 219, 220, 234; theology 神学 149, 181-182

clear view in Epicureanism 伊壁鸠鲁主义中清晰的看法 22-26, 56, 79

Clement of Alexandria 亚历山大里亚的克莱门特 117, 235

Clitomachus 克里托马库斯 77, 94, 100, 106

cognitive impression 认知印象：in Stoicism 斯多亚主义中的认知印象 79, 123-131, 140, 223, 225, 228; criticized by Academic Sceptics 学园怀疑派对认知印象的批评 90-91, 95-96, 128-129

concepts, general 普遍概念：in Epicureanism 伊壁鸠鲁主义中的普遍概念 23-24, 56; in Stoicism 斯多亚主义中的普遍概念 124, 126, 141, 228；另参见 preconceptions 前观念，universals 普遍物

consciousness 意识 50, 52, 61, 62, 73, 172, 186

consensus omnium 所有人的共识 45

consistency, as Stoic test of virtue 前后一致性作为斯多亚学派关于德性的测试，177, 192, 202, 204

contingency 偶然性 87, 99, 103, 146

continuum 连续体 157-158

cosmic sympathy 宇宙的共情 163, 221-222

courage 勇敢 69, 200

Crantor 克朗托 88, 124

Crates 克拉特斯 109-111

Thomas Creech 托马斯·克里奇 242

Cynics 犬儒学派 4, 7, 70, 79；and Stoicism 犬儒学派与斯多亚主义 109-111, 234, 236

Cyrenaics 居勒尼学派 68；另参见 Aristippus 阿里斯提普

deduction 演绎 28, 143-144

definition 定义 30, 141, 147

Democritus 德谟克利特 15, 22n, 30, 34, 35-36, 38, 62, 78, 80, 223

Descartes 笛卡尔 170, 241, 245

desire 欲求：in Epicureanism 伊壁鸠鲁主义中的欲求 59, 63, 65-67; in Stoicism 斯多亚学派中的欲求 172-176；另参见 impulse 冲动

Determinism 决定论：Epicurus 伊壁鸠鲁论决定论 58-61; Carneades 卡内阿德斯论决定论 101-104; Stoics 斯多亚学派论决定论 164-170, 198-199, 221

dialectic 辩证法 4, 6, 9, 79, 89, 93, 121-123；另参见 logic 逻辑

Dio Chrysostum 迪奥·克吕索斯图姆 234

Diodorus Cronus 迪奥多鲁斯·克洛诺斯 9, 88n, 111

Diogenes of Apollonia 阿波罗尼亚的第欧根尼 150

Diogenes of Babylon 巴比伦的第欧根尼 11, 94, 114, 132, 134, 220; ethical goal 第欧根尼的伦理目标 195-196

Diogenes Laertius 第欧根尼·拉尔修：
on Epicurus 论伊壁鸠鲁 17-19, 236；
on Pyrrhonism 论皮浪主义 76, 83n；
on Stoicism 论斯多亚主义 116-117,
123, 139, 141, 184, 190；in Renaissance
在文艺复兴 238-239, 241

Diogenes of Oenoanda 奥伊诺安达的第
欧根尼 17, 60

Diogenes of Sinope, Cynic 西诺普的第欧
根尼（犬儒）3-4, 7, 110-111, 234

Dionisius Thrax 狄奥尼修斯·特拉克斯
131

disposition 情状、性情 59-61, 66, 78, 162,
199-200, 205-207

divination 占卜 164, 212, 221-222

dream 梦：caused by atoms 由原子导致
24-25, 48；as evidence of moral progress 作为道德进步的证据 214n

Dryden, John 约翰·德莱登 242

du Vair, Gillaume 纪尧姆·杜维尔 240

duties 义务 188-189, 213-215；另参见
obligation 责任，appropriate action 恰
当的行动，*officium* 义务、责任

effluence 流射 22-25, 39, 53-54；另参见
images 形象

eidôlon 形象 22, 47；另参见 effluence 流
射、images 形象

ekpyrôsis 毁灭世界的大火 168, 211

elements, theory of 元素理论 39, 152, 156

emotions 情感，参见 passions 激情

Empedocles 恩培多克勒 22n, 39, 78, 223

empiricism 经验主义 6, 9, 21, 23, 28, 31,
62, 86, 93, 99, 106, 143, 160, 174, 186,
218

energy (force) 能量（力量）156, 158, 160

Epictetus 爱比克泰德 115, 151, 170, 181,
216, 233-235, 236；on man and God
论人与神 174；in Renaissance 在文
艺复兴 238-240

Epicureanism 伊壁鸠鲁主义 1, 4, 10-13,
14-74, 79, 81, 150, 152, 157, 210, 230,
232, 247；Garden 花园 15-16；living
quietly 平静地生活 16, 71；dissemination 传播 17；sources 资料 17-
19；methodology 方法论 20, 26, 30,
62-63；in Roman world 在罗马世界
236-237；in Renaissance 在文艺复
兴 241-243；and "Epicurus" 伊壁
鸠鲁主义与"伊壁鸠鲁" 241

Epicurus 伊壁鸠鲁 2, 3, 4, 6, 9-13, 14-74,
79, 88, 98, 109, 112, 124, 149；naïveté
单纯 23, 25, 27, 30；knowledge of
Aristotle 伊壁鸠鲁了关于亚里士多德
的知识 29；logical methodology 逻辑
方法论 26-30；ethics assessed 评价伊

壁鸠鲁的伦理学 72-74

Erasistratus 埃拉西斯特拉图斯 2, 12, 52n

Erasmus 伊拉斯谟 238-239; and Scepticism 伊拉斯谟与怀疑论 244

Eratosthenes 埃拉托斯提尼 218

error 错误: in Epicureanism 伊壁鸠鲁主义论错误 24; avoidance of by Arcesilaus 阿凯西劳斯对错误的避免 92; in Stoicism 斯多亚主义论错误 128-132

ethics 伦理学 6, 7, 11-12; in Epicureanism 伊壁鸠鲁主义中的伦理学 14, 21, 43, 60, 61-74; in Scepticism 怀疑派中的伦理学 79, 85, 99, 106; in Stoicism 斯多亚主义中的伦理学 110-111, 114, 118-121, 179-209, 213-215, 219-220, 225, 233

etymologizing 词源学化 133-134

Eucleides of Megara 麦加拉的欧几里得 8

eudaimonia（幸福）42, 197。另参见 happiness 幸福

Evelyn, John 约翰·艾福林 242

evil 恶: moral 道德上的恶 111, 168n, 169, 181-183, 219; cosmic 宇宙中的恶 169-170, 180-181。另参见 moral weakness 道德薄弱

evolution 演化: of culture 文化的演化 70; of moral development 道德发展 188

faith, and Scepticism 信念与怀疑派 244, 246

Ficino, Marsilio 马西利奥·费奇诺 238

fire 火 51, 146, 148, 152, 154-156, 168, 211

Forms, Plato's theory of 柏拉图的理念论 78, 146, 151, 223, 228

freedom from passion 免于激情 206-207; 另参见 passions 激情，wise man 智慧者

freedom of will 意志自由: Epicureanism 伊壁鸠鲁主义的 55, 56-61; Carneades 卡内阿德斯的 101-104; Stoicism 斯多亚学派的 167-168, 207

Frege, Gottlob 戈特洛布·弗雷格 137-138

friendship 友爱 15, 71-72, 205

Galen 盖伦 115, 157n, 221, 237

Gassendi, Pierre 皮埃尔·伽桑狄 40, 241-242

geography 地理 2, 218

goals 目标 6, 7, 8, 14, 63, 65, 99-100, 111, 114, 180, 193-199, 213-214, 219, 225-226

gods [God] 诸神（或唯一的神）: decline of Olympians 奥林匹亚诸神的衰落 12; popular views of 关于诸神的流行看法 42-43; perception of 对

诸神的感觉 25, 45；origins of belief in 对诸神信念的起源 45；Carneades on 卡内阿德斯论诸神 100-101；Stoic arguments for 斯多亚学派关于神的论证 149；and Nature 神与自然 108, 144-145, 148-149, 152, 153, 165, 179-184；另参见 religion 宗教，Christianity 基督教

good 好：Eucleides on 欧几里得论好 8；and pleasure 好与快乐 62-64, 68-69, 73；Pyrrhonism on 皮浪主义论好 85；Carneades on 卡内阿德斯论好 100-101；Stoicism 斯多亚学派的好 111, 138, 163, 170, 176, 178, 181-184, 187, 189, 196-203, 214；Aristotle on 亚里士多德论好 225

governing-principle 主导原则：in Stoicism 斯多亚学派中的主导原则 124, 126, 171-173, 175-177, 199；另参见 *hêgemonikon* 主导原则

grammar 语法 135-139

hallucinations 幻觉 24-25, 96, 127

happiness 幸福 4-6：Epicureanism 伊壁鸠鲁学派论幸福 20, 41, 42, 44, 48, 61-72；Scepticism 怀疑派论幸福 80, 98, 105；Stoicism 斯多亚学派论幸福 110, 119, 178, 180, 193, 197, 199；另参

见 Aristotle 亚里士多德

harmony of Nature 自然的和谐 165, 170, 180-182, 199；harmony with Nature 与自然和谐 165, 182-184

health, mental 心智健康 14, 42, 49, 178, 201, 234

heart, as centre of consciousness 心脏作为意识中心 134, 171

hedonism 快乐主义 5, 8, 61-64, 66, 69, 73

hêgemonikon 主导原则 124, 171；另参见 governing-principle 主导原则

scope 希腊化哲学：希腊化哲学的范围 2, 106；social setting 社会背景 3-4, 13；practical application 实践应用 6, 87, 210；appeal 吸引力 12-13；misconceptions of 误解 3, 6, 9, 11, 30, 108

Heraclitus 赫拉克利特 78：and Stoicism 与斯多亚学派 131, 145-146, 155-156, 157, 181n

Herculaneum 赫库兰尼姆 18, 58, 116

Hierocles 希罗克勒斯 116, 186

history 历史 2, 216, 218

Hooker, Richard 理查德·胡克 239

Hume, David 大卫·休谟 87

identity [individuality] 同一性（个体性）47, 156, 161-163, 168

image 形象：in Epicureanism 伊壁鸠鲁学派中的 22-26, 45-49, 55-56

immortality 不朽：disproved in Epicureanism 伊壁鸠鲁否认不朽 29, 49-50；in Stoicism 斯多亚学派中的不朽 213n2

impulse, in Stoicism 斯多亚学派中的冲动 171-173, 175, 184-187, 189-190, 213-214, 219

incorporeal 无形体 51, 132, 135, 138, 153, 161n1

indiffernece 中立物：Pyrrho 皮浪论中立物 77-78；Stoicism 斯多亚学派论中立物 111, 116, 193, 199

induction 归纳 23, 28-29, 201

inference 推理 24, 28, 56, 82, 87, 125, 143-144, 182-183, 200-201

intentions, as reference for moral judgment 道德判断需要参考的意图 194, 198-199

intermediate 居间：no state between pleasure and pain 没有快乐与痛苦之间的居间状态 63-64；goals 作为目标 194, 213-214, 203-204

irrational 非理性：division of soul in Epicureanism 伊壁鸠鲁主义中对灵魂的划分 52；Stoicism 斯多亚学派中的非理性 175-178, 219-220

James, William 威廉·詹姆斯 163；and religious experience 与宗教经验 165

Jerome, St. 圣哲罗姆 236

Judaism 犹太教 14, 117

judgments 判断：and sense-perception 与感觉 22, 80, 98；suspension of 悬置判断 75, 78, 81, 90-93, 96；and passion 判断与激情 176-177；moral 道德判断 183, 192-197；另参见 statements 陈述，good 好，virtue 德性

Julius Caesar 尤里乌斯·恺撒 13, 17

justice 正义：Epicureanism 伊壁鸠鲁学派论正义 69-71；Carneades 卡内阿德斯论正义 104-106；Stoicism 斯多亚学派论正义 191, 200, 215

Kant and Stoic ethics 康德与斯多亚伦理学 208

katalêpsis 认知印象 95, 126；另参见 cognitive impression 认知印象

kathêkonta 恰当的行动 190；另参见 appropriate acts, *officium* 恰当的行动

knowledge 知识 111, 122, 129-130, 221；problem of 知识的难题 79, 81, 87；and probability 知识与或然性 96-99；of good 关于好的知识 200-202, 214；另参见 sense-perception 感觉，clear view 清晰的看法，cognitive impression 认知印象，Antiochus 安提奥库

Lactantius 拉克唐修 104, 236, 237
language 语言：and sensation 与感觉 23-24；origin of 语言的起源 70；Stoicism 斯多亚学派论语言 120, 124-125, 131-139, 146-147；另参见 terminological distinctions 词汇上的区分
law 法律：参见 justice 正义，natural law 自然法
Leibniz, G. W. 莱布尼茨 161n
lekton, and meaning 说出的话与意义 135-138, 140, 161n
Leucippus 留基波 30, 34
linguistic analysis 语言分析 20, 106, 161
Lipsius, Justus 尤斯图斯·利普修斯 239-240
literature 文学 2, 112, 210, 219-220
logic 逻辑：Epicureanism 伊壁鸠鲁学派的逻辑 26-30；Stoicism 斯多亚学派的逻辑 108, 111, 118-123, 139-145, 207；Aristotle 亚里士多德的逻辑 121-122, 142-143
logos 逻各斯：as cosmic principle 作为宇宙原理 108, 120, 125, 130, 131, 144-147, 149-150, 154-156, 168, 179, 181；of man 人的逻各斯 108, 110, 118, 145-147, 148-149, 168, 173, 177, 182；and logic 逻各斯与逻辑 111, 118-120, 131, 139, 144-145；另参见 Nature in Stoicism 斯多亚学派中的自然，man 人，reaosn 理性
Lucan 卢坎 210, 223
Lucian 卢西安 17
Lucretius 卢克莱修 13, 18-19, 25, 28-29, 31n, 33, 35, 37-41, 45, 50-56, 70, 74, 230, 232, 238, 241；logical procedure 逻辑程序 29；proves indivisibility of atoms 证明原子的不可分性 33；on atomic swerve 论原子的偏转 37；on gods 论诸神 45；on soul 论灵魂 51-56；on freedom of will 论意志的自由 56-59；on social evolution 论社会演化 70；on Epicurean life 论伊壁鸠鲁主义的生活 74；in Renaissance 在文艺复兴时期 241；in England 在英格兰 242-243
Luther, Martin 马丁·路德 244

man 人：common need 共同需要 6, 12, 41, 43, 49, 68, 110-111, 163；nature of in Epicureanism 伊壁鸠鲁学派中人的自然 42-45, 50, 52, 60, 62-63；in Stoicism 斯多亚学派中的人 108, 110, 124-125, 146, 148-149, 170-178, 187-

189, 190-191, 196-197, 201, 202, 204, 211, 213, 215, 219-220, 229；另参见 pleasure 快乐，logos 逻各斯，reason 理性，soul 灵魂

mathematics 数学 2, 4, 8, 13, 43, 218, 221

matter, in Stoicism 斯多亚学派中的质料 152, 153-154, 157-158, 160, 161-162, 171

meaning, theory of in Stoicism 斯多亚学派中的意义理论 132-138, 146, 148

Megarians 麦加拉学派 8-9, 18, 30, 79, 111

memory 记忆、回忆 23, 55-56, 59, 68, 124

metaphysics 形而上学 20, 21, 31, 152-154, 160-163

Metrodorus 美特罗多鲁斯 16, 17

Mill, J. S. 密尔 243

mind 心灵 52, 55, 57, 67-68, 89, 123-124, 150, 170-171；另参见 soul 灵魂，reason 理性，man 人，nature of 心灵的自然

Mirandola, Pico della 皮科·德拉·米兰多拉 238

mixture 混合物 51, 154, 159-160

moderation [virtue] 节制（德性）68-69, 200

monism 一元论 8, 34, 79, 111

Montaigne, Michel de, and Scepticism 蒙田与怀疑论 244-245

Moore, G. E. G. E. 摩尔 63

moral weakness [vice], in Stoicism 斯多亚学派中的道德软弱（恶性）：as perceptible 作为可感的 153；as disposition 作为性情 162，cause of 原因 168n, 182；and inconsistency 与不一致性 177，not innate 不是内在的 178, 182；problem of 难题 182-184；另参见 irrational 非理性

More, Thomas 托马斯·莫尔 239

motion 运动：and void 与虚空 26-27, 30-31；in Stoicism 斯多亚学派中的运动 157-158；另参见 atoms 原子

multiple explanation, in Epicureanism 伊壁鸠鲁学派里的多重解释 27-28

Musonius Rufus 穆索尼乌斯·鲁弗斯 210

mysticism 神秘主义 216, 222

natural advantages, in Stoicism 斯多亚学派中自然的有利之物 189-199, 200, 203

natural law 自然法：problem in Epicureanism 伊壁鸠鲁主义中的问题 41，in Stoicism 斯多亚学派中的自然法 144, 165, 231；另参见 Nature 自然

nature 自然：Epicurus' main work 伊壁鸠鲁的主要作品 18, uniformity of

自然的统一性 28，constituents of 构成自然的要素 30，reasons for studying 研究自然的原因 41，unknowable 不可知的自然 81，as cosmic principle 作为宇宙原理 108, 148, 179-184；divinity of 自然的神性 108, 148-150；rationality of 自然的理性 108, 144-145, 148；Stoic philosophy of 斯多亚的自然哲学 118-120, 147-178；as basis of value 作为价值的基础 179-184, 189；另参见 man 人，logos 逻各斯，reason 理性。

Nausiphanes 瑙希法内斯 15

necessity 必然性 37-38, 57；and empiricism 与经验主义 99；and causatino 与原因 101-104, 130, 164；in logic 逻辑中的必然性 139, 144；另参见 freedom of will 意志的自由

Nemesius of Emesa 埃梅萨的内梅修斯 157

Neoplatonism 新柏拉图主义，参见 Platonism 柏拉图主义

nervous system 神经系统 52

Newton, Sir Isaac, on nature 牛顿论自然 246-247

Nicholas of Cusa 库萨的尼古拉 238

obligation 责任 63, 70-71, 188-189；另参见 officium 义务、责任，appropriate acts 恰当的行动

officium 义务、责任 188-189, 190-191, 203-204, 213-215

oikeiôsis 属于自己的东西、恰当的东西；and behaviour 与行为 172, 185-187；and moral development 与道德发展 185-188, 191

omniscience 全知 61, 198

opposites, unity of 对立面的统一 146, 181

optimism, in Stoicism 斯多亚学派中的乐观主义 149, 165, 170, 181

pain 痛苦 60, 61, 63-74；relation to pleasure 与快乐的关系 63-64；not bad in Stoicism 在斯多亚学派中不是坏的 116, 177, 206

Pamphilus 潘菲鲁斯 14

Panaetius 帕奈提乌斯 11, 114, 210-216, 226, 233；rejects astrology 反对占星术 211-213；on moral progress 论道德进步 213-215；on Stoic sage 论斯多亚的圣人 213-215

pantheism 泛神论 150

paradox, Stoic 斯多亚学派的悖论 214

Parmenides 巴门尼德 8, 34-35, 78, 79, 111

part and whole 部分与整体 179-184

passion [emotion] 激情（情感）175-178,

198, 206-207, 215, 219-220, 227

perfection, of universe 宇宙的完美 165, 170, 180; of Stoic sage 斯多亚圣人的完美 203-205, 213-214

Pergamum 帕加马 2

Peripatos, Peripatetics 漫步学派 5, 9-10, 12, 15, 88, 112, 152, 224, 226, 227

phantasia 印象 22, 83n, 95; 另参见 cognitive impression 认知印象, sense-perception 感觉

Philo of Alexandria 亚历山大里亚的斐洛 117

Philo of Larisa 拉里萨的斐洛 77, 106, 223-224, 230

Philodemus 菲洛德慕斯 18, 28-29, 47-48

physis 自然 118, 120, 121, 147-150; 另参见 nature 自然, man, nature of 人的自然

Plato 柏拉图 4-5, 6, 9, 11, 15, 19-20, 69, 70, 77-79, 89, 105, 110, 122, 131, 146-147, 170, 175, 177, 178, 200, 201n, 213, 216, 223, 224, 226, 227-228, 232, 238, 247; teleology 目的论 40; theology 神学 42-43, 49-50, 112, 151; on pleasure 论快乐 62, 64; dialectic 辩证法 89, 122; on materialism 论唯物主义 153; on soul 论灵魂 175, 219; 另参见 Forms 理念

Platonism 柏拉图主义 1, 6, 14, 67, 88-89, 93, 112, 115, 235, 238

pleasure 快乐 5, 8, 21, 60, 61-74, 100, 116, 206; and happiness 快乐与幸福 62-63; and absence of pain 快乐与痛苦的消除 63-64, 66-68; "kinetic" and "static" "动态的"与"静态的"快乐 65, 68; and virtue 快乐与德性 68-71

Plotinus 普罗提诺 117, 160, 229, 235, 237

Plutarch 普鲁塔克 19, 116, 169, 195, 232, 236, 238, 240

pneuma 普纽玛 150, 152, 155-158, 160, 161-163, 166, 168, 171, 179

poetry, and pyschology 诗学与心理学 219-220

Polemo 波勒莫 5-6, 88-89, 112, 172, 224, 225-226; and Zeno 与芝诺 112, 172, 225-226

Polignac, Melchior de 梅尔基奥·德波利尼亚克 243n

politics 政治 71, 81, 113, 205

Alexander Pope 亚历山大·波普 170, 240

popular moralising 通俗的道德 10n, 88

Posidonius 波西多尼乌斯 2, 11, 115, 117; psychology 心理学 175, 219-220; range of interest 兴趣的范围 217-218, 221; cosmic sympathy 宇宙共情 221-222;

divination 论占卜 221-222

possibility 可能性 164

preconception, in Epicureanism 伊壁鸠鲁主义中的前观念 23-24, 56, 79, 124

predication 谓述 136, 141, 161-162

preferable, distinguished from good 与好的区别的可取的 193-199, 200

Prodicus 普罗迪科 131

progress, moral 道德进步 177, 204, 214, 233

prolêpsis 前观念 23；另参见 preconception 前观念

propositions 命题 90, 95, 101-103, 140-143

Protagoras 普罗塔哥拉 78-79, 131

providence, divine 神意：denied by Epicurus 伊壁鸠鲁否认神意 44-45；Stoicism 斯多亚学派论神意 112, 148, 169-170, 212, 221；Carneades 卡内阿德斯论神意 101；Gassendi 伽桑狄论神意 242；另参见 nature 自然，*logos* 逻各斯，gods [God] 诸神（神）

prudence 明智：参见 practical wisdom 实践智慧

psychê 灵魂 50, 60；另参见 soul 灵魂，governing principle 主导原则，mind 心灵

Pyrrho 皮浪 6, 76-88, 94；scepticism and virtue 怀疑派与德性 76-78；career 职业生涯 79-80；suspension of judgment 悬置判断 80-82；general assessment 整体评价 87-88

Pyrrhonism 皮浪主义：goal 目标 75；development 发展 75-77；modes 模式 75n1, 82；criterion 标准 84；on truth 论真理 84-85；later influence 后来的影响 241, 244-246

Pythagoreanism 毕达哥拉斯主义 5, 216

qualities 性质：in Epicureanism 伊壁鸠鲁主义中的性质 38-39；in Stoicism 斯多亚学派中的性质 161-162

reason, rationality 理性 4, 6, 52, 69, 79, 86, 93, 101, 108, 112, 169-170, 213, 215, 220；and languange 与语言 124-125；as essential human attribute 人类的本质属性 108, 165, 173-178；and morality 与道德 182, 190-192, 199；另参见 *logos* 逻各斯，soul 灵魂，nature 自然，mind 心灵，virtue 德性，wise man 智慧者

relativism 相对主义 79, 82, 202

religion 宗教 12, 40, 100, 113, 149, 165, 234-236, 239

rhetoric 修辞 121-123, 131

Rome 罗马 13, 17, 94, 105, 114, 210, 232-235

Rousseau, J.-J. 卢梭 70, 217

Russell, B. 罗素 163-164

Ryle, G. 赖尔 102-103, 170

Saresin, J. F. 萨莱森 242

scepticism 怀疑派 4, 8, 10-11, 75-106, 210, 223-224, 226, 227, 230, 232, 237, 241, 243-246；early form 早期形式 78-79；uncertainty of 不确定性 91；positive feature 正面特征 92；value of 价值 87, 93；另参见 Pyrrho 皮浪, Pyrrhonism 皮浪主义, Arcesilaus 阿凯西劳斯, Carneades 卡内阿德斯, Antiochus 安提奥库

science 科学 2, 28, 119, 218, 221, 237, 245

Scipio Africanus 西庇阿·阿非利加努斯 114, 214

self-knowledge 自我知识

self-preservation, as primary impulse 自我保全，作为首要冲动 185-187

self-sufficiency 自足 4, 7, 67, 79, 110, 234

Seneca 塞涅卡 12, 231, 233-235；引用 cites Epicureanism 伊壁鸠鲁主义 17, 44, 233；and Stoicism 与斯多亚学派 12, 113, 115, 204n, 228, 233-235；on meaning 论意义 136；论关于好的知识 201-202；and Posidonius 与波西多尼乌斯 220-222；supposed correspondence with St. Paul 被认为与圣保罗通信 236；in Renaissance 在文艺复兴时期 237-240

sense and reference 意义与所指 137-138, 144, 148

sense-data 感觉材料 83-84

sensation 感觉：as basis of knowledge 作为知识的基础 21-23；does not survive death 死后不会有感觉 49-50；and soul 与灵魂 52, 54；and Epicurean ethics 与伊壁鸠鲁主义伦理学 62, 64；另参见 sense-perception 感官知觉, consciousness 意识, pleasure 快乐, pain 痛苦

sense-perception 感官知觉、感觉：in Epicureanism 在伊壁鸠鲁主义中 21-25, 26, 29, 53-54；discussed by Sceptics 怀疑派论感觉 80-85, 87-88, 90-91, 95-98；in Stoicism 在斯多亚学派中 123-129, 140, 167, 172-173, 176, 186, 200-202, 227-228

Sextus Empiricus 塞克斯都·恩皮里科 75, 88, 93, 117, 125, 232, 237-238；on Sceptic criterion 论怀疑派的标准 84；on Stoic sage 论斯多亚的圣人 205-206；in Renaissance 在文艺复兴时期

244, 245, 247

Shaftesbury, Earl of 沙夫茨伯里伯爵 165, 170

Simplicius 辛普里丘 34, 117, 160, 237

social relationships 社会关系 69-73, 110, 163, 191, 205；另参见 justice 正义

soul 灵魂：Epicureanism, relation to body 伊壁鸠鲁学派论灵魂与身体的关系 50-51, 53；结构 51-52；and atomic movement 与原子的运动 54, 58-61；pleasure of 灵魂的快乐 67-68；Stoicism 斯多亚学派论灵魂 111, 115, 151；as *pneuma* 作为普纽玛 155, 171；faculties 灵魂的能力 171-174；reason and passion 理性与激情 175-178；virtue 德性 199；Panaetius 帕奈提乌斯 213；Posidonius 波西多尼乌斯 219；另参见 governing principle 主导原则，reason 理性，*logos* 逻各斯，man 人，immortality 不朽

Socrates 苏格拉底：minor followers 小苏格拉底学派的追随者 7-8；and sceptics 与怀疑派 77, 89, 223；and Stoics 与斯多亚学派 109-111, 200

Speusippus 斯彪西波 5, 224

Sphaerus 斯法洛斯 113

Spinoza and Stoicism 斯宾诺莎与斯多亚学派 154, 165, 168, 185, 208-209

statements 陈述 139-144；另参见 proposition 命题

Stilpo 斯蒂尔波 9, 79, 111

Stobaeus 斯托拜乌斯 116, 117, 185

Stoicism 斯多亚学派 1, 3, 4, 6, 10-13, 17, 28, 79, 81, 107-209；criticized by sceptics 被怀疑派批评 90-104, 128-129, 195-196；sources 资料来源 115-118；differences from Plato and Aristotle 与柏拉图和亚里士多德的差别 146-147；idealism 理想主义 204-205；political theory 政治理论 205；modified by Panaetius 帕奈提乌斯的修正 211-216；modified by Posidonius 波西多尼乌斯的修正 218-221；interpreted by Antiochus 安提奥库的阐释 224-228；general assessments 整体评价 107-108, 138-139, 163, 178, 207-208, 246-247；logic assessed 对斯多亚逻辑的评价 143-145；physics assessed 对斯多亚自然哲学的评价 183-184, 198-199；in Roman world 在罗马世界 233-236；in Renaissance 在文艺复兴时期 238-240

Strabo 斯特拉波 10, 218, 222

Strato 斯特拉托 2, 9, 119, 152

Strawson, P. F. 斯特劳森 142

suicide 自杀 206

Swift, Jonathan 乔纳森·斯威夫特 240

syllogism 三段论：hypothetical 假言三段论 143；Aristotelian 亚里士多德的三段论 142-143

teleology 目的论 8, 39-40, 151；另参见 goals 目标

Temple, Sir William 坦普尔 243

Tennyson, Alfred Lord 丁尼生 48

tension, Stoic notion of 斯多亚学派的张力概念 156-157, 177

terminological distinctions, in Stoicism 斯多亚学派中的术语上的区分 129-130, 148, 193, 197

Tertullian 德尔图良 236

Theophrastus 特奥弗拉斯托斯 5, 9-10, 42, 88, 143, 218

thought, as mental process 作为心智过程的思想 54-56, 124-125, 132；另参见 apprehension 把握

time 时间：indivisible 不可分的 36；related to pleasure 与快乐的关系 68；incoporeal 无形的 138, 161n

timely behavior 适时的行动 206

Timon of Phlius 弗里乌斯的提蒙 76, 80-84, 87；另参见 Pyrrho 皮浪

tranquility 平静 4, 19, 44, 50, 62, 71, 73, 75, 78, 79, 86, 198, 207；另参见 self-sufficiency 自足

truth 真、真理 26-28, 75, 79, 81, 85-87, 101-104, 139-145, 227；of sense-impression 感觉印象的真 22-23, 90, 95-98, 127-129；distinguished from "the true" 与"真的"相区别 130；另参见 belief 信念

universals 普遍物 20, 23, 141, 147；另参见 Forms 柏拉图的理念论，general concepts 普遍概念

universe 宇宙：invariant 不变的 31；unlimited 无限的宇宙 32；imperfect 不完美的宇宙 40, 45, 101；rational universe 理性的宇宙 108；infinite worlds 无限多的世界 40；另参见 perfection 完美，nature 自然

Valla, Laurentius 劳伦提乌斯·瓦拉 241

value 价值：Stoic concept of 斯多亚学派的价值概念 174, 179, 189-190；Ariston 阿里斯通 193；另参见 nature 自然，reason 理性，logos 逻各斯，good 好，preferable 可取之物

Varro 瓦罗 131, 134, 225, 229

virtue 德性 5, 7；Epicureanism 伊壁鸠鲁主义论德性 62, 68-69；Pyrrho 皮浪论德性 77-78；Carneades 卡内阿德斯

论德性 100；Stoicism 斯多亚学派论德性 109, 153, 162, 174, 182, 187, 192-194, 196, 197-206；Panaetius 帕奈提乌斯 212-214；Antiochus 安提奥库 225-226

vitalism 生机论 154

void 虚空 152, 161n；argument for 对虚空的论证 26-27；and motion 虚空与运动 31；and division 虚空与划分 33

weight 重量：of atom 原子的重量 35-36；of earth and water 土与气的重量 156

well-being 福祉：参见 *eudaimonia*, happiness 幸福

will 意志 59, 61, 179, 181, 208；另参见 freedom of will 意志的自由

wisdom, practical 实践智慧 68-69, 71, 105-106, 110, 200, 212-213

wise man 智慧者 7, 76, 90-91, 93, 97, 119, 123, 130, 177-178, 191-192, 203-207, 213, 214, 220-221

Xenocrates 色诺克拉底 5-6, 44n, 118, 224

Xenophanes 克塞诺芬尼 78

Zeller, E. 策勒 10, 247

Zeno of Citium 基提翁的芝诺 2, 4, 6, 9, 11, 61, 120, 134, 153, 184, 189, 199, 205, 214, 215, 219, 236；life and career 生平与职业生涯 109-113；on knowledge 论知识 126-129；cosmic fire 宇宙之火 154-155；*oikeiôsis* 属于自己的东西、恰当的东西 172, 225；and Antiochus 与安提奥库 224, 227

Zeno of Elea 爱利亚的芝诺 8, 34

Zeno of Sidon 西顿的芝诺 19, 221

译后记

安东尼·朗教授对于希腊化哲学在20世纪后半叶的复兴做出了极大贡献。① 他在1974年出版的这本《希腊化哲学：斯多亚学派、伊壁鸠鲁学派、怀疑派》，连同他和学生大卫·赛德利共同编辑的《希腊化哲学家》②是这波复兴中至关重要的推动力。前者为英文学界提供了一本带有研究性的导论，让更广大的读者（特别是哲学读者）可以看到，希腊化哲学不仅在历史上扮演了重要的角色，而且对当代的哲学讨论也可以做出重要的贡献，从而扭转了希腊化哲学因为黑格尔、策勒等人的影响给学者留下的衰落、散乱、说教等负面印象。后者则为英语世界的读者提供了方便而忠实的希腊化哲学文本辑录，甚至成为学者们标准的引用版本，有些类似蒂尔斯（Hermann Diels）与克朗茨（Walther Kranz）在前苏格拉底哲学残篇辑录方面做出的贡献。

虽然朗的这本《希腊化哲学》距离出版已经过去了将近半个世纪，但它依然是希腊化哲学的最佳导论。和本书有着相似讨论范围的

---

① 关于朗教授的学术成就，可参见我对他的专访，载《哲学分析》2012年第5期，第165—187页；重印于朗：《心灵与自我的希腊模式》，何博超译，刘玮编校，北京：北京大学出版社，2015年，第153—193页。

② A. A. Long and David Sedley, *Hellenistic Philosophers*, 2 vols., Cambridge: Cambridge University Press, 1987.

另外两本著作，沙普斯的《斯多亚学派、伊壁鸠鲁学派和怀疑派：希腊化哲学导论》[1]和塞拉斯的《希腊化哲学》[2]都采用了"专题"而非"学派"的编排方式，沙普斯讨论了知识论、存在论、人类学、伦理学这几个主题，塞拉斯则呈现了知识、自然、自我、善好、自由意志、有限性、共同体这些主题。按照主题编排虽然可以更好地呈现希腊化哲学不同学派之间的争论，但是也不可避免地牺牲了某一个学派内部的完整性和系统性，而且那两本书的目标读者更多是初涉希腊化哲学的学生，因此在讨论的深度和细节上都不及朗的这本《希腊化哲学》。

起心动念翻译《希腊化哲学》可以追溯到2009年到2010年我在加州大学伯克利分校古典系访问的时候，当时我参加了朗的本科生课程和研讨课，在课上课下、各种讲座会议中跟他有过很多交流，2012年又将他请到中国讲学，之后我们一直保持着邮件往来，结下了深厚的友谊。因此我一直希望"早日"将这本书翻译成中文。但是时光飞逝，从起意到完成，一转眼已经十多年过去了。因为给《伦理学年鉴》撰写综述的缘故，我每年都会翻看中文学界关于希腊哲学的所有研究成果，每年的感受大概跟朗在半个世纪前动手写这本书时的感受相似：相比柏拉图、亚里士多德这样的显学，在希腊化哲学领域有分量的研究成果确实寥若晨星。我也希望这本《希腊化哲学》的翻译和出版，会让更多中国读者可以更容易地了解希腊化哲学的魅力，走进这个精彩的新世界。

---

[1] R. W. Sharples, *Stoics, Epicureans and Sceptics. An Introduction to Hellenistic Philosophy*, London, 1996.

[2] J. Sellars, *Hellenistic Philosophy*, Oxford: Oxford University Press, 2018.

最后，我要感谢朗教授在本书筹备和翻译过程中的帮助和耐心，特别是为这个中译本撰写了"中译本导言"，并给我发来了他自己制作的非常细致的"勘误表"；感谢我的学生王芷若，在最后阶段承担了本书最长的一章"斯多亚学派"的翻译工作，并且高效率、高质量地完成了这项工作；还要感谢王晨玉一如既往出色的组织工作！

刘　玮

2021 年 10 月

于北京